职业教育新能源汽车技术创新与应用系列教材

新能源汽车电池及管理系统检修

主　编　吉文哲　朱　凯
副主编　陈玉华　王广钢
参　编　张伟丽　王莎莎　崔照明
　　　　王洽峰　王海港

机械工业出版社

本书基于工作过程开发，以新能源汽车维修行业现状为背景，以典型的新能源汽车故障案例为载体，以培养学生对新能源汽车的认知为目标，共设计了动力蓄电池的总体认知、电源电气系统的检修、蓄电池管理系统的检修、蓄电池热管理系统的检修、充电系统的检修和动力蓄电池的废弃处理六个项目，项目分为若干个任务，理论知识与技能提升相融合。

本书适合开设新能源汽车方向专业的本科及职业院校使用，也适合各类培训机构使用，同时可作为新能源汽车从业人员的学习参考书。

图书在版编目（CIP）数据

新能源汽车电池及管理系统检修/吉文哲，朱凯主编. —北京：机械工业出版社，2024.6

职业教育新能源汽车技术创新与应用系列教材
ISBN 978-7-111-75749-8

Ⅰ.①新…　Ⅱ.①吉…②朱…　Ⅲ.①新能源-汽车-蓄电池-检修-职业教育-教材　Ⅳ.①U469.720.7

中国国家版本馆 CIP 数据核字（2024）第 092365 号

机械工业出版社（北京市百万庄大街 22 号　邮政编码 100037）
策划编辑：于志伟　　　　　　　责任编辑：于志伟
责任校对：张爱妮　王　延　　　封面设计：张　静
责任印制：刘　媛
北京中科印刷有限公司印刷
2024 年 7 月第 1 版第 1 次印刷
184mm×260mm·12 印张·294 千字
标准书号：ISBN 978-7-111-75749-8
定价：49.80 元（含任务工单）

电话服务　　　　　　　　　　网络服务
客服电话：010-88361066　　　机　工　官　网：www.cmpbook.com
　　　　　010-88379833　　　机　工　官　博：weibo.com/cmp1952
　　　　　010-68326294　　　金　书　网：www.golden-book.com
封底无防伪标均为盗版　　　机工教育服务网：www.cmpedu.com

前　言

发展新能源汽车是汽车行业实现碳达峰、碳中和的重要途径，世界各国纷纷出台政策大力推动新能源汽车产业发展。发展新能源汽车是我国从汽车大国走向汽车强国的必由之路，是应对气候变化、推动绿色发展的战略举措。2020年11月2日，国务院办公厅印发《新能源汽车产业发展规划（2021—2035年）》，为我国新能源汽车的发展指明了方向。对新能源汽车、动力蓄电池、动力蓄电池充换电等整条产业链都做了部署，这将对整个新能源汽车的发展起到指导作用。

随着我国新能源汽车行业的快速发展，目前新能源汽车维护和维修技术的人才相对较少，这给我国职业教育的人才培养赋予了重任。我国多数职业院校已开设新能源汽车相关专业，在新的国家政策环境下，职业院校的教学任务与目标有了更高的要求。编者结合新能源汽车相关专业教学特点与人才培养的多元化，以新能源汽车维修技术为基础编写了本书。

本书的特色如下：

1）融入党的二十大精神。本书在各项目中融合了大国工匠等元素，注重培养学生一丝不苟、精益求精的工匠精神，形成良好的职业素养与安全意识。

2）贯彻"做学合一"理念。本书对部分理论性知识做了适当简化，重点对学生实践操作与解决不同实际问题的能力进行培养。本书注重理论与实践相结合，既保证了理论知识够用，也提升了实际动手能力。

3）遵循认知规律。按照教学规律和学生的认知规律，以"情景导入—任务描述—学习目标—理论知识—技能提升—学习小结—知识巩固"为主线，循序渐进开展教学，帮助学生构建知识体系，提升技能水平，提高学习效率。

本书主要内容包括动力蓄电池的总体认知、电源电气系统的检修、蓄电池管理系统的检修、蓄电池热管理系统的检修、充电系统的检修以及动力蓄电池的废弃处理。大部分内容结合了实际案例，技能提升部分主要以比亚迪秦Pro EV和吉利帝豪EV450车型为例。同时，本书配备了教学课件、任务工单和习题等丰富的教学资源，适于开设新能源汽车方向专业的本科及职业院校使用，也适用于各类培训机构。

本书由吉文哲、朱凯担任主编，陈玉华、王广钢担任副主编，参与编写的还有张伟丽、王莎莎、崔照明、王洽峰、王海港。

本书在编写的过程中，参阅了大量的技术资料和网络资源，在此对原作者一并表示感谢！由于编者水平有限，书中难免会有疏漏之处，恳请广大读者批评指正。

编　者

二维码清单

名称	图形	名称	图形
动力电池的发展历史		BMS 的组成及功能	
动力电池失效原因		磷酸铁锂电池	
三元锂电池		充电系统	
慢充系统		快充系统	
动力电池检修（绝缘故障）		动力电池梯次利用与回收技术及发展趋势	
动力电池梯次利用技术发展			

目　录

项目一

动力蓄电池的总体认知

【情景导入】

1. 事故概况

2022 年 4 月 28 日，在海口一处高架桥底下的充电站，一辆威马牌 EX5 电动汽车充完电 3min 后突然冒烟起火，事故现场并未造成人员伤亡。

2. 原因分析

经调查认定，原因是汽车动力蓄电池故障导致的起火。

3. 防范措施

1）提高充电安全认识。

2）避免新能源汽车过充过放，低电量时及时找充电桩充电。

任务一 动力蓄电池的分解与拆装

【任务描述】

国家有关部门联合发布的《新能源汽车动力蓄电池梯次利用管理办法》指出：新能源汽车动力蓄电池退役后，一般仍有 70%~80% 的剩余容量，可降级用于储能和备电等场景，实现余能最大化利用。动力蓄电池梯次利用是对新能源汽车退役动力蓄电池进行必要的检验检测、分类、拆分、修复或重组为梯次产品，使其可应用至其他领域的过程。本任务对动力蓄电池组成组模式、动力蓄电池组的结构和功能、动力蓄电池组拆装准备及步骤等进行介绍。

【学习目标】

知识目标	技能目标	素养目标
1. 了解动力蓄电池组成组模式 2. 掌握动力蓄电池组的结构和功能 3. 掌握动力蓄电池组拆装准备及步骤	1. 掌握高压用电的注意事项 2. 能够掌握动力蓄电池组拆装步骤	1. 培养学生的安全用电意识 2. 培养学生精益求精的职业素养

【理论知识】

一、动力蓄电池组的结构和功能

1. 动力蓄电池组的功能

动力蓄电池系统作为纯电动汽车的动力源，主要为整车提供持续、稳定的能量。作为整车的动力来源，其综合性能直接影响整车的续驶里程。

2. 动力蓄电池组成组模式

（1）串联蓄电池组　由于单体蓄电池的额定电压一般都偏低，往往不能满足负载额定电压的要求，这时就需要将多个单体蓄电池串联起来使用，称为串联蓄电池组（图1-1a）。串联蓄电池组适用于输出电流不太大，而输出电压要求较高的场合。

（2）并联蓄电池组　串联蓄电池组中，由于单体蓄电池电压不一致，电压差的累积有逐步增大和相互抵消的情况时，就需要将多个单体蓄电池并联起来使用，称为并联蓄电池组（图1-1b）。可见，并联蓄电池组适用于每个蓄电池的电动势能够满足负载所需的电压，而单个蓄电池的输出电流小于负载所需的电流的情况。

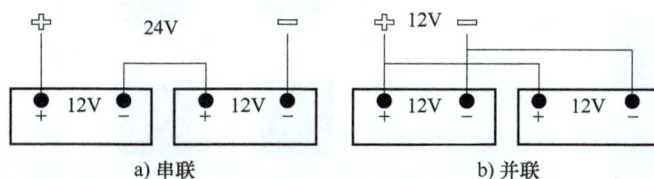

图1-1　单体蓄电池串、并联

（3）串并混联蓄电池组　当需要电源的电压较高且电流较大时，就会用到混联蓄电池组。混联蓄电池组的连接方式有两种，一种是先并联后串联，另一种是先串联后并联。连接方式不同，系统的可靠性也不同，先并联后串联系统的连接可靠性远大于先串联后并联的情况。先并联后串联的系统可靠性高于单体的可靠性，而先串联后并联系统可靠性低于单体的可靠性。无论何种类型的动力蓄电池，综合考虑连接可靠性和连接方式对动力蓄电池性能的影响，应采用先并联后串联的方式。

（4）应用　在实际应用中，主要有先并后串、先串后并、混联3种成组模式。

1）先并后串成组模式（图1-2）。其优点是并联单体可当作一个单体，监控架构简单，动力蓄电池管理系统（Battery Management System，BMS）管理通道少，成本低。缺点是：若单体较大，直接并联工艺可能导致单体间不均流，且过电流能力不易提高。先并后串成组模式主要应用于特斯拉 model S、比亚迪汉等车型上。

2）先串后并成组模式（图1-3）。其优点是只在两端并联，系统过电流能力较强；两支路间动力蓄电池均流好。缺点是：每个支路单体需独立监控，动力蓄电池管理系统管理通道多，成本高。先串后并成组模式主要应用于北汽 EV、欧拉好猫、五菱宏光 MINIEV 等车型上。

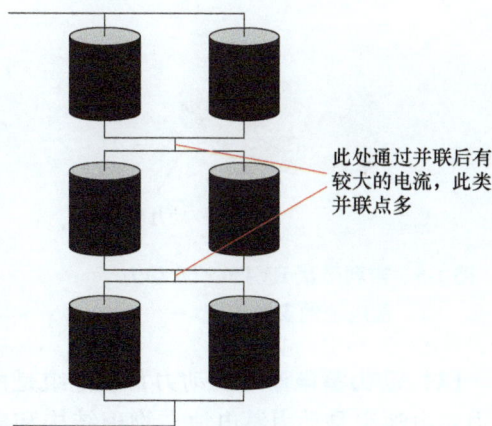

此处通过并联后有较大的电流，此类并联点多

图1-2　先并后串成组模式

3）混联系统（图1-4）。混联系统适用于单体容量较小而对容量需求较大的系统，主要应用于小鹏 P7、比亚迪唐、理想汽车等车型。

3. 动力蓄电池包的安装位置

现在，纯电动汽车的动力蓄电池包一般安装于汽车底盘底部。吉利帝豪 EV450/500 动力蓄电池的安装位置如图1-5所示。在早期的一些电动汽车中，由于其车身还是采用传统汽车车身，动力蓄电池包也有安装于汽车行李舱内的。电动巴士的动力蓄电池包一般体积巨大，常安装于侧面或后部行李舱内。

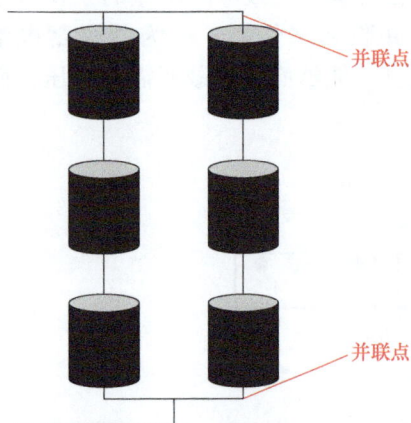

图1-3　先串后并成组模式

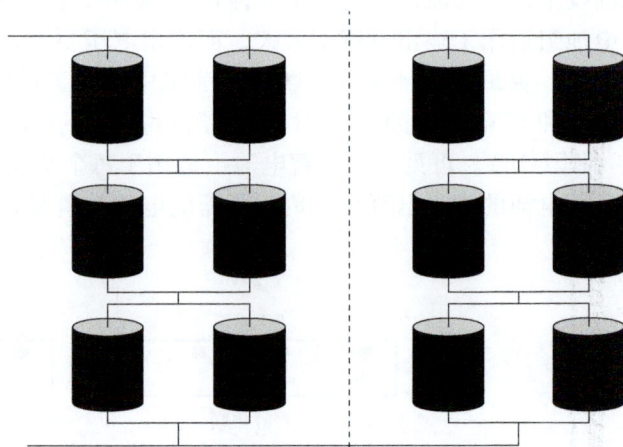

混联（先支路内并联，再支路间串联）

图1-4　混联系统

4. 动力蓄电池包的结构

动力蓄电池包一般由动力蓄电池组、蓄电池管理系统、动力蓄电池托盘、辅助元器件和冷却系统等组成，如图1-6所示。

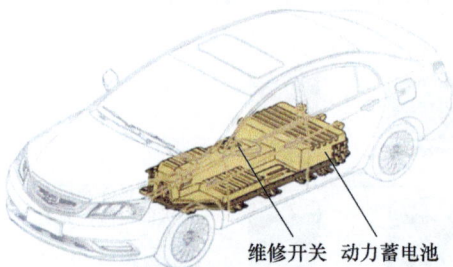

图1-5　吉利帝豪EV450/500动力
蓄电池的安装位置

图1-6　动力蓄电池组分解（左侧为宁德时代
CTP蓄电池大模组，右侧为商用车大模组参照）

（1）动力蓄电池组　动力蓄电池组是由多个单体蓄电池并联或者串联组成的一个组合体。动力蓄电池组是动力蓄电池在物理结构和电路上连接起来的最小分组，可以作为一个单元替换。动力蓄电池单体是构成动力蓄电池组的最小单元，一般是由正极、负极、电解质（或电解液）和隔膜等组成，可以实现电能和化学能的直接转换。

（2）蓄电池管理系统　蓄电池管理系统是集检测、控制与管理为一体的控制系统，与动力蓄电池相互配合工作，是保护和管理动力蓄电池的重要部件。动力蓄电池管理系统主要是提高动力蓄电池的利用率，在使用过程中提高动力蓄电池的使用效率，延长动力蓄电池的使用寿命，通过控制高压控制模块中的高压继电器来实现电动汽车的充电和放电，并且能将相关信息通过数据总线传递给整车控制器（VCU），进行相关控制并且在仪表上进行动力蓄电池健康状态等的显示。

（3）**动力蓄电池箱**　动力蓄电池箱具有承载和保护动力蓄电池组及电气元件的作用，主要包含熔丝盒、上盖和下托盘等。熔丝盒用于切断动力蓄电池内部的高压电路，防止发生触电事故，一般位于汽车后座底部，仅供专业维修人员在检修时使用。

（4）**辅助元器件**　辅助元器件主要指动力蓄电池组件内部的电子元器件、维修开关等以外的辅助元器件，如密封条、绝缘材料等。

（5）**高压维修开关**　高压维修开关电气部位布置一般有两种：一种是布置于高压电源的正极；另一种是布置于动力蓄电池组中间。在动力蓄电池正极与维修开关有一段电路，如果采用此类布置方式，需要保证此段电路处于人体不能接触的区域。

高压维修开关作为高压安全部件，它的操作部位布置需遵循一些原则，包括以下3个方面：

1）操作部位应长期保持干燥，不宜接触到水、饮料等液体，并有适当隔离物进行隔离。

2）操作部位应靠近驾驶人，以便紧急情况时驾驶人能较快操作。

3）操作开关的布置应易于操作，覆盖物的拆卸不应设计得过于烦琐，以便紧急情况时能较快操作。

二、动力蓄电池的分类

1. 锂离子蓄电池

锂离子蓄电池作为一种二次电池在纯电动汽车领域应用广泛。由于锂离子蓄电池种类繁多，通常根据正极材料将其分类，包括钴酸锂离子蓄电池（$LiCoO_2$）、磷酸铁锂离子蓄电池（$LiFePO_4$）、三元锂离子蓄电池（最常见的有两种，$LiNi_xCo_yMn_{1-x-y}O_2$、$LiNi_{0.8}Co_{0.15}Al_{0.05}O_2$）、锰酸锂离子蓄电池（$LiMn_2O_4$），它们的内部晶体结构如图1-7所示，负极材料主要是石墨。

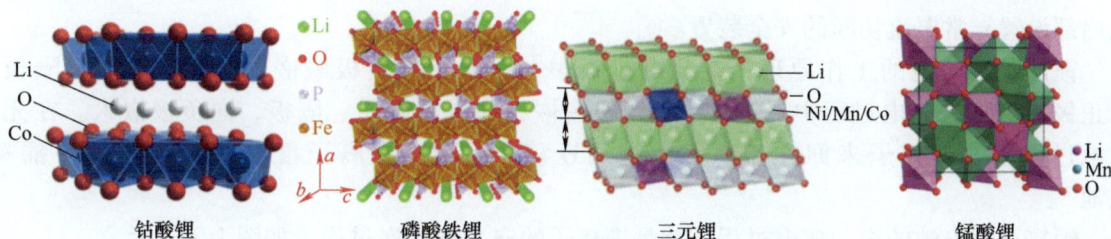

图1-7　不同正极材料锂离子蓄电池内部晶体结构

使用最多的锂离子蓄电池主要有磷酸铁锂离子蓄电池、锰酸锂离子蓄电池、钴酸锂离子蓄电池以及三元锂离子蓄电池，其性能比较见表1-1。

表1-1　锂离子蓄电池的主要性能比较

项目	钴酸锂离子蓄电池	磷酸铁锂离子蓄电池	三元锂离子蓄电池	锰酸锂离子蓄电池
电压/V	3.6～3.7	3.2～3.3	3.6～3.7	3.6～3.7
比能量/(W·h/kg)	>150	>70	>140	>100
循环寿命/次	>600	>800	>600	>600
安全性	低	高	较高	较高

（续）

项目	钴酸锂离子蓄电池	磷酸铁锂离子蓄电池	三元锂离子蓄电池	锰酸锂离子蓄电池
热稳定性	不稳定	稳定	较稳定	较稳定
过渡金属资源	贫乏	丰富	较丰富	较丰富
原料成本	昂贵	低	较低	较低

  锂离子蓄电池因其正、负极材料不同而性能有所差异，目前最常用的正极材料有钴酸锂、锰酸锂、磷酸铁锂和镍钴锰酸锂等，负极材料主要有碳材料，还有在研发的锡基、硅基合金类等。锂离子蓄电池的结构基本相同，主要由动力蓄电池正极、负极、隔板、电解液和安全阀等组成。圆柱形锂离子蓄电池的结构如图 1-8 所示。

  正极：正极物质在锰酸锂离子蓄电池中以锰酸锂为主要原料，在磷酸铁锂离子蓄电池中以磷酸铁锂为主要原料，在镍钴锂离子蓄电池中以镍钴锂为主要材料，在镍钴锰锂离子蓄电池中以镍钴锰锂为主要材料。

  负极：负极活性物质是由碳材料与黏合剂的混合物，再加上有机溶剂调和制成糊状，并涂覆在铜基上，呈薄层状分布。

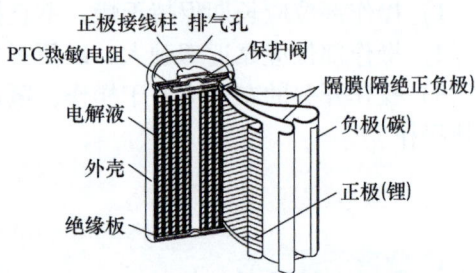

图 1-8   圆柱形锂离子蓄电池的结构

  隔板：隔板起到关闭或阻断的功能，大多使用聚乙烯或聚丙烯材料制成的微多孔膜。

  电解液：电解液是以混合溶剂为主体的有机电解液。

  安全阀：为了保证锂离子蓄电池的使用安全性，一般通过对外部电路的控制或者在蓄电池内部设置异常电流切断的安全装置。

  锂离子蓄电池的工作原理：在放电过程中，锂离子从负极脱嵌，通过电解质、隔板，向正极嵌入；在充电过程中，锂离子从正极脱嵌，通过电解质、隔板，向负极嵌入。在充、放电过程中，锂离子来回在正、负极之间迁移，因而，锂离子蓄电池又被称为"摇椅电池"。

  锂离子蓄电池的充、放电过程，就是锂离子的嵌入和脱嵌过程，如图 1-9 所示。

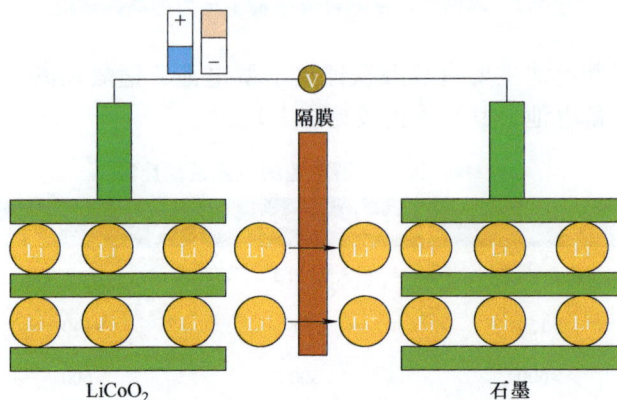

图 1-9   锂离子蓄电池的工作原理图

(1) 磷酸铁锂离子蓄电池　磷酸铁锂离子蓄电池也称为"锂铁（LiFe）动力蓄电池"或"铁电池"。磷酸铁锂离子蓄电池是指用磷酸铁锂作为正极材料的锂离子蓄电池，与其他锂离子蓄电池最大的区别是蓄电池的正极加入了铁元素。

磷酸铁锂离子蓄电池的内部结构如图 1-10 所示。充电时，Li^+ 从正极脱嵌经过电解质进入负极，同时电子从外电路由正极向负极移动，以保证正、负极的电荷平衡；放电时，Li^+ 从负极脱嵌，经过电解质嵌入正极。这一微观结构使磷酸铁锂离子蓄电池具有了较好的电压平台和较长的使用寿命：在蓄电池的充、放电过程中，其正极在斜方晶系的 $LiFePO_4$ 和六方晶系的磷酸铁（$FePO_4$）两相之间转变，由于 $LiFePO_4$ 和 $FePO_4$ 在低于 200℃ 时以固熔体形式共存，在充、放电过程中没有明显的两相转折点，因此，磷酸铁锂离子蓄电池的充、放电电压平台长且平稳；另外，在充电过程完成后，正极 $FePO_4$ 的体积相对 $LiFePO_4$ 仅减小 6.81%，而充电过程中碳负极体积轻微膨胀，起到了调节体积变化、支撑内部结构的作用，因此，磷酸铁锂离子蓄电池在充、放电过程中表现出了良好的循环稳定性，具有较长的循环寿命。

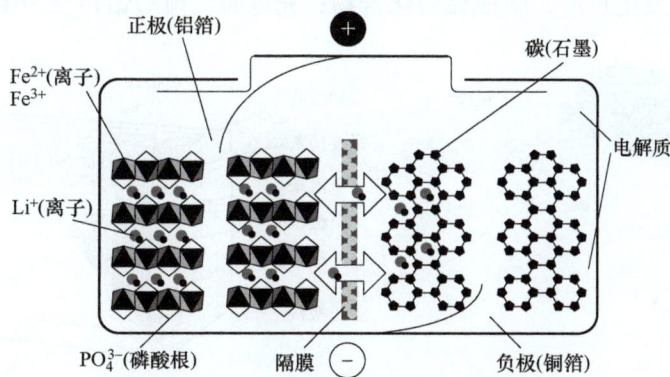

图 1-10　磷酸铁锂离子蓄电池的内部结构

采用磷酸铁锂离子蓄电池作为动力蓄电池的知名企业有比亚迪和宁德时代等。比亚迪的刀片电池是一种全新的设计理念，在采用长单体的同时，省去了中间模组环节，直接把单体装到动力蓄电池系统里面，这样重量和成本都有效下降。

(2) 三元锂离子蓄电池　三元锂离子蓄电池又称为"三元聚合物锂离子蓄电池"，指的是采用镍钴锰酸锂或者镍钴铝酸锂作为正极材料的锂离子蓄电池。由于三元锂离子蓄电池体积更小、能力密度（或比能量）更高、耐低温，目前正广泛应用于新能源汽车上。三元锂离子蓄电池的三元指的是镍（Ni）、钴（Co）、锰（Mn）3 种元素。

三元锂离子蓄电池的特点如下：

1）能量密度高，续驶里程有保障。

2）使用寿命、输出功率、性价比高。

3）安全性和热稳定性较差。

(3) 磷酸铁锂离子蓄电池与三元锂离子蓄电池性能对比

1）能量密度。特斯拉采用的三元锂离子蓄电池的能量密度已经达到了 232W·h/kg，后续将会进一步提高至 293W·h/kg。目前，国内主流的磷酸铁锂离子蓄电池能量密度达到 150W·h/kg 左右。

2）安全性。铝的高温结构不稳定，导致热稳定性差，且酸碱度（Potential of Hydrogen，pH）高使单体胀气，进而引发危险。

3）耐温性能。三元锂离子蓄电池低温性能更好，是制造低温锂离子蓄电池的主要技术路线。在低温条件下，三元锂离子蓄电池的放电平台远远高于磷酸铁锂离子蓄电池电压平台。

4）循环寿命。磷酸铁锂离子蓄电池的循环寿命优于三元锂离子蓄电池，三元锂离子蓄电池的理论寿命是 2000 次，但基本上到 1000 次时，容量会衰减到 60%；磷酸铁锂离子蓄电池经过相同的循环周期，还有 80% 的容量。

2. 铅酸蓄电池

(1) 铅酸蓄电池的结构　常见铅酸蓄电池的外部结构如图 1-11 所示。

(2) 铅酸蓄电池的基本原理　铅酸蓄电池内部结构如图 1-12 所示。干式荷电铅酸蓄电池是二次电池，充电是把电能以化学能的形式储存，放电是把化学能以电能的形式释放。干式荷电铅酸蓄电池在初次使用时需要添加电解液。在放电过程中，极板上生成硫酸铅（$PbSO_4$），呈现细小、松软的状态。铅酸蓄电池充、放电过程复杂，目前，被广泛接受的是"双硫酸化理论"。该理论的含义是蓄电池在放电时，正、负极板中的二氧化铅（PbO_2）和铅（Pb）与硫酸（H_2SO_4）溶液发生反应，生成硫酸化合物；充电时，硫酸铅转变为铅和二氧化铅。

图 1-11　常见铅酸蓄电池的外部结构

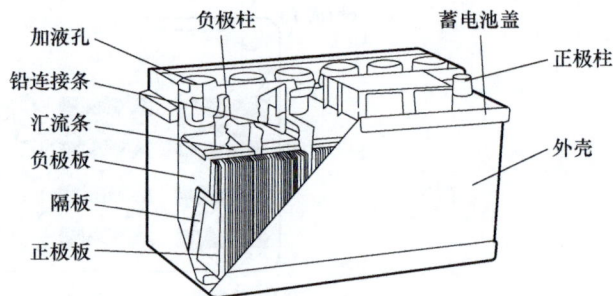

图 1-12　铅酸蓄电池内部结构

干式荷电铅酸蓄电池的核心部分是极板，它由栅架和参与蓄电池充、放电化学反应的主要物质组成。栅架的材料一般是具有良好导电性、耐腐蚀的铅锑合金。合金硬度大，极板材料中的锑和砷增强了极板的硬度和耐蚀性，延长了干式荷电铅酸蓄电池的使用寿命。细粒状二氧化铅附着在正极板上，绒状铅附着在负极板上。在这些细小的颗粒之间可以流过电解液，进而增大了正极板与电解液的面积。

电解液是硫酸和蒸馏水（H_2O）的混合溶液。硫酸和蒸馏水需要按照比例混合，并且其中不能有其他物质。高浓度的硫酸有腐蚀性，会腐蚀浸泡在电解液中的极板等物体，加速蓄电池的老化，缩短其使用寿命。硫酸还是参加蓄电池充放电的反应物，浓度过高、过低都会影响蓄电池的使用，要严格控制好电解液的浓度。

铅连接条用来连接各个单体电池。蓄电池是由多个单体电池串联而成的，铅连接条负责将这些单体电池串联在一起。

汇流条将蓄电池中的电集中引流输出。正、负极柱用来连接外部负载，正极柱上做红色标记，负极柱上做黑色标记。

3. 镍氢蓄电池

常见镍氢蓄电池的结构如图 1-13 所示。

镍氢蓄电池主要由正极、负极、极板、隔板和电解液等组成。镍氢蓄电池充、放电化学反应示意图如图 1-14 所示。镍氢蓄电池正极是活性物质氢氧化镍，负极是金属氢化物，也称为储氢合金，用氢氧化钾作为电解质，在正、负极之间有隔膜，隔膜主要有尼龙纤维、聚丙烯纤维和维纶纤维，共同组成镍氢单体电池。在金属铂的催化作用下，完成充电和放电的可逆反应。

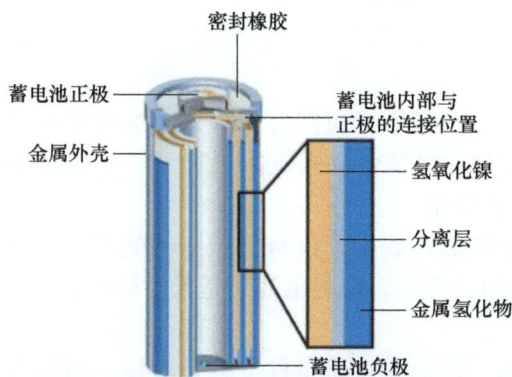

图 1-13　常见镍氢蓄电池的结构

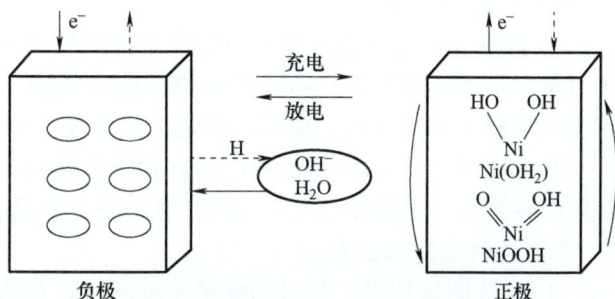

图 1-14　镍氢蓄电池充、放电化学反应示意图

4. 燃料电池

（1）燃料电池的主要构件　燃料电池的主要构成组件有电极、电解质隔膜和集电器等。图 1-15 所示为质子交换膜燃料电池的工作原理示意图。

1）电极。燃料电池的电极是燃料发生氧化反应与氧化剂发生还原反应的电化学反应场所。

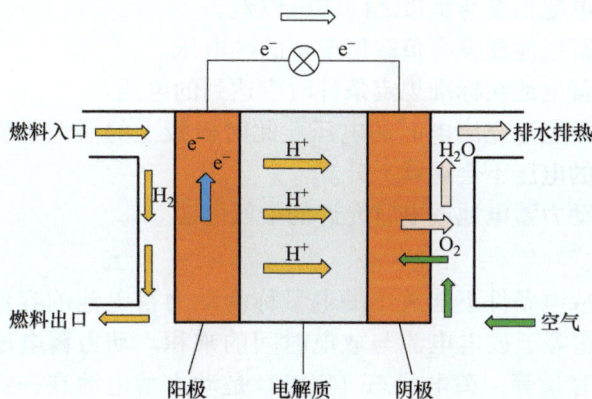

图 1-15　质子交换膜燃料电池的工作原理示意图

电极主要分为阳极和阴极，厚度一般为 200~500mm；结构设计为多孔结构，设计成多孔结构的主要原因是燃料电池使用的燃料及氧化剂大多为气体（例如氧气、氢气等），而气体在电解质中的溶解度并不高，为了提高燃料电池的实际工作电流密度与降低极化作用，所以发展出了多孔结构的电极，以增大参与反应的电极表面面积。

2）电解质隔膜。电解质隔膜的主要功能是分隔氧化剂与还原剂，并传导离子，所以电解质隔膜越薄越好，但要具有一定的强度，就现阶段的技术而言，其一般厚度约为数十微米至数百微米；隔膜材质目前主要向两个方向发展，一个方向是先以石棉膜、碳化硅（SiC）膜、铝酸锂（$LiAlO_3$）膜等绝缘材料制成多孔隔膜，再浸入熔融锂-钾碳酸盐、氢氧化钾与磷酸等中，使其附着在隔膜孔内，另一个方向是采用全氟磺酸树脂（例如 PEMFC）及 YSZ（高温超导薄膜的单晶基片 ZrO_2 的简称）。

3）集电器。集电器又称为双极板，具有收集电流、分隔氧化剂与还原剂、疏导反应气体等功用。集电器的性能主要取决于其材料特性、流场设计及其加工技术。

（2）燃料电池的优缺点

1）燃料电池的优点。

① 高效率：由于直接将燃料的化学能转换为电能，中间不经过热能转换，转换效率不受热力学卡诺循环的限制；由于没有机械能的转换，可免除机械传动损耗，再加上转换效率不因发电规模大小而变化，所以燃料电池具有较高的转换效率。

② 低噪声、低污染：燃料电池在化学能转换为电能的过程中，没有机械运动的部件，只是控制系统有一部分小型运动部件，所以它是低噪声的。此外，燃料电池还是低污染的能源。

2）燃料电池的缺点。

① 车载储氢技术：氢气的能量密度不低，但汽油、柴油在自然条件下就是液体，而氢气要压缩成液体，还要保证安全，就需要一个非常大的储氢系统。

② 燃料电池技术：主要是膜电极与空气压缩机技术。一个是使用寿命问题，国内还只能做到几千小时耐久；另外一个就是供应链问题，很多部件还依赖进口，成本大大提高。

三、动力蓄电池的性能指标

1. 电压

电压分为端电压、开路电压、额定电压、充电终止电压和放电终止电压等。

端电压是指动力蓄电池正极与负极之间的电位差。

开路电压是指动力蓄电池在没有负载情况下的端电压。

额定电压是指动力蓄电池在标准规定条件时应达到的电压。

充电终止电压是指蓄电池充满电时的电压。此时极板上的活性物质已达到饱和状态，继续充电时，动力蓄电池的电压不会继续上升。

放电终止电压是指动力蓄电池放电时允许的最低电压。

2. 容量

动力蓄电池在一定放电条件下能放出的电量称为动力蓄电池的容量。容量的常用单位为安培·小时（A·h），它等于放电电流与放电时间的乘积。动力蓄电池的容量可以分为理论容量、实际容量和额定容量等，荷电状态（SOC）是动力蓄电池在一定放电倍率下，剩余电量与相同条件下额定容量的比值，它反映动力蓄电池容量的变化。

当动力蓄电池单体连接时，根据动力蓄电池的电压和容量要求，可以把动力蓄电池单体进行串联、并联或者混联连接。串联时，电压升高，容量基本不变；并联时，电压基本不变，容量升高；混联时，电压和容量都升高。

3. 内阻

动力蓄电池内阻是指动力蓄电池在工作时，电流流过动力蓄电池内部所受到的阻力，由欧姆内阻与极化内阻两部分组成，极化内阻包括电化学极化内阻和浓差极化内阻。

4. 能量

动力蓄电池的能量是指在一定放电制度下，动力蓄电池能输出的电能，单位为 W·h 或 kW·h。它影响纯电动汽车的续驶里程。能量分为理论能量、实际能量和能量密度。

理论能量是动力蓄电池的理论容量与额定电压的乘积，是在一定标准规定的放电条件下，动力蓄电池能输出的能量。

实际能量是动力蓄电池实际容量与平均工作电压的乘积，表示在一定条件下动力蓄电池能输出的能量。比能量也称为质量比能量，是指动力蓄电池单位质量能输出的电能，单位为 $W \cdot h/kg$，常用比能量来表示不同的动力蓄电池系统。

能量密度是指动力蓄电池单位质量或单位体积能输出的电能，其单位分别为 $W \cdot h/kg$ 或 $W \cdot h/L$。

5. 功率

动力蓄电池的功率是指动力蓄电池在一定放电制度下，单位时间内输出能量的大小，单位为 W 或 kW。动力蓄电池的功率决定了纯电动汽车的加速性能和爬坡能力。功率分为比功率和功率密度。

比功率是指单位质量动力蓄电池能输出的功率，也称为质量比功率，单位为 W/kg 或 kW/kg；功率密度是指单位体积动力蓄电池能输出的功率，也称为体积比功率，单位为 W/L 或 kW/L。

四、动力蓄电池包的拆装

拆装原则上只应遵守汽车厂家维修说明中的规定和说明。负责修理动力蓄电池包的维修人员必须满足以下重要前提条件：具有相应资质；只允许具备动力蓄电池包修理资质的维修人员进行这项工作，如通过"高电压本车型车辆作业专业人员"培训、高电压系统培训，特别是动力蓄电池包修理培训的人员。

1. 信息收集

必须满足一些组织前提条件才允许对动力蓄电池包进行有针对性的修理工作，这些前提条件既涉及经销商也涉及维修人员。拆卸动力蓄电池包前，技术人员应查看汽车厂家维修信息里有关该部件的拆卸和更换内容。有些维修信息数据库单独列出了拆卸更换程序中的具体部件注意事项。技术人员还应查看已发布的车辆技术服务公告（Technical Service Bulletin，TSB），并查看是否有 TSB 相关的最新问题可能会影响拆卸与更换程序。

在部件拆卸和/或更换动力蓄电池包时可能需要使用专用维修工具（Specific Service Tool，SST）。许多动力蓄电池组，包括一些小型动力蓄电池包，必须弯腰后才能顺利取下；有些动力蓄电池包必须使用起重机或专用的带吊钩的动力蓄电池包举升装置才能拆下来。例如，必须使用动力蓄电池的维修开关作为专用工具，才能拆卸安全按钮，然后才能拆下动力蓄电池包盖。这样的设计保证了技术人员在拆下盖子之前高压维修开关就已经被拆除。

大型动力蓄电池包必须使用起重设备才能拆卸，如插电式混合动力汽车或纯电动汽车的动力蓄电池包。几乎所有大型动力蓄电池包都为锂离子蓄电池包。

许多大型动力蓄电池包必须从汽车下方进行拆卸，因为大型动力蓄电池包可达 363kg 以上。有些车辆起重机可能没有足够的两侧间隙用以拆卸动力蓄电池包，特别是拆卸宽度太大的大型动力蓄电池包。

用于支撑和降落动力蓄电池包的升降台必须能够完全承受动力蓄电池包的重量。升降台的平台要足够长、足够宽，能够支撑动力蓄电池包。许多汽车制造商对其动力蓄电池包适用什么规格的升降台有明确的资料介绍。

车辆制造商可能建议或要求在动力蓄电池和升降台之间加一个托盘，以减少拆卸和安装过程中动力蓄电池包的挠曲变形。有很多制造商要求将动力蓄电池包绑在升降台上，然后才能将其落下。在拆卸动力蓄电池包前，请务必查看生产商关于动力蓄电池包的拆卸和储存操作步骤。

最重要的专用工具包括可移动总成升降台以及用于拆卸和安装动力蓄电池包的适配接头套件、动力蓄电池组充电器、用于修理动力蓄电池包后进行试运行的性能测试仪、用于拆卸和安装动力蓄电池组的起重工具、用于松开动力蓄电池包内部卡子的塑料专用装配工具、用于整个动力蓄电池包的起重横梁、隔离带、带发光条的黄色警示锥筒。

2. 工作区准备及高压安全注意事项

（1）工作区准备 保证有一个安全监督人员在场，然后拆卸动力蓄电池包时，技术人员必须准备一个绝缘的台面用于放置拆下来的动力蓄电池包。如果不使用绝缘的台面，发生电解质泄漏的动力蓄电池包就会通过工作台短接到地面。可将绝缘垫铺设在工作台上起绝缘作用。

如果动力蓄电池包的冷却系统为水冷式，在拆卸动力蓄电池包之前必须确保尽可能将其冷却回路内的冷却液完全排空。技术人员应将汽车的膨胀水箱出口盖住，使其中的冷却液无泄漏，并在排空动力蓄电池包的冷却液后将其冷却回路的入口和出口盖住，以确保没有异物进入冷却系统的入口和出口或该高压系统的任何暴露区域。

动力蓄电池包修理工位必须洁净（无油脂、无污物、无碎屑）、干燥（无溢出液体）且无飞溅火花（不靠近车身维修区域），所以应避免紧靠车辆清洗场所（清洗车间）或车身修理工位。如有可能，应使用活动隔板进行隔离。

为了防止未经授权进入工位（资质不够、客户、到访者等），以及无法确保高电压本质安全或出现不明状态时，应使用隔离带。离开工作区域时，建议放置发光黄色警告提示。

（2）高压安全注意事项

1）检查现场环境，设置隔离，设立警示标识。检查现场操作环境，周边不得有易燃物品及与工作无关的金属物品，并在维修车辆周围设置隔离，无关人员不得进入现场。与工作无关的工具不得带入工作场地，必须使用的金属工具，其手持部分要进行绝缘处理。在地面或车辆附近明显位置放置"高压危险"警示牌。

2）检查辅助绝缘用具。

① 绝缘手套。选择正确电压等级的绝缘手套（绝缘等级为1000V/300A以上）。检查绝缘手套的表面是否平滑，应无针孔、裂纹、砂眼、杂质等各种明显的缺陷和明显的波纹；检查绝缘手套是否出现粘连的现象；检查绝缘手套有无漏气现象。

② 绝缘帽。选择正确电压等级的安全绝缘帽，观察绝缘表面有无破损，监督人员和操作人员应戴好绝缘帽。

③ 绝缘鞋。选择正确电压等级的绝缘鞋。检查绝缘鞋的表面及鞋底有无破损。监督人员和操作人员应穿好绝缘鞋。

④ 护目镜。选择正确电压等级的护目镜。检查护目镜面有无破损、刮花。护目镜的宽窄和大小要适合使用者的脸型。监督人员和操作人员应戴好护目镜。

⑤ 绝缘垫。检查绝缘垫表面有无裂痕、砂眼、老化等现象，放置绝缘垫并用绝缘电阻表检测其绝缘性能，绝缘值大于500MΩ。

3）仪器仪表的检查（放电工装、万用表、绝缘电阻表）。

① 检查万用表。万用表线束和表面应无破损，应进行校零。

② 检查绝缘电阻表。

4）关闭电源开关，钥匙放在安全处。

5）断开辅助蓄电池负极线，将负极电缆插头用绝缘胶布包好。辅助蓄电池负极桩头用盖子盖好或用绝缘胶布包好。

6）断开维修开关并妥善保管。放置车辆 5～10min，对新能源汽车的高压电容器进行放电。一般来说，新能源汽车设置有维修开关，断开维修开关才可对新能源汽车进行维修。断开维修开关时，需要穿戴好绝缘防护用品，并用盖子将接口封好或用绝缘胶布将维修开关接口封好。

7）断开动力蓄电池高、低压线束。穿戴好绝缘防护用品，先断开动力蓄电池低压线束，再断开高压线束（母线）。例如，对于北汽新能源汽车 EV200 来说，断开低压线束后，可以分 3 步将高压线束断开。第 1 步将蓝色的卡子向车辆前方扳动；第 2 步将棕色套子向前部扳动；第 3 步将棕色卡子向内用力按住，然后将线束向车辆前方拔出。

8）验电、放电。断开动力蓄电池母线后，需要对动力蓄电池的母线进行验电。如果母线有残余电荷，需用放电设备进行放电，以确保动力蓄电池母线无电。

3. 准备车辆

1）技术人员在准备车辆时通常应做好以下工作：

① 确保拉紧车辆的驻车制动器手柄。

② 关闭车辆的驱动系统（READY/OFF）。

③ 断开车辆的辅助蓄电池连接。

④ 留出足够的时间让变频器电容充分放电。

⑤ 拆下车辆的维修开关。

2）许多混合动力汽车和纯电动汽车须在辅助蓄电池断开连接之前和/或之后采取特殊的防护措施。这些防护措施包括但不限于：

① 关闭车辆的驱动系统（READY/OFF）后，须等待维修手册中规定的时间，才可断开辅助蓄电池连接。

② 断开辅助蓄电池连接后，须等待规定的时间，才能进行车辆作业。

③ 某些客车或货车的舱门须保持打开，才能将车辆的辅助蓄电池重新连接上，而且舱门不能用机械钥匙打开。在这种情况下，技术人员必须让舱门保持打开状态，并采取措施以确保舱门不会无意中被其他人关上。

④ 有些汽车制造商要求锂离子蓄电池包在拆卸之前必须放电到规定的荷电量以下。有些制造商要求技术人员在动力蓄电池包拆卸之前必须检查动力蓄电池包温度传感器的温度显示，确保动力蓄电池包温度降至规定温度以下。

【技能提升】

拆装比亚迪秦 Pro EV 新能源汽车动力蓄电池组详细步骤如下：

1）打开前机舱盖，如图 1-16 所示。先铺设车外三件套，可避免修车时把车漆弄脏或刮花。

2）打开车门，如图 1-17 所示。铺设车内四件套，即转向盘套、变速手柄套、座椅套和脚垫。

图 1-16　比亚迪秦 Pro EV 机舱

图 1-17　打开比亚迪秦 Pro EV 车门

3）连接诊断仪，打开起动开关，如图 1-18 所示。

4）读取故障码并进行记录。

① 在诊断仪显示屏界面中选中"诊断"功能，品牌选择"比亚迪"，车型选择"秦 Pro EV"。

② 选择"诊断功能"，选择"自主扫描"，即可读取故障码，将故障码记录到实训工单中。

5）关闭车辆起动开关。

6）选用 10 号扳手拧松辅助蓄电池负极线固定螺栓，取下负极线，并用绝缘胶缠绕的方式对负极端子做好防护。拆卸辅助蓄电池负极时要注意：

① 拆卸辅助蓄电池负极前，必须确保起动开关处于关闭状态，并将车钥匙放在口袋中。

② 拆卸高压零部件前，必须做好防护措施。

③ 拆卸高压零部件时，必须使用绝缘工具。

7）选用十字螺钉旋具拆卸储物盒，如图 1-19 所示。取走储物盒后，可见到底部的维修开关。

点火开关

图 1-18　连接诊断仪，打开起动开关

图 1-19　比亚迪秦 Pro EV 储物盒

8）戴绝缘手套拆卸维修开关，并将其放到指定的零部件收纳盒中，避免丢失。

9）戴绝缘手套拔出两个高压母线插头，并对高压母线插件进行防护处理，防止异物进入而导致短路或插件损坏。

10）将万用表调至电压档，测量高压母线是否正常。注意单手握住两支表笔，测得电压为 0 则正常。

11）确定整车下电无误，放下机舱盖，收走车轮挡块。

12）用手拧下冷却液盖子，并将其在配件收纳盒里放置好。

13）将举升臂对准车辆 4 个支撑点并升起 15cm 后停止，检查车辆平衡，确认平衡良好后继续举升车辆至合适位置，最后锁止举升机。举升车辆前，应将举升机支撑块调整对准比亚迪秦 Pro EV 规定的举升点，举升臂应尽量缩到最小长度，并调节举升脚垫，以便均匀接触；支车时，4 个支脚应在同一平面上，调整举升脚垫的高度使其接触车辆底盘支撑部位，使举升臂升至举升脚垫完全接触车辆，注意检查是否已牢固负载。

14）拆卸动力蓄电池包挡块时，先用扭力扳手与 17 号套筒松开动力蓄电池组挡块螺栓，再用快速扳手与 17 号套筒将螺栓完全拧出，取下全部固定螺栓后取下动力蓄电池包挡块，并放置好动力蓄电池包挡块与螺栓。

15）拔出动力蓄电池包高压与低压插接件（左边为低压），注意拔高压插接件时需戴绝缘手套。

16）拔出动力蓄电池包水管，用水桶接住流出的冷却液，待冷却液流尽，用抹布擦拭水管，然后用抹布堵住水管出水口。

17）移动举升平台至动力蓄电池包下方合适位置，将举升平台升至合适高度，使用扭力扳手与 18 号套筒拧松动力蓄电池包固定螺栓。比亚迪秦 Pro EV 动力蓄电池包有 10 个固定螺栓，先对角松开螺栓，再使用快速扳手对角拆下动力蓄电池包螺栓，最后将螺栓放置好。

18）检查螺栓是否拆卸完毕，确定已拆卸完毕，则缓缓降下动力蓄电池包，降到需要的高度后将动力蓄电池举升平台推出。

19）取抹布清洁动力蓄电池包表面，然后取工单记录动力蓄电池包数据。

【学习小结】

1. 动力蓄电池系统主要用于接收和储存由外置充电装置和制动能量回收装置提供的电能，并通过高压配电模块连接动力蓄电池组件，为电动机、空调压缩机、空调加热器（Positive Temperature Coefficient，PTC）、DC/DC 变换器等用电设备提供电能。

2. 动力蓄电池包一般由动力蓄电池组、蓄电池管理系统、动力蓄电池托盘、辅助元器件和冷却系统等组成。

3. 动力蓄电池采样线的主要功能是连接蓄电池管理控制器和蓄电池信息采集器，实现两者之间的通信及信息交换。

【知识巩固】

一、单选题

1. 串联电池组中由于（ ）不一致，电压差的累积有逐步增加和相互抵消的情况时就需要将多个单体蓄电池并联起来使用，称为并联电池组。

A. 电流　　　　　　B. SOC　　　　　C. 功率　　　　　D. 内阻

2.（　　）是动力蓄电池在物理结构和电路上连接起来的最小分组，可以作为一个单元替换。

A. 单体蓄电池　　　B. 动力蓄电池模块　　C. 蓄电池管理系统　　D. 冷却系统

二、填空题

1. 动力蓄电池包一般由＿＿＿＿＿、＿＿＿＿＿、＿＿＿＿＿、＿＿＿＿＿和＿＿＿＿＿等组成。

2. 动力蓄电池系统主要用于＿＿＿＿＿和＿＿＿＿＿由外置充电装置和制动能量回收装置提供的电能，并通过高压配电模块连接动力蓄电池组件，为＿＿＿＿＿、＿＿＿＿＿、＿＿＿＿＿、＿＿＿＿＿等用电设备提供电能。

三、问答题

1. 串联电池组和并联电池组分别用在什么场合？

2. 蓄电池管理系统的作用是什么？

任务二　动力蓄电池的典型故障检测

【任务描述】

动力蓄电池如果不进行维护可能会发生故障。新版汽车"三包"政策已经实施，新增动力蓄电池故障相关政策，家用纯电动、插电式混合动力汽车产品的动力蓄电池在保修期、三包有效期内的容量衰减限值。本任务对动力蓄电池故障等级、动力蓄电池典型故障及解决方法等进行介绍。

【学习目标】

知识目标	技能目标	素养目标
1. 了解动力蓄电池故障等级 2. 了解动力蓄电池典型故障	1. 掌握动力蓄电池典型故障解决办法 2. 掌握动力蓄电池维修操作技能	1. 培养学生的协作意识 2. 注重动力蓄电池维修的操作规范，具备一定责任意识

【理论知识】

一、动力蓄电池发生故障的等级分类

1. 一级故障（非常严重）

动力蓄电池上报一级故障一段时间后会造成整车出现安全事故，如起火、爆炸、触电等。

动力蓄电池在正常工作状态时不会上报该故障，蓄电池管理系统一旦上报该故障，表明动力蓄电池处于严重故障状态。动力蓄电池在此状态下功能已经丧失，请求其他控制器立即（1s内）停止充电或放电。

2. 二级故障（严重）

动力蓄电池上报二级故障会造成整车进入跛行、暂时停止能量回馈、停止充电，动力蓄电池在正常工作状态时不会上报该故障，蓄电池管理系统一旦上报该故障表明动力蓄电池某些硬件出现故障或动力蓄电池处于非正常工作状态。动力蓄电池在此状态下功能已经丧失，请求其他控制器停止充电或者放电；其他控制器应在一定的延时时间内响应动力蓄电池停止充电或放电请求，例如蓄电池管理系统内部通信故障、绝缘电阻过小。

3. 三级故障（轻微）

动力蓄电池上报三级故障对整车无影响或不同程度地造成整车进入限功率行驶状态，动力蓄电池在正常工作状态时可能上报该故障，蓄电池管理系统一旦上报该故障表明动力蓄电池处于极限环境温度下或单体蓄电池一致性出现一定劣化等。动力蓄电池性能下降，蓄电池管理系统降低最大允许充、放电电流，例如单体蓄电池欠电压、温度不均衡。

二、动力蓄电池系统故障显示

纯电动汽车故障灯大多数都是与普通汽车故障灯一样的，分为指示灯、警告灯指示、警告灯3类。纯电动汽车故障灯同样用不同颜色代表故障程度，红色=危险/重要提醒，黄色=警告/故障，绿色/蓝色/白色=指示/确认启用。

【技能提升】

1. 动力蓄电池电压异常

（1）单体蓄电池电压过高　单体蓄电池电压过高诊断条件及可能原因见表1-2，诊断步骤如下：

1）使用诊断仪查询单体蓄电池信息。查询最高电压单体蓄电池对应的电压和编号。更换电动汽车整车控制器，确认故障是否排除。

是：整车控制器故障。

否：转至第2）步。

2）拆卸动力蓄电池总成，更换异常的单体蓄电池。按照操作流程拆卸对应动力蓄电池组，更换对应单体蓄电池。

表1-2　单体蓄电池电压过高诊断条件及可能原因

DTC诊断条件	可能原因
单体蓄电池电压超过允许工作电压范围	整车控制器 单体蓄电池 蓄电池管理系统 线束插接器

（2）单体蓄电池电压过低　单体蓄电池电压过低诊断条件及可能原因见表1-3，诊断步骤如下：

1）使用诊断仪查询单体蓄电池的信息。查询最低电压单体蓄电池对应的电压和编号。更换整车控制器，确认故障是否排除。

是：整车控制器故障。

否：转至第2）步。

2）拆卸动力蓄电池总成，更换异常的单体蓄电池。按照操作流程拆卸对应动力蓄电池组，更换对应单体蓄电池。

3）矫正用户使用习惯。

表1-3　单体蓄电池电压过低诊断条件及可能原因

诊断条件	可能原因
单体蓄电池电压低于允许工作电压范围	整车控制器 单体蓄电池 蓄电池管理系统 用户使用习惯

2. 动力蓄电池短路

（1）动力蓄电池外部短路　动力蓄电池外部短路故障处理见表1-4。

表1-4　动力蓄电池外部短路故障处理

蓄电池管理系统故障处理方式	行车模式：上报故障 车载充电模式：上报故障 快充充电模式：上报故障
整车控制器故障处理方式	校验电机、充电器母线电流，若确认断路，立即高压下电 若整车处理，动力蓄电池故障灯、发动机故障灯亮，三级报警音
导致故障的原因	单体蓄电池一致性不好或均衡效果不好
故障可能造成的影响	导致单体蓄电池压差过大，影响充电均衡，影响整车性能
处理措施	重新上电，进行反复几次慢充，并进行几次30km/h匀速行驶，如恢复正常，则不需要进行维修 如仍频繁出现该故障，需按照"建议的维修措施"实施检修
建议的维修措施	看是否有单体蓄电池欠电压或过电压故障，先进行处理，如果仍有该故障，则检查均衡回路

（2）动力蓄电池内部短路　动力蓄电池内部短路故障处理见表1-5。

表1-5　动力蓄电池内部短路故障处理

蓄电池管理系统故障处理方式	车载充电模式：上报故障，同时动力蓄电池充电请求为待机，5s后断开高压继电器 快充充电模式：上报故障，同时发送BST，5s后断开高压继电器
整车控制器故障处理方式	动力蓄电池故障灯、MIL灯亮，一级报警音，提示驾驶人尽快离开车辆 立即高压下电，如果未上高压禁止上高压
导致故障的原因	高压动力蓄电池内部焊接、装配等问题
故障可能造成的影响	引起热失控，出现着火、爆炸

（续）

处理措施	确认无故障后，手动清除故障码后重新上电
建议的维修措施	检查单体蓄电池 检查动力蓄电池系统装配问题

3. 动力蓄电池温度异常

（1）动力蓄电池温度过高　动力蓄电池温度过高故障处理见表1-6。

表1-6　动力蓄电池温度过高故障处理

蓄电池管理系统故障处理方式	行车模式：上报故障，同时最大允许充放电功率调整为0，整车在2s内没有高压下电 车载充电模式：上报故障，同时动力蓄电池充电请求为待机，5s后断开高压继电器 快充充电模式：上报故障，同时发送BST，5s后断开高压继电器
整车控制器故障处理方式	动力蓄电池故障灯、MIL灯亮，一级报警音，提示驾驶人尽快离开车辆 高压下电，如果未上高压禁止上高压
导致故障的原因	单体蓄电池有问题 蓄电池热管理系统有问题 动力蓄电池装配节点松弛
故障可能造成的影响	导致动力蓄电池隔膜熔化，出现动力蓄电池内部短路，从而引起热失控，出现着火、爆炸
处理措施	停止充电、加热行车，等温度自然降低，如果重新上电，车辆恢复正常，则不需要进行维修 如果重新上电车辆不能恢复正常，或较短时间内温度仍迅速上升，则需要按照"建议的维修措施"实施检修
建议的维修措施	采集动力蓄电池温度数据，检查温度传感器与实际温度差异 检查单体蓄电池状态，检测动力蓄电池热管理系统 检查动力蓄电池系统装配问题

（2）动力蓄电池温度不均衡　动力蓄电池温度不均衡故障处理见表1-7。

表1-7　动力蓄电池温度不均衡故障处理

蓄电池管理系统故障处理方式	上报故障
整车控制器故障处理方式	—
导致故障的原因	蓄电池热管理系统故障
故障可能造成的影响	动力蓄电池在差异化的温度下同工况工作，单体蓄电池一致性变差，同时动力蓄电池温度指示灯不能很好地反映动力蓄电池的温度状态
处理措施	停止充电、加热、行车，车辆恢复正常，则不需要进行维修 如果重新上电车辆恢复后，仍频繁出现动力蓄电池温度不均衡故障，则需要按照"建议的维修措施"实施检修
建议的维修措施	看是否有温度过高故障，先处理温度过高故障 处理完以后，如果仍然报该故障，检查蓄电池热管理系统、温度传感器装配位置

（3）动力蓄电池温升过快　动力蓄电池温升过快故障处理见表 1-8。

表 1-8　动力蓄电池温升过快故障处理

蓄电池管理系统故障处理方式	行车模式：上报故障，同时最大允许充放电功率调整为 0，整车在 2s 内没有高压下电，蓄电池管理系统主动断开高压继电器 车载充电模式：上报故障，同时动力蓄电池充电请求为待机，5s 后断开高压继电器 快充充电模式：上报故障，同时发送 BST，5s 后断开高压继电器
整车控制器故障处理方式	动力蓄电池故障灯、MIL 灯亮，一级报警音，提示驾驶人尽快离开车辆 充电模式：立即高压下电，如果未上高压禁止上高压 行车模式：若车速 ≥30km/h，T 时间内延时高压下电（$8s \leqslant T \leqslant 10s$）；若车速 <30km/h，立即高压下电，如果未上高压禁止上高压
导致故障的原因	动力蓄电池内部短路 动力蓄电池焊接、装配等问题引起火花
故障可能造成的影响	导致动力蓄电池隔膜熔化，出现动力蓄电池内部短路，从而引起热失控，出现着火、爆炸
处理措施	按照"建议的维修措施"诊断检查确认无故障后，手动清除故障码后重新上电
建议的维修措施	检查温度传感器装配位置，检查单体蓄电池状态 检查动力蓄电池装配状态

（4）动力蓄电池冷却液温度过高　动力蓄电池冷却液温度过高故障诊断步骤如图 1-20 所示。

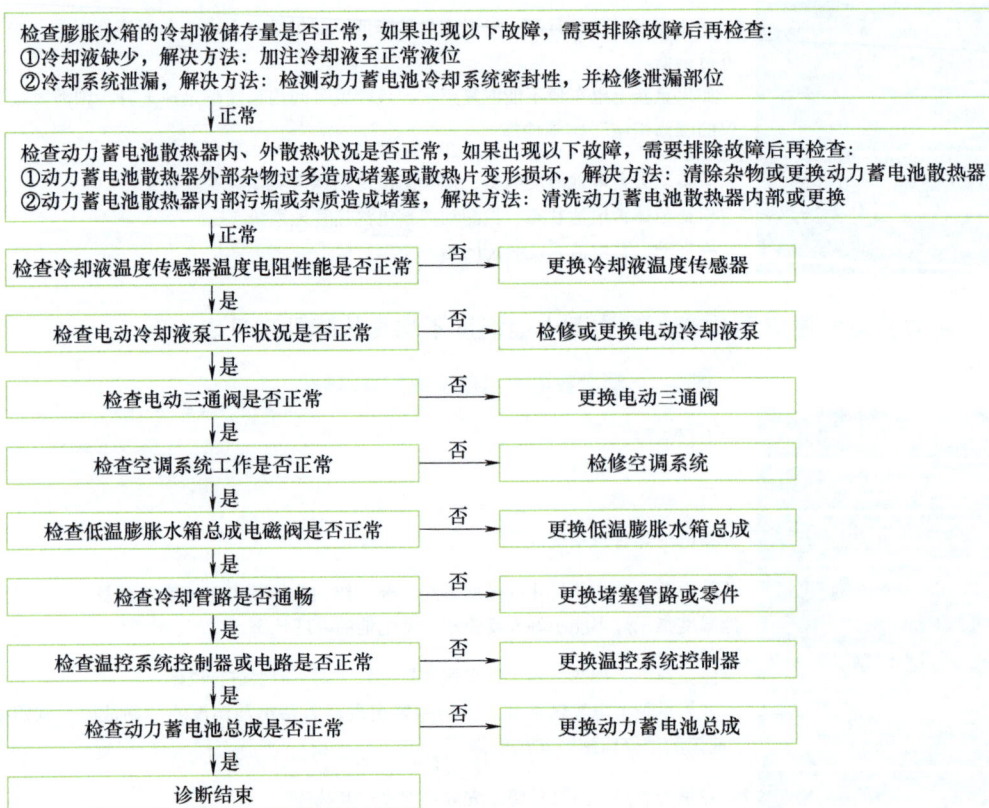

图 1-20　动力蓄电池冷却液温度过高故障诊断步骤

4. 动力蓄电池绝缘、充电故障

（1）动力蓄电池绝缘电阻低　动力蓄电池绝缘电阻低故障处理见表 1-9。

表 1-9　动力蓄电池绝缘电阻低故障处理

蓄电池管理系统故障处理方式	行车模式：上报故障 车载充电模式：上报故障，同时动力蓄电池充电请求为待机，5s 后断开高压继电器 快充充电模式：上报故障，同时发送 BST，5s 后断开高压继电器
整车控制器故障处理方式	绝缘故障灯亮 行车模式：根据车速和档位处理，车速>30km/h 不处理，否则执行高压下电或终止高压上电 充电模式：立即高压下电 若整车处理，则 MIL 灯亮，一级报警音
导致故障的原因	高压部件内部有短路 高压回路对车身绝缘阻值下降
故障可能造成的影响	整车可能存在漏电，对人员造成伤害
处理措施	按照"建议的维修措施"实施检修，确认无故障后，手动清除故障码后重新上电
建议的维修措施	检查高压部件、高压回路的绝缘状况，更换绝缘不合格的高压器件

（2）动力蓄电池充电电流异常　动力蓄电池充电电流异常故障处理见表 1-10。

表 1-10　动力蓄电池充电电流异常故障处理

蓄电池管理系统故障处理方式	车载充电模式：上报故障，同时进行充电器重启，若重启 5 次仍然出现该故障，动力蓄电池充电请求为待机 快充充电模式：上报故障，同时发送 BST
整车控制器故障处理方式	—
导致故障的原因	充电器故障或者充电回路故障
故障可能造成的影响	引起动力蓄电池过充、鼓包、膨胀甚至爆炸
处理措施	如果重新上电后车辆恢复正常，则不需要进行维修 如果重新上电后车辆不能恢复正常，则需要按照"建议的维修措施"实施检修
建议的维修措施	检查充电回路 更换功率集成单元

【学习小结】

1. 纯电动汽车故障灯大多数是与普通汽车故障灯一样的，分为指示灯、警告灯指示和警告灯 3 类。纯电动汽车故障灯同样用不同颜色代表故障程度，红色＝危险/重要提醒，黄色＝警告/故障，绿色/蓝色/白色＝指示/确认启用。

2. 动力蓄电池内部短路可能会引起热失控，出现着火、爆炸等情况。

3. 动力蓄电池温度过高可能是单体蓄电池有问题、蓄电池热管理系统有问题、动力蓄电池装配节点松弛等原因。

【知识巩固】

一、单选题

1. 纯电动汽车故障灯是红色代表（　　　）。

A. 警告　　　　　　　　　　　　　B. 指示

C. 故障　　　　　　　　　　　　　D. 危险/重要提醒

2. 动力蓄电池内部短路会引起（　　　）。

A. 着火　　　　　　B. 爆炸　　　　　　C. 热失控　　　　　　D. 以上都会

二、填空题

1. 动力蓄电池电压异常有可能是_____和_____。

2. 动力蓄电池温度不均衡的处理措施是_____和_____。

三、问答题

1. 纯电动汽车的故障灯有几种？分别表示什么？

2. 动力蓄电池温度过高的处理措施是什么？

任务三　动力蓄电池的日常维护

【任务描述】

在车辆行驶的过程中，许多零部件处于非常苛刻的运转环境（高温、高速、多尘、颠簸等），一些零部件经常高速运动，不断磨损，一些零部件也会在不经意的时候磕伤，这就需要及时进行检查、调整或更换。本任务对动力蓄电池维护的意义、动力蓄电池的维护内容进行介绍。

【学习目标】

知识目标	技能目标	素养目标
1. 了解动力蓄电池维护的意义 2. 掌握动力蓄电池维护的内容	1. 能够根据不同情况进行动力蓄电池维护内容的调整 2. 能够熟练进行动力蓄电池的维护	1. 加强学生安全用电的意识 2. 注重动力蓄电池维护的操作规范，具备一定责任意识

📖 ▶【理论知识】▶▶

一、动力蓄电池维护的意义

随着新能源汽车产业快速发展，动力蓄电池退役量逐年上升。做好动力蓄电池的维护和回收，对于保护生态环境、提高资源利用效率、保障新能源汽车产业持续健康发展具有重要意义。近年来，工业和信息化部会同有关部门发布实施了一系列政策，强化动力蓄电池全生命周期溯源监测，探索多元化回收利用模式。

二、汽车日常维护

日常维护工作很简单，归纳起来就是清洁、紧固、检查、补充。下面以比亚迪秦 Pro EV 车型为例说明汽车的维护内容。

1. 前机舱内部件状况检查（图 1-16）

高压电气部件及线束插接件：应部件完好、清洁，线束无死弯、无破损，插接件锁止可靠，线束固定完好。低压控制部件及线束插接件：应部件完好、清洁，线束无死弯、无破损，插接件锁止可靠，线束固定完好。冷却液及管路、制动液及管路、玻璃清洗液及管路：应液位正常，管路无渗漏，管路固定完好。

前机舱内部件状况检查要求如下：

1）整体目视检查：前机舱中的部件无渗漏及损伤。

2）冷却液液位：液位在 Min ~ Max 之间。

3）制动液：储液罐及软管无漏液或损伤，液位应在 Min ~ Max 之间，如图 1-21 所示。

4）玻璃清洗液液位：液位在 Min ~ Max 之间。

图 1-21　比亚迪秦 Pro EV 储液罐

2. 车辆底部的检查

比亚迪秦 Pro EV 车辆底部的结构如图 1-22 所示。车辆底部检查项目见表 1-11。

图 1-22　比亚迪秦 Pro EV 车辆底部的结构

表 1-11　车辆底部检查项目

检查项目	检查要求
动力蓄电池底板检查	动力蓄电池底板平整无凹陷、划伤、锈蚀，与车身连接牢固；高压线束连接正常
慢充线束检查	慢充线束护套无损坏，固定可靠
制动软管检查	制动软管完好，无渗漏
减速器放油口检查	减速器放油螺栓无损坏，无渗漏
悬架检查	悬架弹簧、减振器完好
半轴、转向检查	保护胶套无损坏，球节工作正常

3. 检查快充端口

检查前端快充口开关是否灵活、有无卡滞、密封是否可靠。检查快充盖板功能，检查密封性。检查充电盖板反闭合锁具上的小弹片，当充电盖板闭合时，弹片受挤压变形顶住盖板。当车内控制充电盖板解锁时，弹片被释放将充电盖板顶起，如图 1-23 所示。

图 1-23　比亚迪秦 Pro EV 车型的快充口

【技能提升】

动力蓄电池的维护如下：

1. 动力蓄电池包安全操作及注意事项

1）非专业人员不得擅自拆卸动力蓄电池包。

2）勿将动力蓄电池擅自改装。

3）禁止利用导线直接对动力蓄电池包输出口进行短路。

4）充、放电不得超过技术参数中规定的最大电流。

5）动力蓄电池不准靠近高温热源。

6）避免在阳光直射下充电。

7）勿将动力蓄电池放在潮湿的地方或水里。

8）勿将动力蓄电池施加外力或使之从高空坠落。

9）工作环境温度：放电温度为-20~60℃，充电温度为 0~45℃。

10）工作时的强度：参考国家标准中关于电动汽车车辆振动的要求。

2. 动力蓄电池的储存

1）长期储存。长期储存前尽量保证动力蓄电池或动力蓄电池包的 SOC≥60%，每间隔 3 个月对其进行一次充电，保证 SOC≥60%。

2）储存在-20~45℃的环境温度中。

3）在干燥、通风、阴凉的环境中，避免阳光直射、高温、高湿、腐蚀性气体、剧烈振动等状况。

4）长期储存后，若发现动力蓄电池出现鼓胀、裂纹、电压值低于 2000mV 等异常状况，则动力蓄电池有可能已经损坏，应立即联系相关技术部门，以获得技术支持。

3. 运输中的储存

装卸和运输过程中，应避免剧烈振动、较大的外力冲击，禁止抛掷、翻滚、倒置、挤压及过高地堆垛。运输过程中要防止雨淋；运输前保证动力蓄电池或动力蓄电池包已经与负载或充电设备断开连接，无任何形式的充、放电行为。

4. 维护

（1）日常维护

1）充电操作时，要有专业人员看护，充电过程中确保插头与插座接触良好，确保充电设备工作正常，确保动力蓄电池包各连接点接触良好。如果出现异常，需要修复后才能充电。

2）充电和放电前，检查蓄电池管理系统的显示器上显示的动力蓄电池电压、温度、压降等状态，确保所有值处于正常范围内。

3）若动力蓄电池包上盖与极柱上存在大量灰尘、金属屑或其他杂物，及时使用压缩空气进行清理，避免使用水或被水浸湿的物体进行清洁。

4）充电和放电时，尽量避免有水或者其他导电物体溅到动力蓄电池上盖与极柱处，例如，暴露在大雨中使用。

5）根据动力蓄电池或者动力蓄电池包实际使用状态估计动力蓄电池的充电时间和放电时间，在充电末期和放电末期注意观察动力蓄电池或动力蓄电池包是否存在异常，如动力蓄电池的电压差问题。

（2）定期维护

1）检查蓄电池管理系统显示器上的电压数据与实际动力蓄电池电压值，以确保蓄电池管理系统电压采集的准确性。若不一致则进行校对，采集的电压与实际动力蓄电池电压误差不超过 5mV（1 次/月）。

2）检查蓄电池管理系统的温度采集数据与实际温度值，采集数据与实际温度值的数据误差不允许超过 3℃，确保动力蓄电池不会在温度过高或温度过低的时候被充电或者放电（1 次/月）。

3）检查蓄电池管理系统的电流采集数据与实际电流值，误差不允许超过 1%，确保动力蓄电池不会被过电流充电或者过电流放电（1 次/月）。

4）检查动力蓄电池包导电带、电压、温度采集端子等节点是否存在松动、脱落、生锈或者变形等情况，确保动力蓄电池包使用的串并联线束牢固可靠（1 次/月）。

5）检查动力蓄电池外壳是否存在裂缝、变形、极柱松动、鼓胀等异常情况（1 次/月）。

6）检查充电设备的可靠性，确保充电设备完全按照蓄电池管理系统发出的调压调流信号执行充电动作，确保动力蓄电池不会被过充电（1次/月）。

7）检查放电保护设备，例如快速熔断器、直流接触器、继电器、空气开关等，确保出现短路、过电流等危险状况时，动力蓄电池包能被快速切断主回路（1次/月）。

8）测试电机控制器、车载空调控制器等高压用电设备的通信及执行功能，确保当蓄电池管理系统发出切断信号时，所有高压用电设备能及时停止用电，确保动力蓄电池不被过放电（1次/月）。

9）检查动力蓄电池包与车体的绝缘电阻状态，确保电阻值符合我国国家标准（$\geqslant 500\Omega/V$），以保证动力蓄电池不存在漏电现象（1次/月）。

10）若出现动力蓄电池包带电量不一致的情况时，解决的方法如下：

首先，使用带有均衡功能且均衡效果非常好的蓄电池管理系统，最好是具有均衡充电功能。其次，用小于$0.3C$的充电电流将单体蓄电池的电压充到3.65V。

方法一：首先使用串联充电器给整包动力蓄电池充电，直到出现单体蓄电池上限电压保护，再使用限定电压为3.65V的恒流充电器（均衡充电设备）对所有单体蓄电池进行充电，直到所有单体蓄电池电压都达到3.65V。该均衡充电设备的性能指标为输入电压，可根据当地使用交流电压确定，如AC 220V，输出电压为DC 3.65V，输出电流为$0.01C$，如10A或20A等，该设备由整车厂家从充电器厂家直接购买（1次/3个月或出现带电量不一致时）。

方法二：把动力蓄电池包中的所有动力蓄电池拆下，用充放电测试柜把所有动力蓄电池都充满，让其带电量一致（1次/3个月或出现带电量不一致时）。

再次，用小于$0.3C$的放电电流将单体蓄电池的电压放到2.3V。

方法一：把动力蓄电池包中的所有动力蓄电池拆下，用充放电测试柜把所有动力蓄电池都放到2.3V，让其带电量一致（1次/3个月或出现带电量不一致时）。

方法二：首先将整包动力蓄电池放电（可以采用跑车的方法），直到出现单体蓄电池欠电压保护。再采用限定电压为2.8V的放电设备对单体蓄电池进行放电，直到所有单体蓄电池电压都等于2.8V。限定电压为2.8V的放电设备可以采用电压比较器加放电继电器控制放电电阻的方法。放电的功率器件为直径为5mm、长度为70cm的电阻丝，电流约为20A（适用于动力蓄电池包可以方便拆卸的）。或者采用1Ω、15W的电阻，放电电流3A左右适用于动力蓄电池包不方便拆卸的，可以通过管理系统电压采集线进行小电流长时间放电（1次/3个月或出现带电量不一致时）。

【学习小结】

1. 根据混合动力电动汽车零部件的种类、数量和连接关系，可以将其分为串联式混合动力电动汽车（SHEV）、并联式混合动力电动汽车（PHEV）和混联式混合动力电动汽车（PSHEV）。

2. 混联式驱动系统主要由发动机、发电机、电动机、行星齿轮机构和动力蓄电池等部件组成。

3. 燃料电池的主要构成组件有电极、电解质隔膜与集电器等。

4. 荷电状态（SOC）是动力蓄电池在一定放电倍率下，剩余电量与相同条件下额定容量的比值，它反映动力蓄电池容量的变化。

【知识巩固】

一、填空题

1. 汽车日常维护包括_____、_____和_____。
2. 动力蓄电池的维护包括_____和_____。

二、问答题

1. 动力蓄电池维护的注意事项有哪些？
2. 动力蓄电池维护的意义是什么？

项目二

电源电气系统的检修

【情景导入】

1. 事故概况

一辆比亚迪纯电动汽车,配备 75A·h 容量的磷酸铁锂离子蓄电池,工作电压为 633.6V,永磁同步交流电机最大功率为 160kW。长时间停放后,在起动时无法上 OK 电(高压电),车辆无法正常行驶,仪表显示"请检查动力系统",充电连接图标亮,连接交流充电枪能正常进入充电界面,但仪表指示充电功率为 0。

2. 原因分析

根据故障现象及仪表板的故障显示初步判断可能存在以下两个问题:

第一个是高压驱动系统故障,包括从动力蓄电池到驱动电机的高压系统及其控制系统;第二个是交流充电系统故障,高压驱动系统故障可能引起交流充电无法进行,所以判断交流充电系统是否存在故障,需要先排除高压驱动系统故障后再进行确认。

【学习目标】

知识目标	技能目标	素养目标
1. 掌握电源电气系统的构成及作用 2. 掌握高压电源电气系统的构成及作用 3. 掌握低压电源电气系统的构成及作用	1. 掌握电源电气系统的故障分析、诊断和排除方法 2. 能够掌握对高压互锁的故障分析、诊断和排除方法	1. 培养学生良好的职业道德和交流沟通的能力 2. 培养学生严谨认真的工作态度

【理论知识】

一、电源电气系统

1. 电源电气系统的构成及作用

新能源汽车动力电源系统组成框图如图 2-1 所示。动力蓄电池电源系统由动力蓄电池包、管理系统、保护装置和通信电路等组成。外围构成包括充电保护模块、显示器和辅助电源等。对于纯电动汽车和插电式混合动力汽车,还包括充电机(车载充电机和/或地面充电机)或充电站、充电桩等设施。根据整车设计及功能的不同,可以有不同的配置形式。

动力蓄电池包是电源系统的主要组成部分,每套电源系统根据整车设计不同,可以由一个动力蓄电池包组成,也可以由几个或几十个动力蓄电池包组成。动力蓄电池包内包括动力蓄电池组、动力蓄电池包的管理单元(BMU)(主要为动力蓄电池电压、温度数据的采集及均衡等功能)、温度传感器、散热装置及各类线束等,如图 2-2 所示。

系统控制器(BECU)是整个电源系统的管理和控制中枢,一方面根据动力蓄电池包内 BMU 传输的数据对动力蓄电池状况进行判断,并将判断结果传输给整车控制器或多能源控制

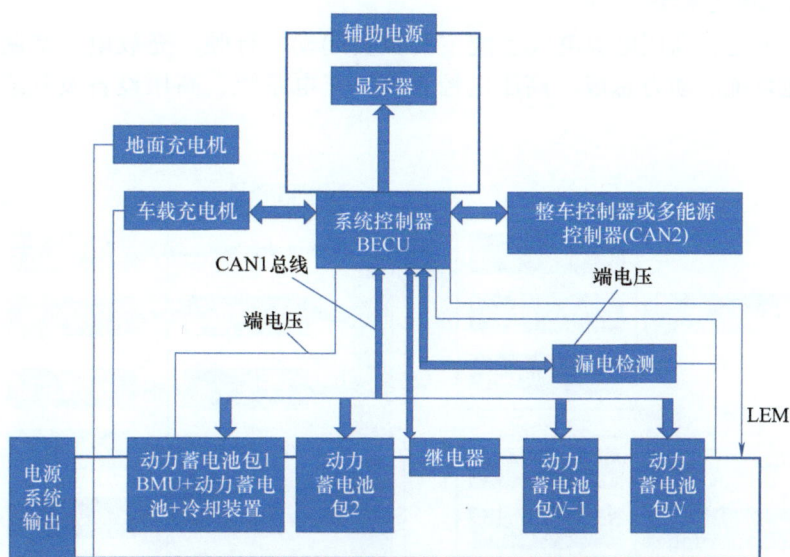

图 2-1 新能源汽车动力电源系统组成框图

图 2-2 动力蓄电池包分解图

器，由整车控制装置根据动力蓄电池状况进行工况的调整；另一方面执行整车控制器传送的指令，对电源系统进行控制。

电流传感器、继电器等是电源系统的重要组成部分，BECU 根据电流对动力蓄电池包进行过电流保护及 SOC 计算；对电源系统的有效保护、漏电安全保护等是通过 BECU 或整车控制器对继电器的控制来进行的。

辅助电源为 BECU 提供动力，某些情况下也为动力蓄电池包的散热系统提供动力，一般为车上配置的 12V 或 24V 电源，或者通过 DC/DC 模块将电源系统的电压转换为所需的电压对 BECU 及车辆电子附件进行供电。

漏电保护装置主要检测系统与车体之间的绝缘程度，一旦出现漏电现象，及时切断电源，进行维护。某些漏电保护装置直接装在整车控制系统中，由整车来直接控制。

显示器主要显示电源系统的一些基本参数，如 SOC、蓄电池健康状态（SOH）等状况。

2. 高压电源电气系统

在纯电动汽车上，高压电源电气系统主要负责起动、行驶、充放电、空调动力等，主要包括动力蓄电池系统、动力总成、高压电控系统、充电系统、高压设备及其线束系统，如图2-3 所示。

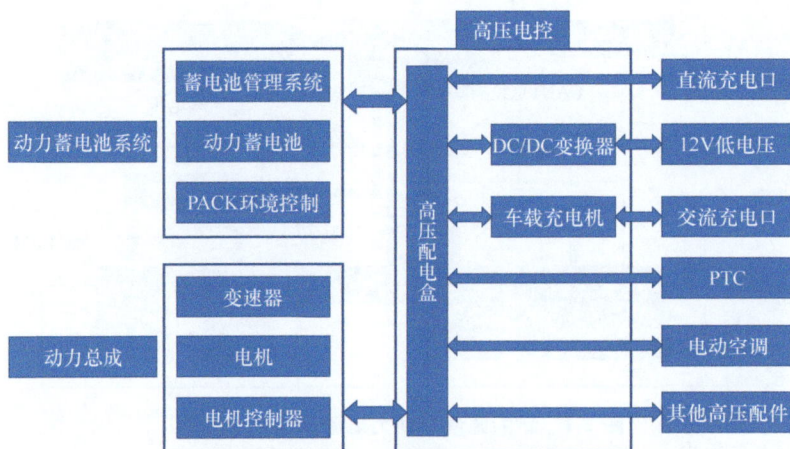

图 2-3 高压电源电气系统组成构图

（1）动力蓄电池系统 一般来说，电动汽车动力蓄电池包由动力蓄电池组、结构系统、电气系统、热管理系统、蓄电池管理系统构成，如图2-4 所示。动力蓄电池的基本单元是单体蓄电池（也称为电芯）。多个单体蓄电池串联、并联或串并联组合成蓄电池组（也称为模块）。蓄电池组与 BMS、蓄电池箱及相应附件组成蓄电池包。一个或多个蓄电池包及相应附件组成蓄电池系统。

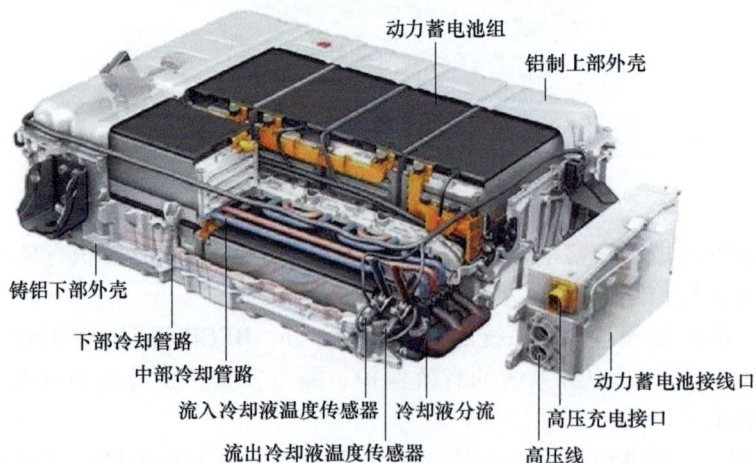

图 2-4 动力蓄电池系统的构成

（2）动力总成 电动汽车的动力总成主要由驱动电机与电机控制器（MCU）组成。电机控制器将高压直流电转换为交流电，并与整车控制器及其他模块进行信号交互，实现对驱动电机的有效控制。驱动电机按照电机控制器的指令，将电能转化为机械能，输出给车辆的传动系统；同时，可以将行驶中产生的机械能（如制动效能），转化为电能通过车载充电机输送给动力蓄电池。

（3）**高压电控系统**　高压配电盒（PDU）：整车高压电的电源分配装置，类似于低压电路系统中的熔断器盒，如图 2-5 所示。

图 2-5　高压配电盒

维修开关：位于动力蓄电池和 PDU 之间，当维修动力蓄电池时，使用它可以进行整车高压电的切断，以确保维修安全。通常也会集成在 PDU 上。

电压变换器（DC/DC 变换器）：将动力蓄电池的高压直流电转化为整车用电器需要的低压直流电，供给辅助蓄电池，以能够保持整车用电平衡。

车载充电机：将交流电转换为直流电的装置。

受整车布置的影响，越来越多的车型趋向于将 DC/DC 变换器与车载充电机整合为控制器，甚至将 PDU、DC/DC 变换器与车载充电机整合为三合一控制器。

（4）**充电系统**　快充口：输入高压直流电，可以直接通过 PDU 给动力蓄电池充电。

慢充口：输入高压交流电，需要经过车载充电机进行转化后，再通过 PDU 给动力蓄电池充电。

（5）**高压设备**　电动汽车上的电动设备主要包括转向助力系统、制动系统、电动空调和电加热设备。

转向助力系统：由变频驱动器和转向助力油泵组成，协助车辆转动转向盘，减轻驾驶人驾驶车辆的负担。

制动系统：由变频驱动器和电动空气压缩机组成，给制动系统、悬架系统提供压缩空气，实现制动功能。

电动空调压缩机和 PTC 加热器：为了调节车辆内部空间温度，电动汽车上设置了冷暖空调或者空调配 PTC 加热。空调和加热器是电动汽车上的用电大户。

（6）**线束系统**　电动汽车电气系统上各个部件通过线束相连，既有高压线束，也有低压线束，如图 2-6 所示。

高压线束是高压电源传输的媒介，可以看作电气系统的"大动脉血管"，将动力蓄电池系统"心脏"——动力蓄电池的动力不断输送到各个需要的部件中。

低压线束可以看作电气系统的"神经网络"和"毛细血管"，除了满足与传统燃油汽车线束相同功能外，还负责实现强电控制单元模块功能。

3. 低压电源电气系统

DC/DC 变换器由动力蓄电池通过高压接线盒（HVJB）供电，然后它会将 350V 以上的电压降至约 14V。在高压系统运行时，启动蓄电池和辅助蓄电池均由配电盒（PSDB）连接在电路中，两者均由 DC/DC 变换器进行充电。

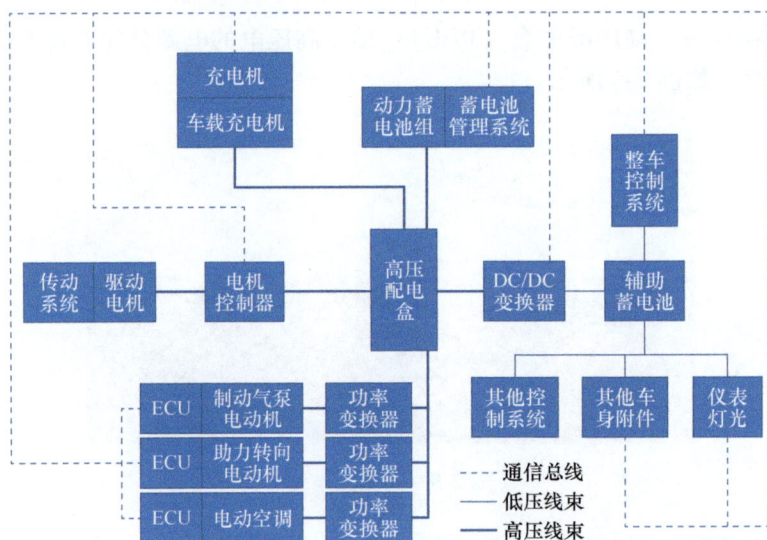

图 2-6　新能源汽车电源线束系统

　　低压电源（12V）系统部件如图 2-7 所示，低压蓄电池系统由配电盒、车身控制模块/网关模块（BCM/GWM）总成、启动蓄电池、辅助蓄电池、蓄电池管理系统控制模块组成。

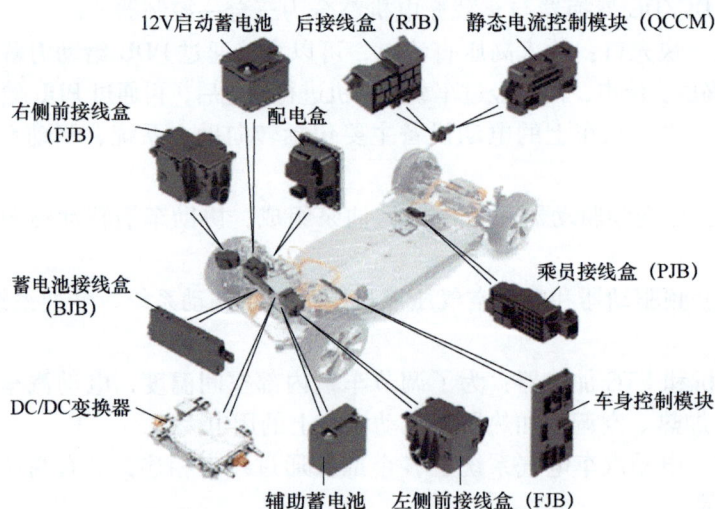

图 2-7　低压电源（12V）系统部件

　　BCM/GWM 包括控制 12V 蓄电池系统部件和智能电源管理系统（IPMS）所需的软件。BCM/GWM 总成监测 12V 蓄电池系统部件，并且还能储存相关的诊断故障码（DTC）。

　　车上有多个接线盒，将诸多电路连接至主电源。启动蓄电池通过电源电缆为蓄电池接线盒（BJB）提供电源。

　　（1）DC/DC 变换器　DC/DC 变换器位于前机舱中，如图 2-8 所示。

　　DC/DC 变换器由动力（EV）蓄电池供电。DC/DC 变换器将来自动力蓄电池的高压直流

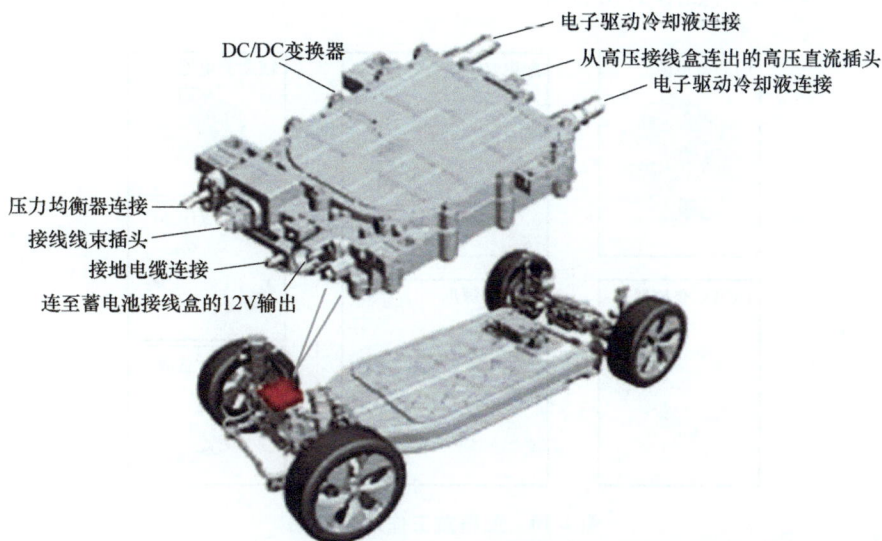

图 2-8 DC/DC 变换器

电源转换成 14V 直流电，供所有 12V 车辆系统和启动蓄电池、辅助蓄电池供电。

DC/DC 变换器有两个电子驱动冷却液连接，以提供冷却。电子驱动冷却液的流量由脉冲编码调制（PCM）进行控制。PCM 控制电子驱动冷却液泵，可以根据冷却要求调节电子驱动冷却液的流量。

（2）配电盒 配电盒位于前机舱的右侧，在启动蓄电池的后方，如图 2-9 所示。

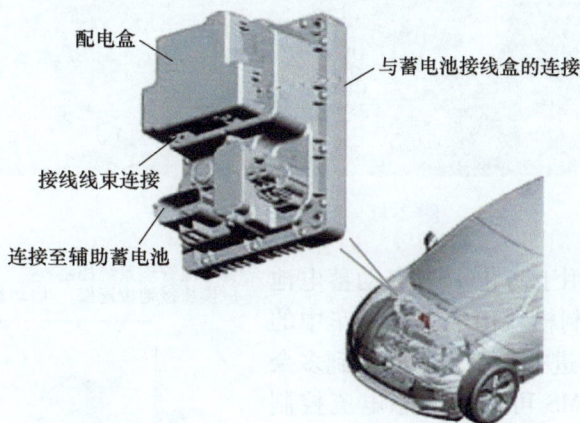

图 2-9 配电盒

配电盒包含两排金属氧化物半导体场效应晶体管（MOSFET）。MOSFET 由 BCM/GWM 激活，以进行以下控制：将车辆 12V 电气负载在启动蓄电池和辅助蓄电池之间切换、为辅助蓄电池充电。配电盒包含一个微控制器，它通过局域互联网络（LIN）总线接收来自 BCM/GWM 的命令。配电盒根据 BCM/GWM 的命令，连接或断开启动蓄电池或辅助蓄电池与车辆 12V 电气负荷的连接。在配电盒和 BCM/GWM 之间有一条诊断线，用于检测配电盒的故障。

配电盒工作逻辑框图如图 2-10 所示。

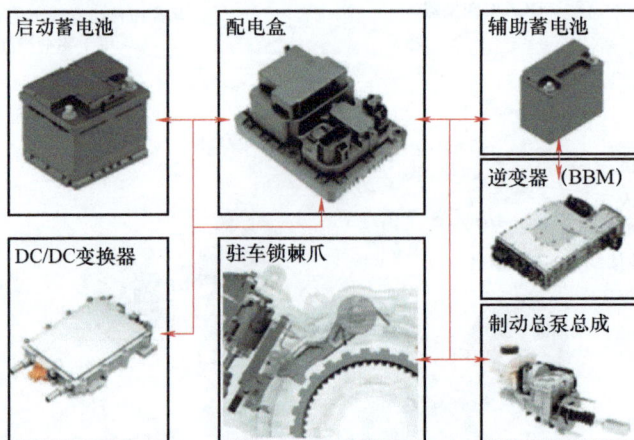

图 2-10　配电盒工作逻辑框图

（3）静态电流控制模块　静态电流是指电路中的一组电气部件在电路通电但未处于工作状态时消耗的来自电源的电流。这状态称为电源模式 0。静态电流控制模块位于行李舱内右后尾部，如图 2-11 所示。

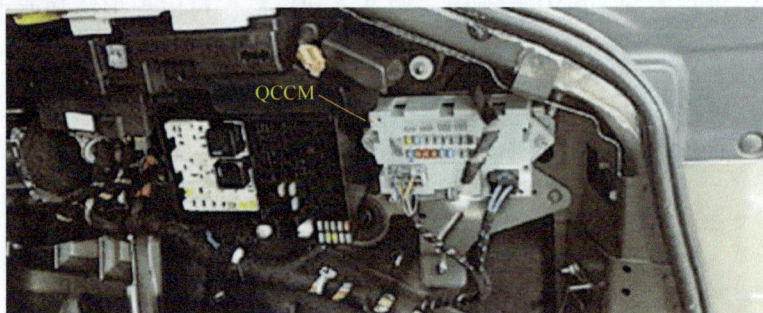

图 2-11　静态电流控制模块

静态电流控制模块用于防止 12V 启动蓄电池过度放电。静态电流控制模块由安装在汽车中的 IPMS（中心交互系统）进行控制。在检测到多余的静态电流状况时，IPMS 可控制静态电流控制模块断开不必要的负载。

（4）蓄电池管理系统控制模块　蓄电池管理系统控制模块安装在启动蓄电池负极端子上，该端子位于前舱中，如图 2-12 所示。

蓄电池管理系统控制模块直接接收来自启动蓄电池正极端子的 12V 电源，并且测量启动蓄电池的电流、电压和温度。通过通信（LIN）总线连接，这些测量值被发送至 GWM 总成，进而影

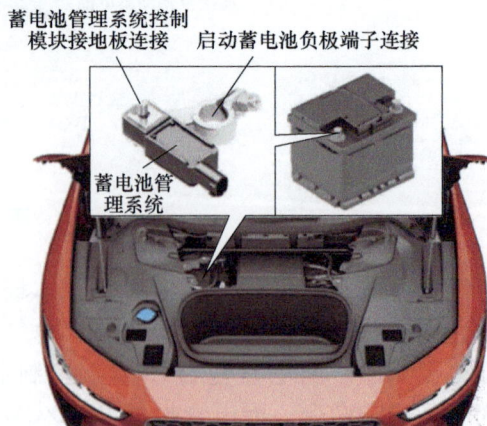

图 2-12　蓄电池管理系统

响 DC/DC 变换器的输出。蓄电池管理系统控制模块故障码储存在 GWM 总成中，可用于帮助诊断蓄电池管理系统故障。

二、电源系统高压线束检查

1. 高压线束

根据高压线束的特性，以高压电器为中心对高压线束进行划分，可分为电机高压线、动力蓄电池高压线、充电高压线等。

电机高压线一般是连接控制器和电机的高压线，动力蓄电池高压线一般是连接控制器和动力蓄电池的高压线，充电高压线一般是连接充电机和动力蓄电池的高压线，如图 2-13 所示。

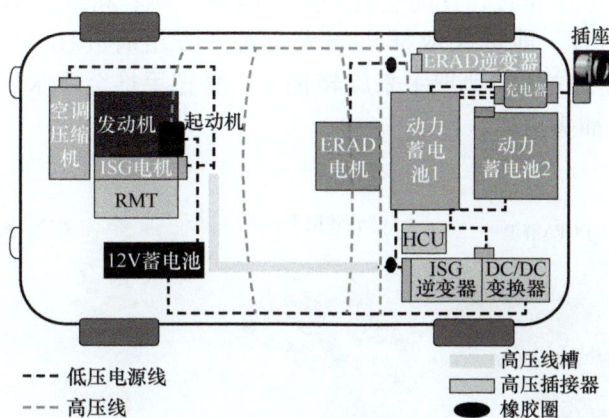

图 2-13　混合动力高压部件布局图

（1）高压线束结构　在高压线束系统的设计上，直流高压电回路必须严格执行双轨制，即正、负极必须是独立的高压线束连接。高压线束内部结构如图 2-14 所示。

（2）高压插接器　高压插接器要达到线束本身基本的性能，重点的是保证连接线的机械强度、无接触电阻、防水和具有连接处的屏蔽作用。高压插接器按照材料分有金属插接器和塑料插接器，如图 2-15 所示。

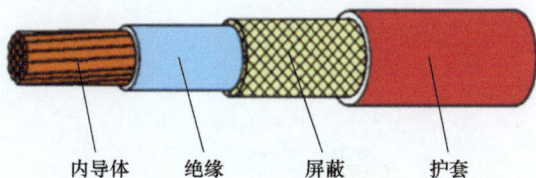

图 2-14　高压线束内部结构

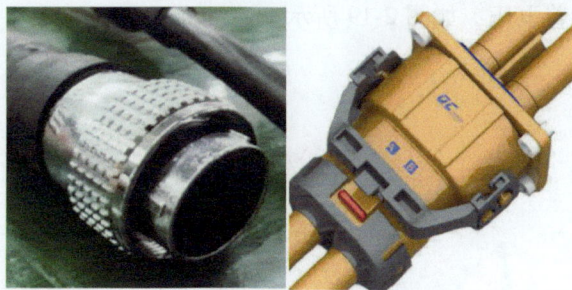

图 2-15　高压插接器

高压插接器一般包括卡扣、锁止扣和插头，插好后不解除锁止扣是无法拔出的，所以一个好的插接器连接到位时都会听到卡扣锁止的声音。典型高压插接器的插入过程如图 2-16 所示。

插入时，把手需处于垂直位置，垂直插入后，当把手入口处内圆与侧柱接触（无法再插

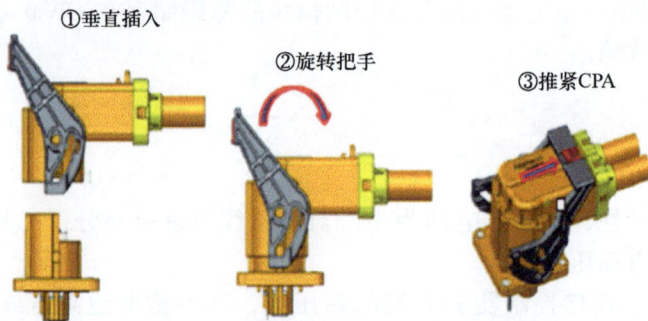

图 2-16　典型高压插接器的插入过程

入）时，旋转把手推至水平位置，此时会有一声"咯嗒"响；将红色 CPA（锁止扣）沿箭头向右推入，并与把手贴合，即可完成插头插入过程。拔出时（图 2-17），将 CPA 向左推，CPA 解锁；按照图示箭头位置推动把手来旋转把手；将把手推至不水平面垂直，用手握住卡扣的主体部分，顺势将插头提起。

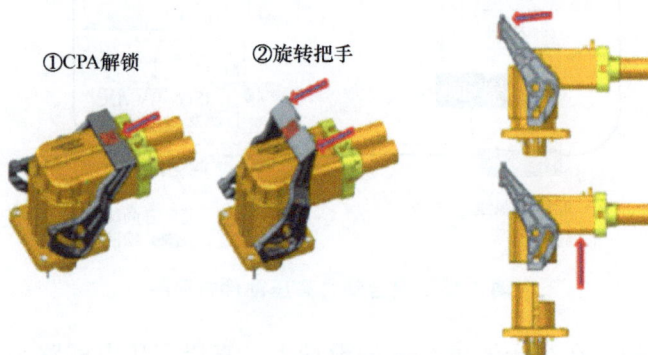

图 2-17　高压插接器拔出过程

（3）维修开关　新能源汽车的维修开关一般设置在驾驶室内中间扶手箱内，也称为手动维修开关，是应急救援必备的断开装置，如图 2-18 所示。

纯电动汽车动力蓄电池包的电压最高可达 700V，断开维修开关时，在维修开关端口存在着电压，如图 2-19 所示。

图 2-18　维修开关

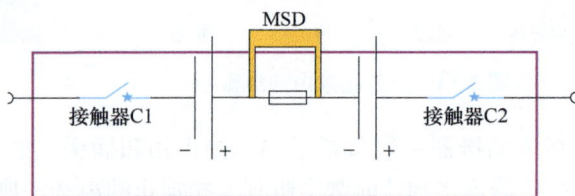

图 2-19　维修开关电路

图 2-20 显示的是从动力蓄电池包中间断开的设计，为了避免人员触碰到该危险电压，MSD 基座必须采用防触指设计。防触指设计的维修开关的最大特点是基座带电的端口看不见，而且要确保手指无法接触到带电端口。

（4）充电接口　充电接口如图 2-21 所示，分为快充接口和慢充接口。快充接口（图 2-22）主要是连接专业的充电桩充电使用，也称为直流充电。

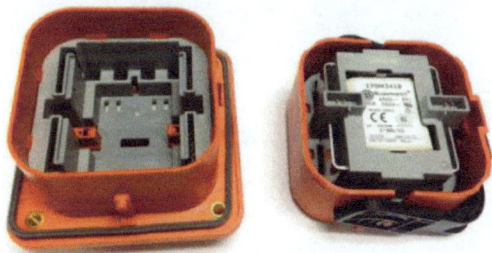

图 2-20　中间断开设计

图 2-21　充电接口

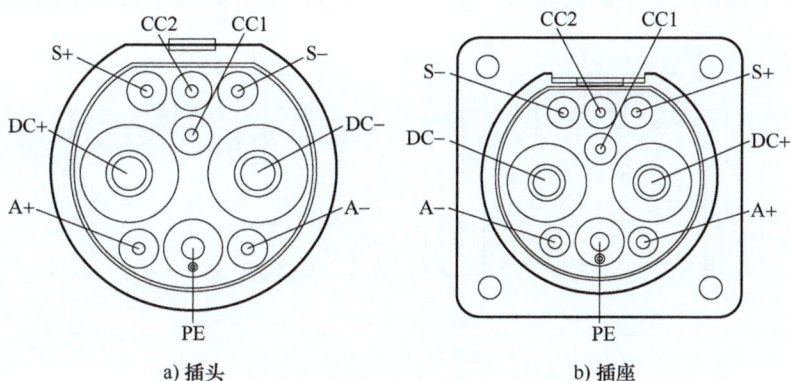

a) 插头　　　　　b) 插座

图 2-22　快充接口示意图

DC-—直流电源负　DC+—直流电源正　A-—低压辅助电源负极　A+—低压辅助电源正极
CC1、CC2—充电连接确认　PE—车身地（搭铁）　S+—充电通信 CAN-H
S-—充电通信 CAN-L

慢充接口示意图如图 2-23 所示，慢充充电也称为交流充电。慢充接口主要是使用 220V 电压进行充电。

家用充电器使用慢充的充电线，俗称充电宝，如图 2-24 所示，使用家庭用的插座要求必须达到 16A 并带有接地线，否则会因为电流问题引起插座燃烧等安全事故。

2. 高压绝缘监测

绝缘电阻是指用绝缘材料隔开的两部分导体之间的电阻。绝缘电阻值为两个测试点之间及其周边连接在一起的各项关联网络所形成的等效电阻值。检测绝缘电阻是为了评估电气设备的绝缘性能。

蓄电池管理系统需要对动力蓄电池系统所有部件在集成完毕的状态下进行绝缘检测，且采用绝缘电阻阻值来衡量绝缘状态。

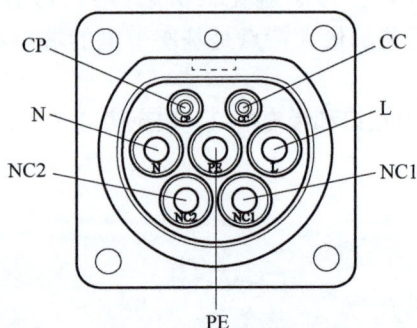

图 2-23　慢充接口示意图

CP—控制确认线　CC—充电连接确认　PE—车身地（搭铁）
L—三相交流电源　NC1、NC2—备用触头　N—交流电源中线

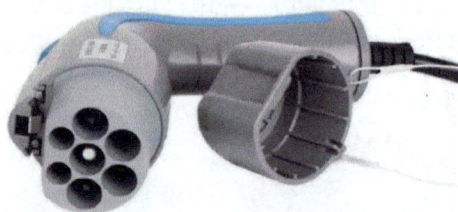

图 2-24　家用充电器

当前车辆检测绝缘电阻的方法主要有直流法绝缘检测和交流法绝缘检测两种。

直流法绝缘检测技术的应用主要是基于电桥法原理测试高压对地的绝缘电阻。该方法为 GB 18384—2020 中测试绝缘电阻的方法，使用范围比较广泛。其具体实现方式如图 2-25 所示。

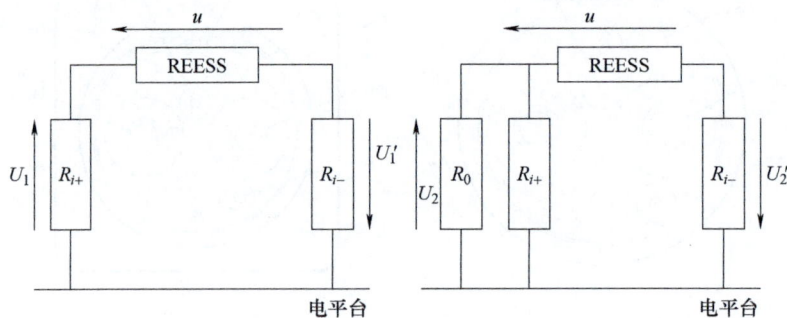

图 2-25　直流法绝缘检测原理图

图 2-25 中，R_{i+} 和 R_{i-} 表示 REESS 两个端子与电平台的绝缘电阻，R_0 为已知的测量电阻，R_i 为 R_{i+} 和 R_{i-} 里面较小的绝缘电阻，则

$$R_i = R_0\left(\frac{U_2}{u} - \frac{U_1}{u}\right)$$

交流法绝缘检测技术的应用主要是低频信号注入法，其具体实现方式如图 2-26 所示。

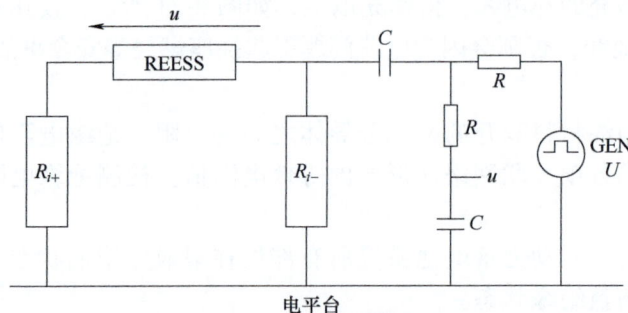

图 2-26　交流法绝缘检测原理图

图 2-26 中，GEN 为幅值为 U 的 PWM 波发生电路，u 为绝缘电阻采样电路电压，R_i 为 R_{i+} 并联的 R_{i-} 值，则

$$R_i = R\left(\frac{u}{U-u}\right)$$

低频信号注入法的绝缘电阻测试主要包含两部分，一部分为 GEN 方波发生电路，另一部分为 RC 电路（一个包含利用电压源、电流源驱使电阻器、电容器运作的电路）的参数设计。

三、高压互锁故障诊断

在《ISO 6469-3：2001 电动汽车安全技术规范第 3 部分：人员电气伤害防护》中，规定电动汽车上的高压部件应具有高压互锁装置。高压互锁是一项非常重要的防护措施。

1. 高压互锁的原理和结构

（1）高压互锁的原理　整车所有高压插接器连接位置都需高压互锁信号回路，但互锁回路与高压回路不具有必然的联系。

整车高压系统以动力蓄电池作为电源，低压回路也需要一个检测用电源，让低压信号沿着闭合的低压回路传递。新能源汽车高压互锁基础电气原理图如图 2-27 所示。

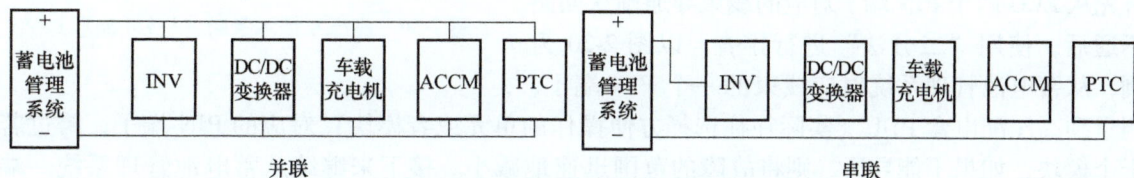

图 2-27　新能源汽车高压互锁基础电气原理图

（2）高压互锁的主要结构　整车高压系统主要涉及能量储存输出单元（动力蓄电池）、电力分配单元（PDU）以及用电器（如电机逆变器、电动压缩机、高压 PTC 等）。

图 2-28 所示为 PDU 盖板互锁示意图。高压线束连接好后，会将互锁回路连接起来。盖板装配好则开关闭合，最终使互锁回路闭合。

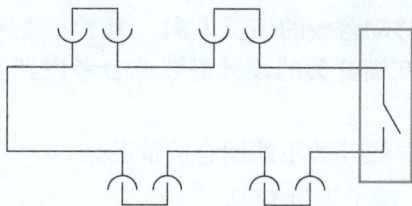

图 2-28　PDU 盖板互锁示意图（互锁开关）

图 2-29 所示为高压线插接件互锁示意图，公端接口固定于用电器或者 PDU 上，母端接口为线束端，集成了互锁的公端端子。

2. 高压互锁常见故障及排查

（1）线束错误导致开路　在生产制造环节，鉴于线束的生产仍依赖于人工组装，因此出现线束错误是难免的，线束质量检查可以借助于电检台把关。但是，在工程开发阶段，线束往往是临时改制或者手工制作的，难免出现错误。

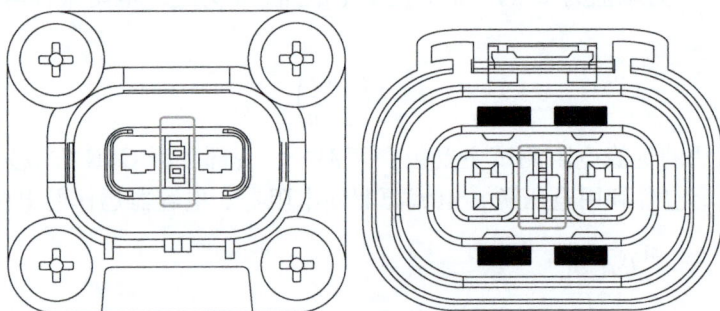

图 2-29　高压线插接件互锁示意图（公端和母端）

由图 2-30 及对其基本原理的描述可知，整个回路中只有蓄电池管理系统的两个 PIN 端子处是没有直接连接在一起的。因此，如果其他的用电器和线束连接良好，则从蓄电池管理系统线束的两个 PIN 端子测量导通应该是通路的。在排查过程中，首先从 ECU 两个 PIN 端子对应的线束导通确认回路不通后，使用"二分法"进行排查。以图 2-30 为例，从蓄电池管理系统对应线束的一个 PIN 端子，

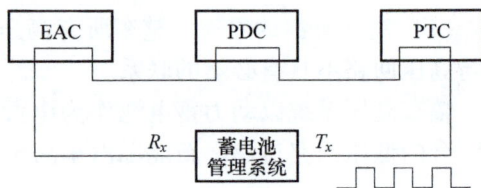

图 2-30　高压互锁示意图（PWM 波形）

测量到高压配电盒 PDU（实际往往选择方便操作的单元或者模块）对应的 PIN 端子，跨过若干个模块，如果不能导通，则将故障的范围迅速地减小。接下来继续从蓄电池管理系统一端故障所在侧开始缩小排查范围，最终锁定开路所在位置。

如果测量低压线束都是导通的，则可以考虑用电器故障，例如 PDU 的互锁开关失效、高压线束互锁端子损坏、回路对地或对电短路等故障。

（2）互锁开关失效导致开路　互锁开关常见的故障是关闭盖板后开关不能闭合。在样车试制过程中，发生过两类问题：设计尺寸偏差，导致互锁开关不能闭合；盖板突出的筋结构高度偏低，导致开关不能闭合到位，互锁回路开路。

设计不合理导致安装过程中互锁开关结构失效致使开关不能闭合，其产生的原因是互锁开关朝向正好是某些装配技师移动盖板的相反方向，为了安装到位，装配人员用力推动盖板，将互锁弹片压弯。这间接说明互锁开关的设计需要综合考虑到安装的几种可能、调整开关的朝向等，以避免结构失效。

此外，存在开关本身故障导致开关不能闭合的情况。

（3）端子退针导致开路　端子退针包括互锁回路的低压线束中部分线束的端子质量问题，也包括高压用电器及 PDU 上高压互锁回路上的端子质量问题。

图 2-31 展示了一例端子退针的案例，端子退针或者其他质量问题导致的公母端子接触不良，同样需要使用"二分法"快速定位故障位置，定位到故障点后，如果线束导通下来没有问题，则故障在高压部件上。

图 2-31　用电器端低压端子退针

退针以及端子接触不良的问题说明在进行问题排查和导通时，需要使用合适的探针。如果探针直径较大，会影响端子的接触质量和使用寿命。

（4）**对地/电源短路** 如果高压互锁回路发生了对地短路或者对电源短路，显然 PWM 波（脉冲宽度调制，也为占空比可变的脉冲波形）无法返回 ECU，这样就会导致 ECU 报高压互锁故障，进而无法上高压。

假如遇到这样的问题，检查网络信号报高压互锁开路，但是仅从 ECU 对应的低压线束测量高压互锁回路，结果是导通的。这显然存在矛盾，经过排查发现互锁回路对地短路了，也就是从 ECU 低压插接件两端测量互锁回路是导通的，但是任何一端与车身的测量也是导通的。根据高压互锁的工作原理可知，虽然回路是通的，但是对地短路不能使蓄电池管理系统发出的 PWM 波形返回到蓄电池管理系统，从而使蓄电池管理系统报高压互锁开路。经过排查，最终发现是 PDU 内部互锁回路破损，导致对金属壳体短路，也就是相当于对车身地短路。

（5）**动力蓄电池内部故障** 动力蓄电池内部发出方波，并检测方波。如果整车报了高压互锁的故障，而实际导通下来线束是完好的，并且没有对电、对地短路的情况，则可以继续排查、验证是否是动力蓄电池内部的故障。

方法是带电测量互锁回路是否形成通路，即确认低压线束回路相通，高压线束都连接完好；然后，将高压互锁回路任何一个地方断开，使用欧姆档测量是否导通，如果不能导通，说明没有电流流过；接下来，可以检查是否有方波的电压，以及接收方波的公端端子是否良好。

【技能提升】

一、高压线束的检查

1. 波纹管损坏

波纹管常见问题点有磨损、割破、捏瘪、熔化等，如图 2-32 所示。

对于此类损伤，应根据以下 3 条原则进行维护：

1）如果小面积破损，应该用绝缘胶布对破损部分进行包裹处理。

2）如果大面积破损，则检查破损内部的电缆是否有异常，若无异常，则参照 1）中处理方式进行。

3）如果大面积破损，且电缆有一定破损，应先对电缆进行维护，然后对波纹管进行包裹处理。

2. 电缆过度折痕

长期过度弯折会导致电缆护套材料严重扭曲变形，并且电缆上有严重的瘢痕，如图 2-33 所示。

建议：更换整条高压线束。若更换完后此处弯折半径还是一样小，应查看线束的安装固定方式是否正确，应该避免此种弯折现象。

3. 电缆磨损、割破

线束与其他零部件或者锐利物长期摩擦、干涉，会导致电缆有磨损或被割破，如图 2-34 所示。

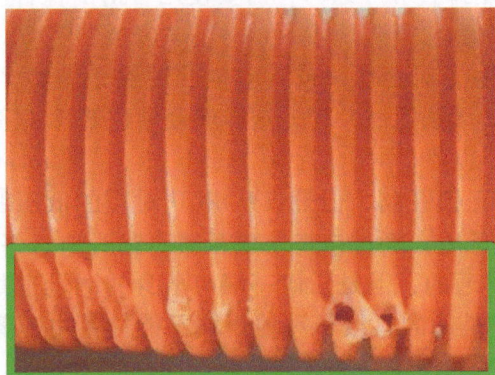

图 2-32　波纹管破损图

图 2-33　电缆过度弯折

对于此类损伤，遵循以下两条原则：

1）若轻微磨损、割破，用绝缘胶布进行包裹，下次维护时重点检查是否仍然出现磨损。

2）若磨损面积大，清晰可见内部屏蔽层的金属部分，应直接更换此条高压线束。

4. 插接件损坏

线束与其他零部件存在长期摩擦会导致插接件有磨损，如图 2-35 所示。

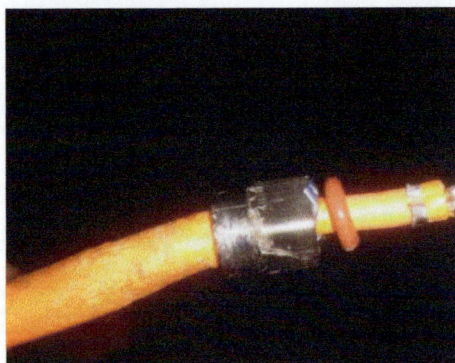

图 2-34　电缆磨损、割破

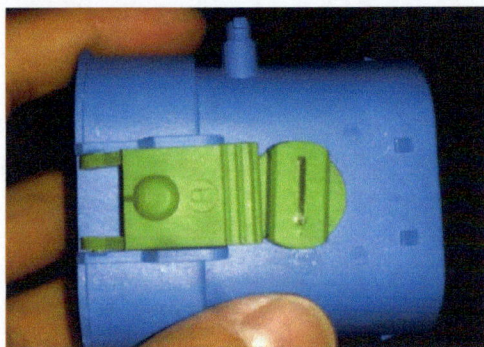

图 2-35　插接件损坏

建议：当出现此类损坏时，应更换整条高压线束。

5. 插接件积尘

长期使用后，插接件表面会有严重灰尘堆积，如图 2-36 所示。

建议：当出现插接件积尘时，应用干布将插接件表面的大粒积土清除，小部分无法清除的灰尘则用吹风机（常温）吹净，避免积土、积尘对插接件长期腐蚀。

6. 热缩管、胶布松脱

长期在前机舱等苛刻环境下工作，会因过热等原因导致胶布和热缩管提前老化而松脱，如图 2-37 所示。

建议：对于此类损伤，应在热缩管松脱的地方，将波纹管与热缩管、线缆的间隙用绝缘胶布粘好。

图 2-36　插接件积尘

图 2-37　热缩管松脱

二、绝缘故障的排查

纯电动汽车发生了绝缘故障，可按如下方法排查：

蓄电池管理系统报出绝缘故障，若报文显示为动力蓄电池内部绝缘故障，则移交给动力蓄电池专业人员处理。若不是，则需要对每个零部件进行排查，因为蓄电池管理系统不能指出具体是哪个零部件的故障。

若怀疑是驱动电机总成绝缘故障，用万用表分别测量 MCU（单片机）直流母排正、负极到壳体的阻抗，是否存在短路或者阻抗过低的情况。观察万用表欧姆档阻抗是否大于 30MΩ 或者无穷大，如果是，则使用绝缘电阻表分别测量 MCU 直流端正、负极对壳体的绝缘。观察万用表 1000V 档位对应的测量值是否大于 2MΩ，如果是，则电驱绝缘正常，如果否，则电驱绝缘故障。

【学习小结】

1. 高压电源电气系统主要负责起动、行驶、充放电、空调动力等，主要包括动力蓄电池系统、动力总成、高压电控系统、充电系统、高压设备及其线束系统。

2. 高压电控系统包括高压配电盒、维修开关、DC/DC 变换器、车载充电机。

3. 电动汽车电气系统中各个部件通过线束相连，既有高压线束，也有低压线束。

4. 高压线束的检查内容主要包括波纹管是否损坏，电缆是否过度折痕，电缆是否磨损、割破，插接件是否损坏，插接件是否积尘，热缩管、胶布是否松脱。

5. 高压互锁常见故障包括线束错误导致开路、互锁开关失效导致开路、端子退针导致开路、对地/电源短路、动力蓄电池内部故障。

【知识巩固】

一、单选题

1. 高压配电盒的英文缩写是（　　　）。

A. PDU
B. MCU
C. OBC
D. BMS

2. 整个电源系统的管理和控制中枢是（　　　）。

A. 继电器
B. 蓄电池管理系统
C. 控制器
D. 高压电控系统

二、填空题

1. 动力蓄电池电源系统由_____、_____、_____和_____等组成。

2. 纯电动汽车高压电源电气系统主要包括_____、_____、_____、_____、_____及其线束系统。

3. 高压互锁回路简称_____。

4. 蓄电池管理系统控制模块直接接收来自启动蓄电池正极端子的12V电源，并且测量启动蓄电池的_____、_____和_____。

三、问答题

1. 简述高压线束的作用和结构。
2. 简述高压线束损坏的类型及其维护步骤。

项目三

蓄电池管理系统的检修

【情景导入】

1. 事故概况

某比亚迪唐车辆的 SOC 为 78%，无 EV 模式，仪表报"请检查动力系统"（图 3-1），蓄电池管理系统存在故障码：P1A3D00（负极接触器回检故障）。

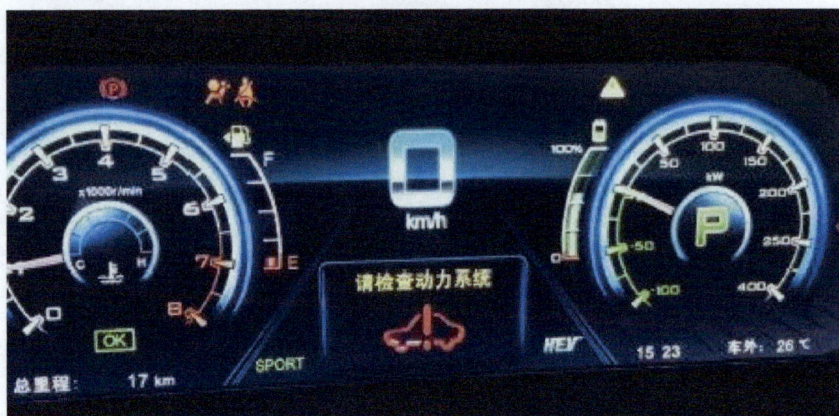

图 3-1　仪表显示"请检查动力系统"

2. 原因排查

蓄电池管理系统存在故障码内容。

1）因车辆提示动力系统故障，且蓄电池管理系统存在故障码 P1A3D00。首先对蓄电池管理系统负极接触器电源、控制电路进行检查。

2）检查蓄电池管理系统负极接触器 F 端子电源供给正常（k161 母端）。

3）进一步排查发现动力蓄电池采样端子（k161 公端——公端可理解为插头端子，母端为插座端子，余同）F 端子出现退针现象。

任务一　蓄电池管理系统的故障诊断

【任务描述】

蓄电池管理系统通常被业内称为电动汽车动力蓄电池系统的"大脑"，是电动汽车动力蓄电池系统的重要组成部分。它与动力蓄电池组、整车控制系统共同构成新能源汽车的三大核心技术。蓄电池管理系统是对动力蓄电池进行监控和管理的系统，通过对电压、电流、温度以及 SOC 等参数进行采集和计算，进而控制动力蓄电池的充、放电过程，实现对动力蓄电池的保护，提升动力蓄电池综合性能的管理，是连接车载动力蓄电池和电动汽车的重要纽带。本任务主要介绍蓄电池管理系统的故障诊断。

【学习目标】

知识目标	技能目标	素养目标
1. 掌握动力蓄电池管理系统的结构 2. 掌握动力蓄电池管理系统的工作原理	1. 能够掌握动力蓄电池管理系统的故障分析、诊断和排除方法 2. 提升对动力蓄电池管理系统的检修能力	1. 培养良好的职业道德素养和交流沟通能力 2. 培养学生的安全用电意识

【理论知识】

一、蓄电池管理系统的功能

蓄电池管理系统俗称为电池保姆或电池管家，主要功能是智能化管理及维护各个动力蓄电池组，防止动力蓄电池出现过充电和过放电，延长动力蓄电池的使用寿命，监控动力蓄电池的状态。

动力蓄电池包内的蓄电池管理系统实时采集各单体蓄电池的电压值、各温度传感器的温度值、动力蓄电池系统的总电压值和总电流值、动力蓄电池系统的绝缘电阻值等数据，并根据蓄电池管理系统中设定的阈值判定动力蓄电池系统工作是否正常，并对故障进行实时监控。蓄电池管理系统使用 CAN 与整车控制器或充电机进行通信，对动力蓄电池系统进行充、放电等综合管理，见表 3-1。

表 3-1　蓄电池管理系统的基本功能

建立动力蓄电池模型	描述动力蓄电池参数的动态变化规律，用数学方程表达，用于动力蓄电池系统仿真
数据检测与采集	检测单体蓄电池电压、电流，动力蓄电池包总电压、总电流；采集控制均衡总放电策略
能量管理	根据动力蓄电池的电压、电流，SOC 控制动力蓄电池的充、放电，防止过充电和过放电
状态估算	根据动力蓄电池 SOC 和 SOH 的算法，估算动力蓄电池的使用寿命（衰减）状态
热量管理	检测及控制冷却系统和冷却装置（风扇或液冷）
数据处理与通信	单体蓄电池采用串行通信接口，整车管理系统采用 CAN 总线
数据显示	动力蓄电池包实现对电压、电流、SOC、剩余电量、温度等数据显示和故障报警等
安全管理	在动力蓄电池处于过充电、过放电、过电压、过电流、高温等危险状态时，自动切断电源、报警等

二、蓄电池管理系统的结构

1. 蓄电池管理系统硬件构架

蓄电池管理系统硬件构架如图 3-2 所示。

（1）蓄电池管理系统硬件的拓扑结构　蓄电池管理系统硬件的拓扑结构分为集中式和分布式两种类型。

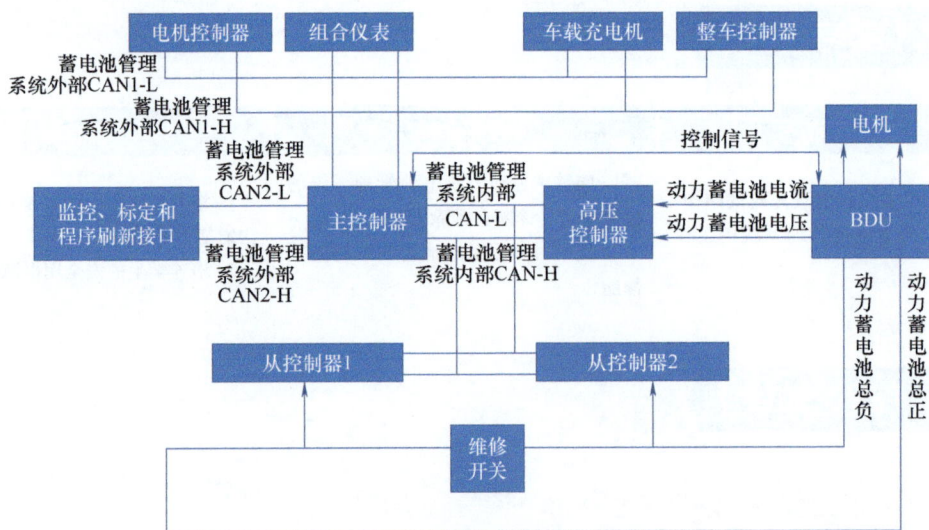

图 3-2　蓄电池管理系统硬件构架

1）集中式拓扑结构是将所有的电气部件集中到一块大的板子上，其采样芯片通道利用率最高且采样芯片与主芯片之间可以采用菊花链通信，电路设计相对简单，产品成本大为降低。

2）分布式拓扑结构包括主板和从板，可能一个蓄电池组配备一个从板，这样的设计缺点是动力蓄电池组的单体数量少于 12 个时，会造成采样通道浪费（一般采样芯片有 12 个通道）；优点是通道利用率较高，节省成本，系统配置灵活，适应不同容量、不同规格形式的动力蓄电池组和动力蓄电池包。

（2）功能　硬件的设计和具体选型要结合整车及动力蓄电池系统的功能需求，通用的功能主要包括采集功能（如电压、电流、温度采集）、充电接口检测（CC1 和 CC2）和充电唤醒（CP 和 A+）、继电器控制及状态诊断、绝缘检测、高压互锁、碰撞检测、CAN 通信及数据存储等要求。

1）主控制器。主控制器可处理从控制器和高压控制器上报的信息，同时根据上报的信息判断和控制动力蓄电池运行状态，实现蓄电池管理系统相关控制策略，并做出相应的故障诊断及处理。

2）高压控制器。高压控制器实时采集并上报动力蓄电池总电压和电流信息，通过其硬件电路实现按时积分，为主板计算 SOC 和 SOH 提供准确数据，同时，可实现预充电检测和绝缘检测功能。

3）从控制器。从控制器实时采集并上报动力蓄电池单体电压和温度信息，反馈每一串单体的 SOH 和 SOC，同时具备被动均衡功能，可有效保证动力蓄电池使用过程中单体的一致性。

4）采样控制线束。采样控制线束为动力蓄电池各种信息采集和控制器间信息交互提供硬件支持，同时，在每一根电压采样线上增加保险功能，可有效避免由线束或管理系统导致的动力蓄电池外短路。

（3）通信方式　采样芯片和主芯片之间信息的传递有 CAN 通信和菊花链通信两种方式。其中，CAN 通信较稳定，但电源芯片、隔离电路等成本较高；菊花链通信实际上是 SPI 通信，成本很低，但稳定性方面相对较差。

（4）**结构**　蓄电池管理系统硬件包括 CPU、电源 IC、采样 IC、高驱 IC、其他 IC 部件、隔离变压器、RTC、EEPROM 和 CAN 模块等。其中，CPU 是核心部件，它是蓄电池管理系统的运算和控制核心，是信息处理、程序运行的最终执行单元；电源 IC 是开关电源的脉宽控制集成，电源靠它来调整输出电压、电流的稳定；采样 IC 用来采集单体蓄电池电压、动力蓄电池组温度以及外围配置均衡电路及芯片；高驱 IC 是用于高压集成驱动的芯片；RTC 是集成电路，通常被称为时钟芯片；EEPROM 是带电可擦可编程只读存储器，是一种掉电后数据不丢失的存储芯片；CAN 模块是一种对整车各电子控制装置之间实现通信数据转发的智能电控设备，从而使整车形成车载电控装置区域性网络控制系统。

2. 蓄电池管理系统软件构架

蓄电池管理系统软件构架主要包括高低压管理、充电管理、状态估算、故障管理和均衡控制等。

（1）**高低压管理**　一般正常上电时，会由整车控制器通过硬线或 CAN 信号的 12V 电压来唤醒蓄电池管理系统，待蓄电池管理系统完成自检及进入待机后，整车控制器发送上高压指令，蓄电池管理系统控制闭合继电器完成上高压。下电时，整车控制器发送下高压指令后断开唤醒 12V 电压。下电状态插枪充电时，可通过 CP 或 A+信号唤醒。

（2）**充电管理**

1）慢充是由交流充电桩（或 220V 电源）通过车载充电机将交流电转化为直流电给动力蓄电池充电。充电桩规格一般有 16A、32A 和 64A，也可通过家用电源进行充电。慢充可通过 CC 或 CP 信号唤醒蓄电池管理系统，但应保证充电结束后能正常休眠。

2）快充是由直流充电桩输出直流电给动力蓄电池充电，可实现 IC 甚至更高倍率充电，一般 45min 可充电 80%。快充通过充电桩的辅助电源 A+信号唤醒。

（3）**状态估算**

1）SOP 主要是通过温度和 SOC 查表得到当前动力蓄电池的可用充、放电功率，整车控制器根据发送的功率值决定当前整车如何使用。

2）SOH 主要表征当前动力蓄电池的健康状态，为 0~100% 之间的数值，一般认为，低于 80% 以后动力蓄电池便不可再用。此外，SOH 也可以用动力蓄电池容量或内阻变化来表示，用容量表示时即通过动力蓄电池运行过程数据估算出当前动力蓄电池的实际容量，与额定容量的比值即 SOH。

3）SOC 属于蓄电池管理系统核心控制算法，表征当前的剩余容量状态，主要通过安时积分法和 EKF（扩展卡尔曼滤波）算法，并结合修正策略（如开路电压修正、充满修正、充电末端修正、不同温度及 SOH 下的容量修正等）得出结果。

4）SOE 算法现在国内厂家开发的不多，或采用较为简单的算法，查表得到当前状态下剩余能量与最大可用能量的比值。该功能主要用于剩余续驶里程估算。

（4）**故障管理**　针对动力蓄电池的不同表现情况，可区分为不同的故障等级，并且在不同故障等级情况下，蓄电池管理系统和整车控制器（电控系统）都会采取不同的处理措施，如警告、限功率或直接切断高压。故障包括数据采集及合理性故障、电气故障（传感器和执行器）、通信故障和动力蓄电池状态故障等。

（5）**均衡控制**　均衡控制功能可以消除在动力蓄电池使用过程中产生的单体不一致性。根据木桶短板效应，充电和放电时都是性能最差的单体先达到截止条件，其他的单体还有一部分能力并未释放出来，造成动力蓄电池浪费。

均衡控制包括主动均衡和被动均衡，主动均衡是能量从多的单体向少的单体转移，不会造成能量损失，但是结构复杂，成本较高，对电气元件的要求较高；相对来说，被动均衡结构简单，成本低了很多，但是能量会以热量的形式散发浪费掉。一般最大均衡电流在100mA左右。

三、蓄电池管理系统的工作原理

动力蓄电池系统整体工作原理是将动力蓄电池组放置在一个密封并且屏蔽的动力蓄电池箱里面，动力蓄电池系统使用可靠的高压插接件与高压控制盒相连，然后输出的直流电由电机控制器转变为三相交流高压电，驱动电机工作；系统内的蓄电池管理系统实时采集各单体的电压、各温度传感器的温度值、动力蓄电池系统的总电压值和总电流值等数据，实时监控动力蓄电池的工作状态，并通过CAN线与整车控制器或充电机之间进行通信、对动力蓄电池系统充放电等进行综合管理。

蓄电池管理系统的主要工作原理：数据采集电路首先采集动力蓄电池状态信息数据，再由ECU进行数据处理和分析，然后根据分析结果对系统内的相关功能模块发出控制指令，并向外界传递信息，如图3-3所示。

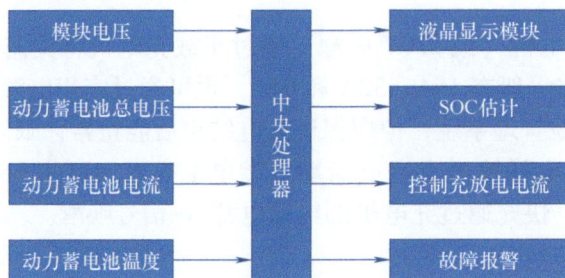

图3-3 蓄电池管理系统工作原理结构框图

动力蓄电池系统一般包括蓄电池管理系统、电压平衡控制系统、热管理系统和安全防护系统4个子系统。

（1）蓄电池管理系统 蓄电池管理系统的主要功能是通过电压检测等功能实现对动力蓄电池系统的保护、对动力蓄电池状态的估计和在线故障诊断。

（2）电压平衡控制系统 电压平衡控制系统主要是通过充电控制、自动均衡、继电器控制、SOC估算、充放电管理、均衡控制、故障报警及处理、与其他控制器通信功能等实现电压平衡控制。

（3）热管理系统 热管理系统是为了确保动力蓄电池系统能在适宜的温度下工作，以保障动力蓄电池系统的电性能和使用寿命。

（4）安全防护系统 安全保护作为整个蓄电池管理系统重要的功能，主要包括过电电流保护、过充过放保护、过温保护和绝缘监测功能。

1）过电电流保护。由于动力蓄电池有一定的内阻，当工作电流过大时，动力蓄电池内部会产生热量，从而造成动力蓄电池温度升高、热稳定性下降。

2）过充过放保护。过充电会使动力蓄电池正极晶格结构被破坏，从而导致动力蓄电池容量减小，如果电压过高还会引发因正、负极短路而造成的爆炸。蓄电池管理系统会判断采集的单体电压值是否超过充放电的限制电压，如果电压值超过限制，蓄电池管理系统就会断开充放电回路，从而保护动力蓄电池系统。

3）过温保护。动力蓄电池的稳定运行需要适宜的温度。过温保护结合了热管理系统，蓄电池管理系统在动力蓄电池温度过高或过低时，禁止系统进行充、放电。

4）绝缘监测。动力蓄电池系统的电压通常有几百伏，如果出现漏电，会造成危险。蓄电池管理系统会实时监测总正、总负搭铁绝缘阻值，在该值低于安全范围时上报故障，并断开高压电。

【技能提升】

比亚迪秦 Pro EV 蓄电池管理系统故障诊断与检修内容如下：

比亚迪秦 Pro EV 蓄电池管理系统出线插接件定义如图 3-4 所示，比亚迪秦 Pro EV 蓄电池管理系统出线端子定义见表 3-2。

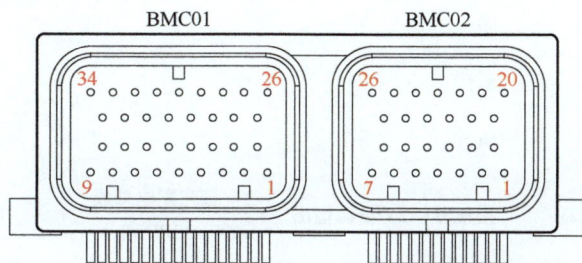

图 3-4 比亚迪秦 Pro EV 蓄电池管理系统出线插接件定义

表 3-2 比亚迪秦 Pro EV 蓄电池管理系统出线端子定义

端子号	端口名称	端口定义	线束接法	信号类型	稳态工作电流/A	冲击电流和堵转电流/A
BMC01-01	动力蓄电池子网 CAN-H	动力蓄电池子网 CAN-H	接动力蓄电池包 33PIN-D10			
BMC01-02	动力蓄电池子网 CAN 屏蔽地	动力蓄电池子网 CAN 屏蔽地	接动力蓄电池包 33PIN-D05			
BMC01-03	通信转换模块电源+12V	通信转换模块+12V 电源输出	接动力蓄电池包 33PIN-D11	电压		
BMC01-04	NC	NC				
BMC01-05	NC	NC				
BMC01-06	直流充电唤醒信号	直流充电唤醒信号输入	直流充电接口 2PIN-02	电压		
BMC01-07	预充/正极接触器电源+12V	预充接触器电源+12V电源输出	接动力蓄电池包 33PIN-D20	电压	0.25	
		正极接触器电源+12V电源输出	接动力蓄电池包 33PIN-D18		0.5	

（续）

端子号	端口名称	端口定义	线束接法	信号类型	稳态工作电流/A	冲击电流和堵转电流/A
BMC01-08	充电仪表指示灯信号	充电仪表指示灯亮灭信号	仪表			
BMC01-09	分压接触器控制信号	分压接触器控制信号输出，拉低导通	接动力蓄电池包 33PIN-D27		0.1	1.2
BMC01-10	动力蓄电池子网 CAN-L	动力蓄电池子网 CAN-L	接动力蓄电池包 33PIN-D04			
BMC01-11	通信转换模块电源 CND	通信转换模块电源 GND	接动力蓄电池包 33PIN-D16			
BMC01-12	NC	NC				
BMC01-13	NC	NC				
BMC01-14	NC	NC				
BMC01-15	接触器电源+12V	接触器+12V电源输出	接充配电总成 33PIN-8	电压	2	4
BMC01-16	负极/分压接触器电源+12V	负极接触器+12V	接动力蓄电池包 33PIN-D06	电压	0.1	
		分压接触器+12V电源输出	接动力蓄电池包 33PIN-D21	电压	0.1	
BMC01-17	NC	NC				
BMC01-18	电流霍尔传感器负极电源-15V	电流霍尔传感器负极电源-15V输出	接动力蓄电池包 33PIN-D25	电压		
BMC01-19	电流霍尔传感器屏蔽地	电流霍尔传感器屏蔽地	接动力蓄电池包 33PIN-D23			
BMC01-20	NC	NC				
BMC01-21	预充接触器控制信号	预充接触器控制信号输出，拉低导通	接动力蓄电池包 33PIN-D28		0.25	
BMC01-22	正极接触器控制信号	正极接触器控制信号输出，拉低导通	接动力蓄电池包 33PIN-D19		0.5	
BMC01-23	NC	NC				
BMC01-24	直流充电负极接触器控制信号	直流充电负极接触器控制信号输出，拉低导通	接充配电总成 33PIN-10			
BMC01-25	NC	NC				

（续）

端子号	端口名称	端口定义	线束接法	信号类型	稳态工作电流/A	冲击电流和堵转电流/A
BMC01-26	电流霍尔信号	直流霍尔信号输入	接动力蓄电池包33PIN-D22			
BMC01-27	电流霍尔传感器正极电源+15V	电流霍尔传感器正极电源+15V输出	接动力蓄电池包33PIN-D24	电压		
BMC01-28	12V常电	12V常电	接整车低压线束	电压	1	
BMC01-29	负极接触器控制信号	负极接触器控制信号输出，拉低导通	接动力蓄电池包33PIN-D13		0.1	1.2
BMC01-30	NC	NC				
BMC01-31	NC	NC				
BMC01-32	NC	NC				
BMC01-33	直流充电正极接触器控制信号	直流充电正极接触器控制信号输出，拉低导通	接充配电总成33PIN-9	电压		
BMC01-34	NC	NC				
BMC02-01	12V常电	12V常电输入	接整车低压线束	电压	1.5	
BMC02-02	车身地	车身地	接整车低压线束			
BMC02-03	碰撞硬线信号	碰撞硬线信号输入	接ECU	PWM波		
BMC02-04	PWM输出1	高压互锁信号输出1	接动力蓄电池包33PIN-D30	PWM波		
BMC02-05	PWM输入1	高压互锁信号输入1	接空调驱动器	PWM波		
BMC02-06	直流充电接口温度传感器GND2	直流充电接口温度传感器GND2	接直流充电接口12PIN-10			
BMC02-07	直流充电接触器烧结检测信号	直流充电接触器烧结检测信号输入	接充配电总成33PIN-11			
BMC02-08	DC 12V	DC 12V输入	接整车低压线束	电压	1.5	双电路
BMC02-09	动力网CAN终端电阻并入1	CAN终端电阻并入1				
BMC02-10	PWM输出2	高压互锁信号输出2	接充配电总成33PIN-14	PWM波		
BMC02-11	PWM输入2	高压互锁信号输入2	接交流充电转接插接件	PWM波		

（续）

端子号	端口名称	端口定义	线束接法	信号类型	稳态工作电流/A	冲击电流和堵转电流/A
BMC02-12	直流充电接口温度传感器 GND1	直流充电接口温度传感器 GND1	接直流充电接口 12PIN-08			
BMC02-13	直流充电接口温度信号 2	直流充电接口温度信号输入 2	接直流充电接口 12PIN-09			
BMC02-14	动力网 CAN 终端电阻并入 2	CAN 终端电阻并入 2				
BMC02-15	直流充电感应信号	直流充电感应信号输入	接直流充电接口 12PIN-03			
BMC02-16	动力网 CAN-H	动力网 CAN-H	接整车低压线束动力网			
BMC02-17	动力网 CAN-L	动力网 CAN-L	接整车低压线束动力网			
BMC02-18	直流充电接口 CAN 屏蔽地	直流充电接口 CAN 屏蔽地	接直流充电接口 12PIN-06			
BMC02-19	直流充电接口温度信号 1	直流充电接口温度信号输入 1	接直流充电接口 12PIN-07			
BMC02-20	车载充电感应信号	车载充电感应信号输入	接充配电总成 33PIN-06			
BMC02-21	车身地	车身地	接整车低压线束			
BMC02-22	NC（空脚）	NC	NC			
BMC02-23	动力网 CAN 屏蔽地	动力网 CAN 屏蔽地	接整车低压线束			
BMC02-24	直流充电子网 CAN2-H	直流充电子网 CAN2-H	接直流充电 12PIN-05			
BMC02-25	直流充电子网 CAN2-L	直流充电子网 CAN2-L	接直流充电 12PIN-04			
BMC02-26	NC	NC	NC			

1. 终端诊断

1）断开蓄电池管理器插接器。
2）测量线束端输入电压。
3）接回蓄电池管理器插接器。
4）测量各端子值，正常值见表 3-3。

表 3-3　各端子正常值

连接端子	端子描述	线色	条件	正常值
BMC01-1~GND	高压互锁输出信号	W	ON 档/OK 档/充电	PWM 脉冲信号
BMC01-2~GND	烧结检测信号	L/W	ON 档/OK 档/充电	9~16V
BMC01-6~GND	整车低压地	B	始终	小于 1V
BMC01-9~GND	主接触器拉低控制信号	Br	整车上高压电	小于 1V
BMC01-14~GND	12V 蓄电池正	G/R	ON 档/OK 档/充电	9~16V
BMC01-17~GND	主预充接触器拉低控制信号	W/L	预充过程中	小于 1V
BMC01-25~GND	直流充电负极接触器拉低控制信号	Gr	充电时	小于 1V
BMC01-26~GND	电流霍尔+15V	W/B	电源 ON 档	0~4.2V
BMC01-27~GND	直流霍尔屏蔽地	Y/B	ON 档/OK 档/充电	9~16V
BMC01-28~GND	直流霍尔信号	Y/G		
BMC01-29~GND	电流霍尔-15V	R/G	ON 档/OK 档/充电	-16~-9V
BMC01-30~GND	整车低压地	B	始终	小于 1V
BMC01-31~GND	仪表充电指示灯信号	G	充电时	
BMC01-33~GND	直流充电正极接触器拉低控制信号	Gr	充电时	小于 1V
BMC01-34~GND	交流充电接触器控制信号	G/W	始终	小于 1V
BMC02-1~GND	DC 12V 电源正	R/B	电源 ON 档/充电	11~14V
BMC02-4~GND	直流充电感应信号	Y/R	充电时	
BMC02-6~GND	整车低压地	B	始终	
BMC02-7~GND	高压互锁输入信号	W	ON 档/OK 档/充电	PWM 脉冲信号
BMC02-11~GND	直流温度传感器高	G/Y	ON 档/OK 档/充电	2.5~3.5V
BMC02-13~GND	直流温度传感器低	R/W		
BMC02-14~GND	直流充电接口 CAN2-H	P		
BMC02-15~GND	整车 CAN1-H	P	ON 档/OK 档/充电	1.5~2.5V
BMC02-16~GND	整车 CAN 屏蔽地			
BMC02-18~GND	VTOG/车载感应信号	L/B	充电时	小于 1V
BMC02-20~GND	直流充电接口 CAN2-L	V	直流充电时	
BMC02-22~GND	整车 CAN1-L	V	ON 档/OK 档/充电	1.5~2.5V
BMC02-25~GND	碰撞信号	Y/G	启动	约-15V
BMC03-1~GND	级联模块 CAN-L	V	ON 档/OK 档/充电	1.5~2.5V

（续）

连接端子	端子描述	线色	条件	正常值
BMC03-2~GND	级联模块 CAN 屏蔽地		始终	小于 1V
BMC03-7~GND	级联模块电源正	R/L	ON 档/OK 档/充电	9~16V
BMC03-8~GND	级联模块 CAN-H	P	ON 档/OK 档/充电	2.5~3.5V
BMC03-10~GND	负极接触器拉低控制信号	L/B	接触器吸合时	小于 1V
BMC03-11~GND	正极接触器拉低控制信号	R/G	接触器吸合时	小于 1V
BMC03-20~GND	负极接触器 12V 电源	Y/W	ON 档/OK 档/充电	9~16V
BMC03-21~GND	正极接触器 12V 电源	R/W	ON 档/OK 档/充电	9~16V
BMC03-26~GND	级联模块电源地	R/Y	ON 档/OK 档/充电	

2. 诊断流程

1）把车开到维修间。

2）检查辅助蓄电池电压及整车低压线束供电是否正常（标准电压值：12~14V）。

3）如果电压值低于 12V，在进行下一步之前请充电或更换辅助蓄电池或检查整车低压线束。

4）对接好插件，整车上 ON 档电，进入蓄电池管理器故障码诊断。

5）针对故障进行调整、维修或更换。

6）确认测试。

7）结束。

3. 蓄电池管理器的更换

蓄电池管理器有故障，导致车辆不能运行，请按以下步骤拆卸。蓄电池管理器位于高压电控后部，位置如图 3-5 所示。

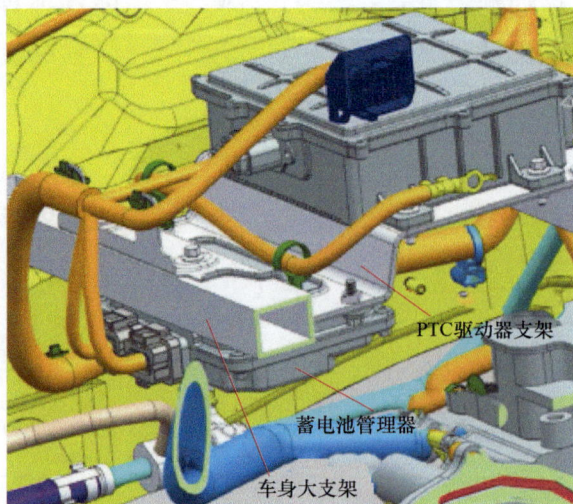

图 3-5　蓄电池管理器位置图

1）将车辆退电至 OFF 档，等待 5min。

2）打开前机舱盖。

3）拔掉蓄电池管理器上连接的动力蓄电池采样线和整车低压线束的插接件。

4）用 8 号套筒拆卸蓄电池管理器的 4 个固定螺栓。

5）更换蓄电池管理器，插上动力蓄电池采样线和整车低压线束的插接件，确认。

6）用 8 号套筒拧紧蓄电池管理器的 4 个固定螺栓。

7）整车上电再次确认问题是否解决，解决结束。

【学习小结】

1. 蓄电池管理系统的基本功能包括建立动力蓄电池模型、数据检测与采集、能量管理、状态估算、热量管理、数据处理与通信、数据显示、安全管理。

2. 蓄电池管理系统硬件结构包括电源 IC、CPU、采样 IC、高驱 IC、其他 IC 部件、隔离变压器、RTC、EEPROM 和 CAN 模块等。

3. 蓄电池管理系统软件架构主要包括高低压管理、充电管理、状态估算、均衡控制和故障管理等。

4. 蓄电池管理系统的主要工作原理：数据采集电路首先采集动力蓄电池状态信息数据，再由 ECU 进行数据处理和分析，然后根据分析结果对系统内的相关功能模块发出控制指令，并向外界传递信息。

【知识巩固】

一、单选题

1. 蓄电池管理系统的英文缩写是（　　　）。

A. HMU
B. BCU
C. BMS
D. ABS

2. 蓄电池管理系统是指（　　　）。

A. 利用生物（如生物酶、微生物或叶绿素等）分解反应过程中表现出来的带电现象所进行的能量转换的装置

B. 用来对动力蓄电池组进行安全监控及有效管理、提高动力蓄电池使用效率的装置

C. 电动汽车上安装的、能够储存电能的装置

D. 电动汽车上用来进行数据处理和分析的装置

二、填空题

蓄电池管理系统一般包括_____、_____、_____和_____ 4 个子系统。

三、问答题

纯电动汽车中的蓄电池管理系统有哪些功能？哪个是其最核心的功能？

任务二　蓄电池管理系统的数据采集及状态监测

【任务描述】

蓄电池管理系统最基本的核心任务是对动力蓄电池的状态进行估计判断，包括预测动力蓄电池 SOC、SOH、SOP，从而有效地保护蓄电池安全和延长动力蓄电池使用寿命。

【学习目标】

知识目标	技能目标	素养目标
1. 掌握蓄电池管理系统的数据采集方法 2. 掌握蓄电池管理系统状态监测的内容	1. 掌握动力蓄电池管理系统的故障诊断方法 2. 能够对动力蓄电池管理系统进行检修	1. 培养学生的职业道德和交流沟通能力 2. 培养学生的动手能力

【理论知识】

一、蓄电池管理系统的数据采集

1. 单体电压检测方法

动力蓄电池单体电压采集模块是蓄电池管理系统中的重要一环，其性能好坏或精度高低决定了系统对动力蓄电池状态信息判断的准确程度，并进一步影响后续的控制策略能否有效实施。常用的单体电压检测方法如下：

（1）继电器阵列法　图 3-6 所示为基于继电器阵列法的动力蓄电池单体电压采集电路原理框图，包括端电压传感器、继电器阵列、A/D 转换（模/数转换）芯片、光耦合器和多路模拟开关等。如果需要测量 n 块串联成组动力蓄电池的端电压，就要将 $n+1$ 根导线引入动力蓄电池组中各节点。当测量第 m 块动力蓄电池的端电压时，单片机发出相应的控制信号，通过多路模拟开关、光耦合器和继电器驱动电路选用相应的继电器，将第 m 根和第 $m+1$ 根导线引到 A/D 转换芯片。

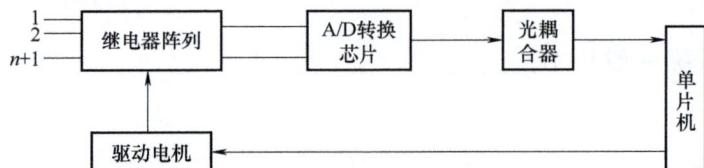

图 3-6　基于继电器阵列法的动力蓄电池单体电压采集电路原理框图

（2）**恒流源法**　采用恒流源电路进行动力蓄电池电压采集的基本原理是在不使用转换电阻的前提下，将动力蓄电池端电压转化为与之呈线性变化关系的电流信号，以此提高系统的抗干扰能力。出于设计思路和应用场合的不同，恒流源电路有多种不同形式，其中，减法运算恒流电源电路是应用最广泛的一种，如图 3-7 所示，它是由运算放大器和绝缘栅型场效应晶体管组合构成的。

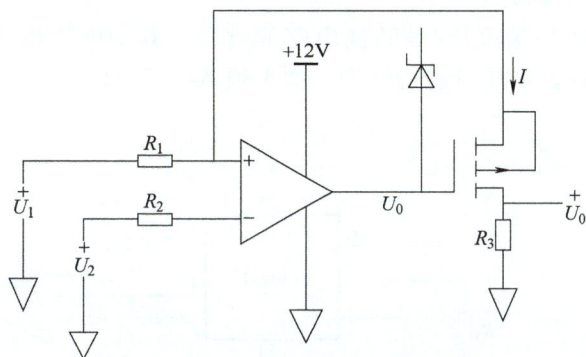

图 3-7　减法运算恒流电源电路

（3）**隔离运放采集法**　隔离运算放大器是一种能够对模拟信号进行电气隔离的电子元件，广泛用作工业过程控制中的隔离器和各种电源设备中的隔离介质。它一般由输入和输出两部分组成，两者单独供电，并以隔离层划分，信号经输入部分调制处理后经过隔离层，再由输出部分解调复现。下面以一个典型应用实例来说明，如图 3-8 所示。

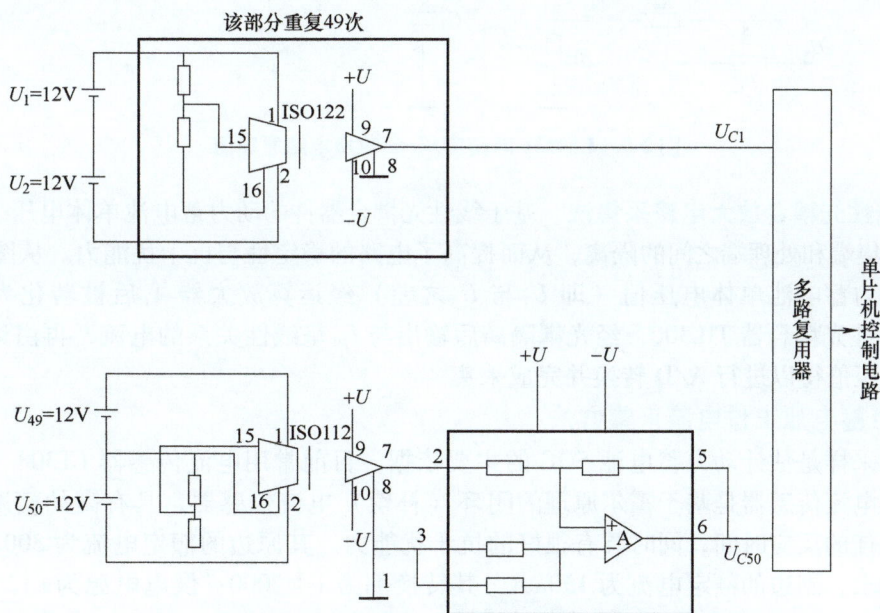

图 3-8　隔离运算放大器在 600V 蓄电池管理系统中的应用

隔离运算放大器在 600V 蓄电池管理系统中的应用，其中，共有 50 块标定电压为 12V 的铅酸蓄电池，其端电压被隔离运算放大器电路逐一采集。从图 3-8 中不难发现，ISO 122 的输入部分电源取自动力蓄电池组，输出部分电源出自电路板上的供电模块，动力蓄电池端电压经两个高精密电阻分压后输入运算放大器，与之呈线性关系的输出信号经多路复用器后交单片机控制电路处理。

（4）压/频转换电路采集法　当利用压/频（V7F）转换电路实现动力蓄电池单体电压采集功能时，压/频变换器的应用是关键。它是把电压信号转换为频率信号的元件，具有良好的精度、线性度和积分输入等特点。

图 3-9 所示为 LM331 高精度压/频转换电路原理图，其中电压信号直接被转换为频率信号，即可进入单片机的计数器端口进行处理，而无须 A/D 转换。

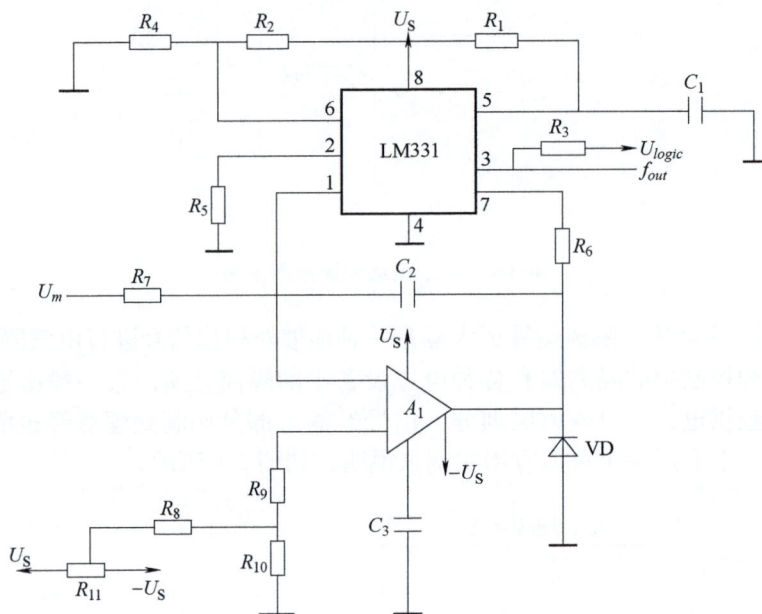

图 3-9　LM331 高精度压/频转换电路原理图

（5）线性光耦合放大电路采集法　基于线性光耦合器件的动力蓄电池单体电压采集电路实现了信号采集端和处理端之间的隔离，从而提高了电路的稳定性与抗干扰能力。从图 3-10 中不难看出，动力蓄电池单体电压值（即 U_1 与 U_2 之差）经运算放大器 A_1 后被转化为电流信号 I_{P1} 并流过线性光耦合器 TIL300，经光耦隔离后输出与 I_{P1} 呈线性关系的电流，再由运算放大器 A_2 转化为电压值得以进行 A/D 转换并完成采集。

2. 动力蓄电池工作电流采集方法

电流的采样是估计动力蓄电池 SOC 的主要依据，目前常用电流传感器 LT308（LEM）进行采集。该电流传感器是基于霍尔原理的闭环（补偿）电流传感器，具有高的精度、良好的线性度和最佳的反应时间，同时具有很好的抗干扰能力。其原边的额定电流为 300A，满足系统设计的要求；副边的额定电流为 150mA，其转换率为 1∶2000；供电电源为 ±12V 或 ±15V。其采集电路如图 3-11 所示。

LEM 的输入电流经过可调电阻 R_2 转换为电压信号，可调电阻用于调节电流与其对应的电压之间的比例关系。由于从 LEM 过来的电流是双向的，因此其转换得到的电压是以地（GND）为中心变化的一个正、负电压，而选用的 A/D 转换器是单向的，因此必须将其电压提高至 0 以上。

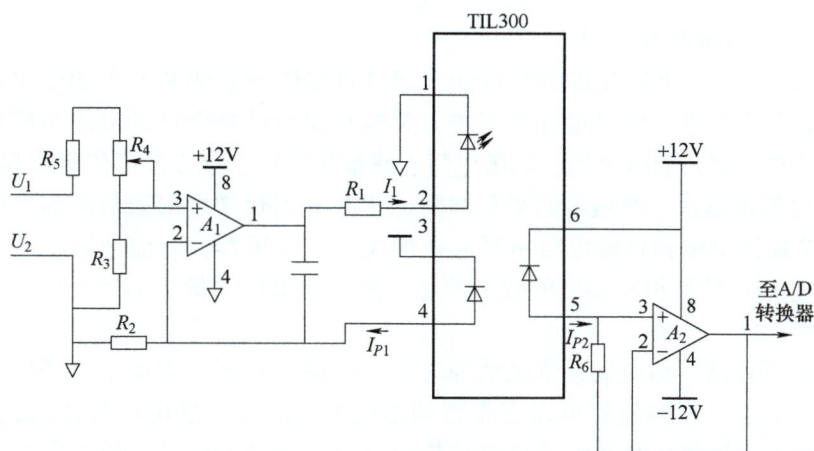

图 3-10　基于线性光耦合器 TIL300 的动力蓄电池单体电压采集电路原理图

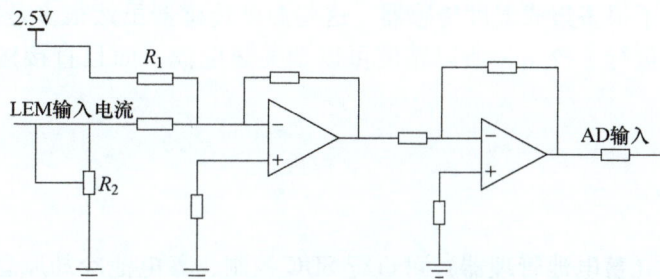

图 3-11　电流采集电路示意图

常用的电流检测方式有分流器、互感器、霍尔元件电流传感器和光纤传感器检测 4 种，各种方式的特点见表 3-4。

表 3-4　各种电流检测方式的特点

项目	分流器	互感器	霍尔元件电流传感器	光纤传感器
插入损耗	有	无	无	无
布置形式	需插入主电路	开孔、导线传入	开孔、导线传入	—
测量对象	直流、交流、脉冲	交流	直流、交流、脉冲	直流、交流
电气隔离	无隔离	隔离	隔离	隔离
使用方便性	小信号放大，需隔离处理	使用较简单	使用简单	—
使用场合	小信号放大，控制测量	交流测量、电网监控	控制流量	高压测量，电力系统常用
价格	较低	低	较高	高
普及程度	普及	普及	较普及	未普及

其中，光纤传感器昂贵的价格限制了其在控制领域的应用；分流器成本低、频响应好，但使用麻烦，必须接入电流回路；互感器只能用于测量交流量；霍尔元件电流传感器性能好，

使用方便。

3. 动力蓄电池温度采集方法

动力蓄电池的工作温度不仅影响其性能，而且直接影响新能源汽车的使用安全，因此准确采集温度参数尤为重要。采集温度并不难，关键是如何选择合适的温度传感器。目前，使用的温度传感器有很多，如热电偶、热敏电阻、热敏晶体管、集成温度传感器等。

（1）热敏电阻采集法 热敏电阻采集法的原理是利用热敏电阻阻值随温度的变化而变化的特性，用一个定值电阻和热敏电阻串联起来构成一个分压器，从而把温度的高低转化为电压信号，再通过 A/D 转换得到温度的数字信息。热敏电阻成本低，但线性度不好，而且制造误差一般比较大。

（2）热电偶采集法 热电偶采集法的原理是双金属体在不同温度下会产生不同的热电动势，通过采集这个电动势的值就可以查表得到温度的值。由于热电动势的值仅与材料有关，所以热电偶的准确度很高。但是由于热电动势都是毫伏等级的信号，所以需要放大，外部电路比较复杂。一般来说，金属的熔点都比较高，所以热电偶一般用于高温的测量。

（3）集成温度传感器采集法 由于温度的测量在日常生产和生活中用得越来越多，所以半导体生产商都推出了很多集成温度传感器。这些温度传感器虽然很多是基于热敏电阻式的，但都在生产的过程中进行了校正，所以精度可以媲美热电偶，而且直接输出数字量，很适合在数字系统中使用。

二、蓄电池管理系统的状态监测

1. SOC 控制

蓄电池管理系统（蓄电池管理器）可进行 SOC 控制、蓄电池冷却风扇控制和绝缘异常检测，如图 3-12 所示。在动力蓄电池包中有 3 个温度传感器和 1 个进气温度传感器。基于这些温度传感器，鼓风机通过一个合适的占空比控制来维持或把温度调整到特定值。蓄电池管理器基于电流传感器和电压传感器的信息计算充电状态。

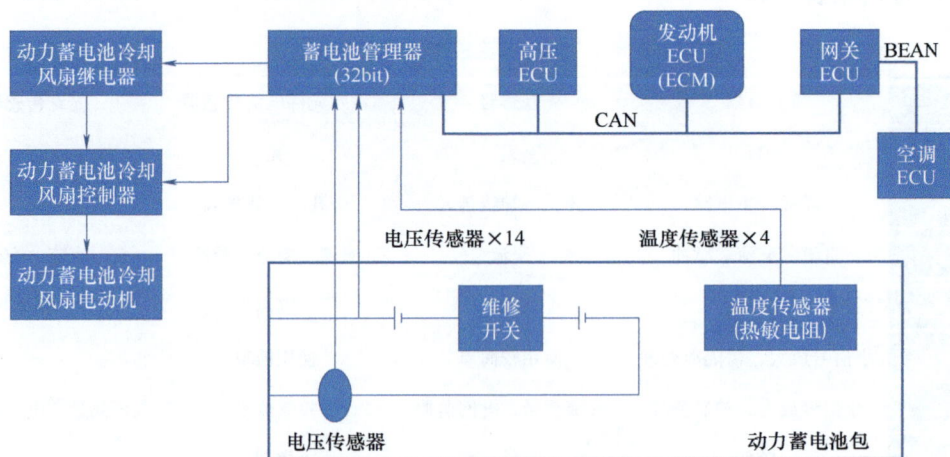

图 3-12　蓄电池管理系统状态监控

SOC 指示动力蓄电池的充电状况，即充电率。通常是依据蓄电池包电压、电流和温度 3 个数据来进行计算的。SOC 以百分比数字表示，SOC 为 0 时表示蓄电池包被完全放电，SOC

为 100%则表示蓄电池包处于电量充满状态。蓄电池包的控制系统必须确保蓄电池包既不能过度充电，也不能过度放电。

　　动力蓄电池包经过反复充电/放电循环，在加速过程中放电，在减速过程中由再生制动充电。蓄电池管理器始终根据计算出的充电/放电级进行充电/放电控制，以使 SOC 保持接近目标水平。如图 3-13 所示，SOC 的控制目标值约为 60%。最大值约为 80%（通常控制上限约为75%），最小值约为 20%（通常控制下限约为 30%），可以通过故障诊断仪查看。

　　（1）SOC 计算依据参数　图 3-14 所示为根据动力蓄电池包电流、电压和温度计算 SOC。

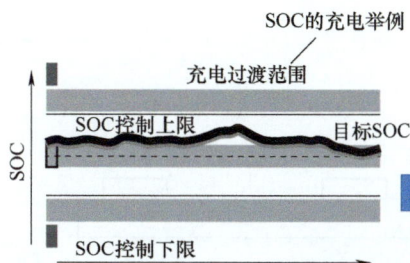

图 3-13　SOC 的控制示意图

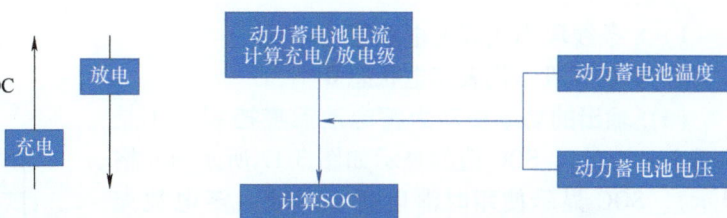

图 3-14　SOC 计算依据参数

　　（2）根据蓄电池管理器计算 SOC 判断有无差异　蓄电池管理系统可根据蓄电池管理器（1 个单元包含 2 个模块）计算 SOC，如图 3-15 所示，并在不同蓄电池组的 SOC 之间有差别时设定 DTC。各组的电压和 ΔSOC 也可通过故障诊断仪的 ECU 数据表查看。

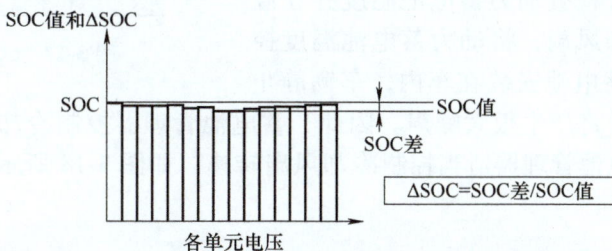

图 3-15　根据蓄电池管理器计算 SOC 判断有无差异

　　（3）SOC 显示（能源监视器）　很多混合动力汽车和纯电动汽车都设计了动力蓄电池包荷电量信息显示界面。这种显示界面为用户做了简化，其显示的荷电量数据并不一定很准确。SOC 显示在能源监视器上如图 3-16 所示。SOC 显示根据车型的不同而不同。

图 3-16　SOC 显示在能源监视器上

充电状态用 8 条线段表示，分别用不同的颜色显示（表 3-5）。

表 3-5　充电状态的颜色显示

颜色	线段的数量
绿色	7、8
蓝色	3~6
紫色	1、2

注意：

1）8 条线段不代表充电状态 100%。

2）0 条线段不代表充电状态 0。

（4）输出的功率由动力蓄电池温度控制（不是根据充电状态）　SOC 值的显示如图 3-17 所示（8 格显示）。SOC 显示使用时滞以防止因动力蓄电池充电级别改变导致充电级棒图闪烁。因此，由于时滞影响，SOC 在 IG 切换至 OFF 前后的显示可能不同。例如，SOC 级别为 56% 时 IG 切换至 OFF 前显示 6 格→IG 再次切换至 ON 后显示 5 格。

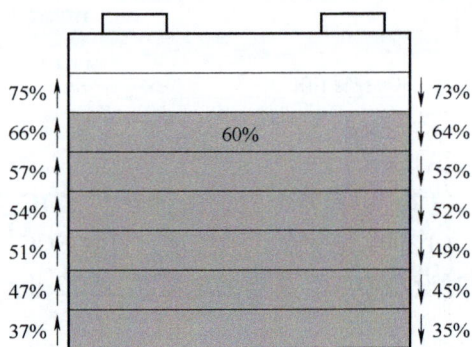

图 3-17　SOC 值的显示

2. 动力蓄电池包冷却风扇控制

蓄电池管理器通过检查动力蓄电池温度并在温度升高时适当控制冷却风扇，将动力蓄电池温度控制在适当水平。动力蓄电池安装在车内，车辆静止时使冷却风扇高速运转将产生很大噪声。因此，蓄电池管理器控制冷却风扇的转速，将噪声降低至最低级别。蓄电池管理器适当控制冷却风扇转速，如图 3-18 所示，其控制方式根据车型的不同而不同。

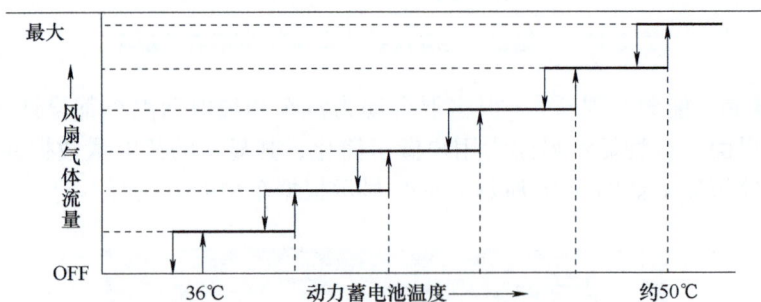

图 3-18　动力蓄电池包冷却风扇控制

3. 绝缘电阻监控

为了保证安全，新能源车辆高压电路与车身接地绝缘。内置于蓄电池管理器的漏电检测电路持续监控高压电路和车身接地之间的绝缘电阻是否保持不变，如图 3-19 所示。

判定标准：正对地绝缘电阻值及负对地绝缘电阻值均大于或等于 500Ω/V 为合格，小于 500Ω/V 为不合格。

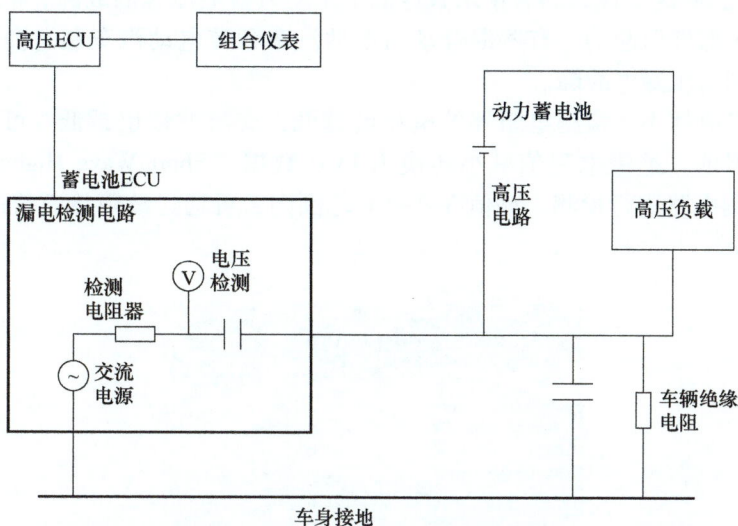

图 3-19 绝缘电阻监控

漏电检测电路通常位于混合动力电动汽车或纯电动汽车的蓄电池管理器中。一个典型的漏电检测电路中基本需包含 1 个交流电源、1 块电压表和 1 个含有大电阻的电路，如图 3-20 所示。交流电流经检测电阻器、电容器，与车身接地。该大电阻电路需连接低压底盘接地和高压直流电路的最低电位点（负极端口）。蓄电池管理器（图 3-20 中蓄电池 ECU）对漏电检测电路进行监测，留意该电路中的电阻变化并判断是否出现漏电故障。通常情况下，生成诊断故障码的电阻下限阈值约为 400kΩ。

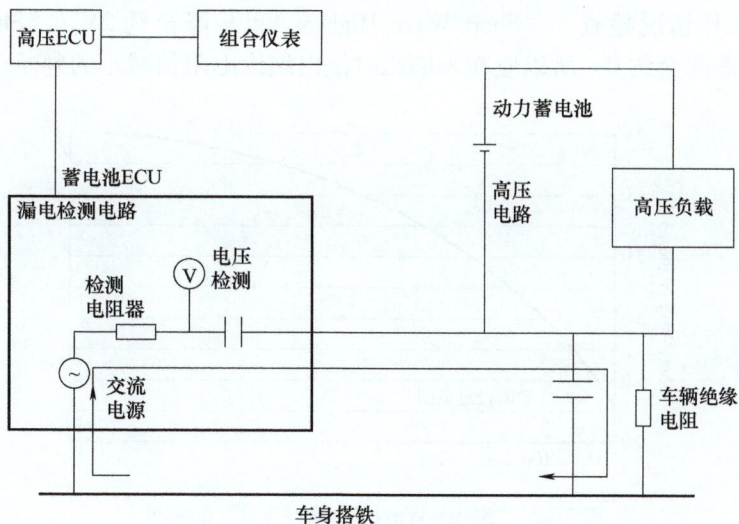

图 3-20 交流电源检测绝缘电阻

有些混合动力电动汽车和纯电动汽车会一直监测高压电路可能出现的故障，而有的车辆只在车辆上电（OK 灯为 ON）或下电（OK 灯为 OFF）时监控高压电路。

漏电故障的一个常见诊断故障码是 POAA6（混合动力电动汽车/纯电动汽车动力蓄电池电

压系统绝缘故障）。从这个代码的名字来看这似乎是动力蓄电池包的故障，但实际上这个故障可能是由其他高压部件引起的。有些混合动力电动汽车和纯电动汽车制造商采用厂家专用的诊断故障码来识别高压漏电故障。

车辆绝缘电阻值越小，检测电阻器的电压就越低，交流波幅也越低。可根据交流波的波幅，检测绝缘电阻值。绝缘电阻值减小转换为 ECU 数据"Short Wave Highest Val"，由高压 ECU 内的漏电检测电路进行检测。该值在 0~5V 范围内，可通过故障诊断仪的 ECU 数据表查看，如图 3-21 所示。

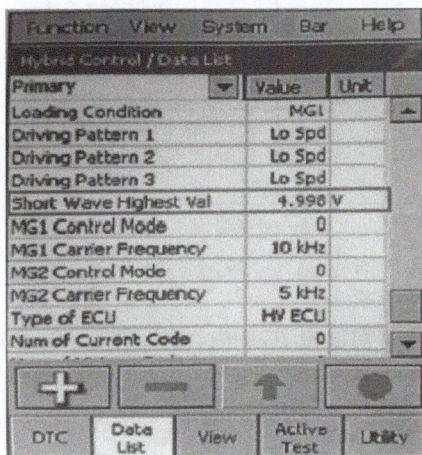

图 3-21 故障诊断仪的 ECU 数据

"Short Wave Highest Val"的特性如图 3-22 所示。车辆置于 OK—ON 状态一段时间后，进行漏电检测电路工作情况检查，"Short Wave Highest Val"降至约 2V。"Short Wave Highest Val"在增压时可能降至约 0，所以应在未增压时做出绝缘电阻值减小的判断。

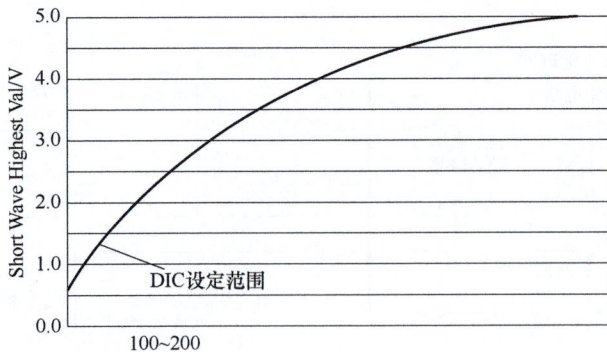

图 3-22 "Short Wave Highest Val"的特性

【技能提升】

吉利帝豪 EV450 动力蓄电池管理系统故障诊断与检修内容如下：

1. 蓄电池管理器电源故障

其故障码表见表3-6。

表3-6 吉利帝豪EV450蓄电池管理器电源故障码表

故障码	说明
U3006-16	控制器供电电压低
U3006-17	控制器供电电压高
U3006-18	上高压过程中辅助蓄电池电压无效

步骤1. 诊断仪访问蓄电池管理系统模块（检查是否输出了DTC。是，则根据输出的DTC维修电路；否，进行第2步）。

步骤2. 检测辅助蓄电池（测量辅助蓄电池电压。电压标准值：11~14V，确认电压是否符合标准值。是，则进行第3步；否，则给辅助蓄电池充电或检查充电系统）。

步骤3. 检查蓄电池管理系统模块熔丝EF01和IF18（检查熔丝EF01和IF18是否熔断。是，则进行第4步；否，则进行第5步）。

步骤4. 检修熔丝EF01和IF18电路（检查熔丝EF01和IF18电路是否有短路故障。进行电路修理，确认没有电路短路现象。更换额定电流的熔丝。熔丝的额定值为EF01 10A、IF18 10A，确认蓄电池管理系统模块是否正常工作。是，则系统正常；否，则进行第5步）。

步骤5. 检查蓄电池管理系统模块线束插接器（端子电压）（操作起动开关使电源模式至OFF状态。断开蓄电池管理系统模块线束插接器CA69。操作起动开关使电源模式至ON状态。测量蓄电池管理系统模块线束插接器CA69端子1、7（图3-23）对车身接地的电压。电压标准值：11~14V，确认电压是否符合标准值。是，则进行第6步；否，则修理或更换线束）。

步骤6. 检查蓄电池管理系统模块线束插接器（接地端子导通性）（操作起动开关使电源模式至OFF档。测量蓄电池管理系统模块线束插接器CA69端子2（图3-24）与车身接地之间的电阻值。电阻标准值小于1Ω，确认电阻值是否符合标准。是，则进行第7步；否，则修理或更换线束），如图3-24所示。

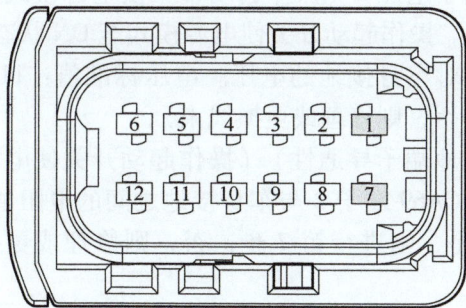

图3-23 蓄电池管理系统模块
线束插接器CA69端子1、7

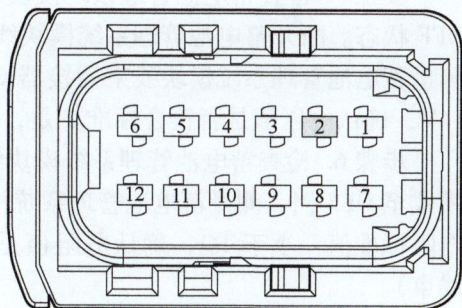

图3-24 蓄电池管理系统模块
线束插接器CA69端子2

步骤7. 更换蓄电池管理系统模块（更换蓄电池管理系统模块。操作起动开关使电源模式至ON状态，确认功能是否正常）。

2. 蓄电池管理系统通信故障

其故障码表见表3-7。

表 3-7 吉利帝豪 EV450 蓄电池管理系统通信故障码

故障码	说明
U3472-87	动力 CAN 总线数据丢失
U0064-88	动力 CAN BUS OFF
U111487	与整车控制器丢失通信
U111587	与车载充电机丢失通信
U011087	与电机控制器丢失通信
U2472-81	VCU_BMS_Ctrl 报文 Checksum 错误
U2475 81	IPUMOT_General 报文 Checksum 错误
P15D967	预充后未收到 IPU 预充完成标志
P15D4-94	整车控制器在蓄电池管理系统发生 3 级故障后 90s 没发 shout down
P15D6-94	整车控制器在蓄电池管理系统发生 4 级故障后 5s 没发 shout down

步骤 1. 用诊断仪访问蓄电池管理系统模块（检查是否输出了 DTC。是，则根据输出的 DTC 维修电路；否，则进行第 2 步）。

步骤 2. 检测辅助蓄电池（测量辅助蓄电池电压。电压标准值：11～14V，确认电压值是否符合标准。是，则进行第 3 步；否，则给辅助蓄电池充电或检查充电系统）。

步骤 3. 检查蓄电池管理系统模块熔丝 EF01 和 IF18（检查熔丝 EF01 和 IF18 是否熔断。是，则进行第 4 步；否，则进行第 5 步）。

步骤 4. 检修熔丝 EF01 和 IF18 电路（检查熔丝 EF01 和 IF18 电路是否有短路故障。进行电路修理，确认没有电路短路现象。更换额定电流的熔丝。熔丝的额定值为 EF01 10A、IF18 10A，确认蓄电池管理系统模块是否正常工作。是，则系统正常；否，则进行第 5 步）。

步骤 5. 检查蓄电池管理系统模块线束插接器（端子电压）（操作起动开关使电源模式至 OFF 状态。断开蓄电池管理系统模块线束插接器 CA69。操作起动开关使电源模式至 ON 状态，测量蓄电池管理系统模块线束插接器 CA69 端子 1、7 对车身接地的电压。电压标准值：11～14V，确认电压值是否符合标准。是，则进行第 6 步；否，则修理或更换线束）。

步骤 6. 检查蓄电池管理系统模块线束插接器（接地端子导通性）（操作起动开关使电源模式至 OFF 档，测量蓄电池管理系统模块线束插接器 CA69 端子 2 与车身接地之间的电阻值。电阻标准值：小于 1Ω，确认电阻值是否符合标准。是，则进行第 7 步；否，则修理或更换线束）。

步骤 7. 检查蓄电池管理系统模块与整车控制器之间线束插接器的数据通信线（操作起动开关使电源模式至 OFF 状态。将辅助蓄电池负极电缆的连接断开，断开蓄电池管理系统模块线束插接器 CA69。从整车控制器上断开线束插接器 CA66，测量蓄电池管理系统模块线束插接器 CA69 端子 3 与整车控制器线束插接器 CA66 端子 8 之间的电阻值，如图 3-25 所示。测量蓄电池管理系统模块线束插接器 CA69 端子 4 与整车控制器线束插接器 CA66 端子 7 之间的电阻值。电阻标准值：小于 1Ω，确认电阻值是否符合标准。是，则进行第 8 步；否，则修理或更换）。

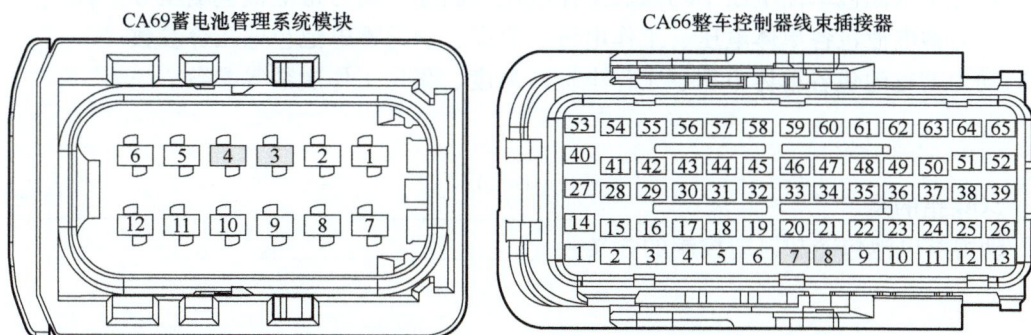

图 3-25 蓄电池管理系统模块线束插接器端子

步骤 8. 更换蓄电池管理系统模块（更换蓄电池管理系统模块，操作起动开关使电源模式至 ON 状态，确认功能是否正常）。

【学习小结】

1. 动力蓄电池单体电压采集模块是蓄电池管理系统中的重要一环，其性能好坏或精度高低决定了系统对动力蓄电池状态信息判断的准确程度，并进一步影响后续的控制策略能否有效实施。常用的单体电压检测方法有继电器阵列法、恒流源法、隔离运放采集法、压/频转换电路采集法、线性光耦合放大电路采集法。

2. 目前，常用电流传感器 LT308（LEM）的电流检测方式有分流器、互感器、霍尔元件电流传感器和光纤传感器检测 4 种。

3. 动力蓄电池的工作温度不仅影响其性能，而且直接影响新能源汽车的使用安全，因此准确采集温度参数尤为重要。采集温度并不难，关键是如何选择合适的温度传感器。目前，使用的温度传感器有很多，如热电偶、热敏电阻、热敏晶体管、集成温度传感器等。

4. 蓄电池管理系统（蓄电池管理器）可进行 SOC 控制、蓄电池冷却风扇控制和绝缘异常检测。

5. SOC 指示动力蓄电池的充电状况，即充电率。通常是依据动力蓄电池包电压、电流和温度 3 个数据来进行计算的。SOC 以百分比数字表示，SOC 为 0 时表示动力蓄电池包被完全放电，SOC 为 100% 则表示动力蓄电池包处于电量充满状态。动力蓄电池包的控制系统必须确保动力蓄电池包既不能过度充电，也不能过度放电。

6. 为了保证安全，新能源车辆高压电路与车身接地绝缘。内置于蓄电池管理器的漏电检测电路持续监控高压电路和车身接地之间的绝缘电阻是否保持不变。判定标准：正对地绝缘阻值及负对地绝缘电阻值均大于或等于 $500\Omega/V$ 为合格，小于 $500\Omega/V$ 为不合格。

【知识巩固】

一、单选题

蓄电池管理系统要求能够测量（　　）。

A. 动力蓄电池包平均充放电强度、工作电流、温度、动力蓄电池包电压等参数

B. 动力蓄电池包单体电压平均值、工作电流、温度、动力蓄电池包电压等参数

C. 动力蓄电池包各单体电压、工作电流、温度、动力蓄电池包电压等参数

D. 动力蓄电池包各单体电压、工作电流、温度、累计工作次数等参数

二、填空题

1. SOC 指的是＿＿＿＿＿＿＿＿＿＿＿＿＿＿＿＿＿＿＿＿＿＿＿。

2. 动力蓄电池包冷却风扇控制的含义：＿＿＿＿＿＿＿＿＿＿＿＿。

三、问答题

为什么要进行绝缘电阻的监控？

任务三　蓄电池管理系统的 CAN 总线故障检修

【任务描述】

数据通信是蓄电池管理系统的重要组成部分之一，主要涉及蓄电池管理系统内部主控板与检测板之间的通信，蓄电池管理系统与车载主控制器、非车载充电机等设备间的通信等。在有参数设定功能的蓄电池管理系统上，还涉及蓄电池管理系统主控板与上位机的通信。

【学习目标】

知识目标	技能目标	素养目标
1. 了解蓄电池管理系统的数据通信 2. 掌握蓄电池管理系统 CAN 总线故障检修方法	1. 掌握蓄电池管理系统 CAN 总线的故障诊断方法 2. 能够对蓄电池管理系统进行检修	1. 培养学生的职业道德和交流沟通能力 2. 提升学生的动手能力

【理论知识】

一、蓄电池管理系统数据通信

蓄电池管理系统通过通信接口实现动力蓄电池参数和信息与车载设备或非车载设备的通信，为充放电控制、整车控制提供数据依据。数据通信是蓄电池管理系统的重要功能之一。

CAN 通信方式是现阶段蓄电池管理系统通信应用的主流，在国内外大量产业化的电动汽车蓄电池管理系统及国内外关于蓄电池管理系统数据通信标准中均提倡采用该通信方式。

蓄电池管理系统在工作过程中，需要将一些重要信息和其他控制系统进行实时通信，例如充电过程中与充电机的通信，确保充电过程能顺利、安全地进行；在放电过程中，与整车

控制器实时通信，来完成对整车的控制。

图 3-26 所示为某纯电动客车蓄电池管理系统，该系统已经商业化应用。CAN 通信分为 CAN1 和 CAN2 两路，CAN1 主要与车载主控制器通信，完成整车所需蓄电池相关数据的传输；CAN2 主要与车载仪表、非车载充电机通信，实现动力蓄电池数据的共享，并为充电控制提供数据依据。

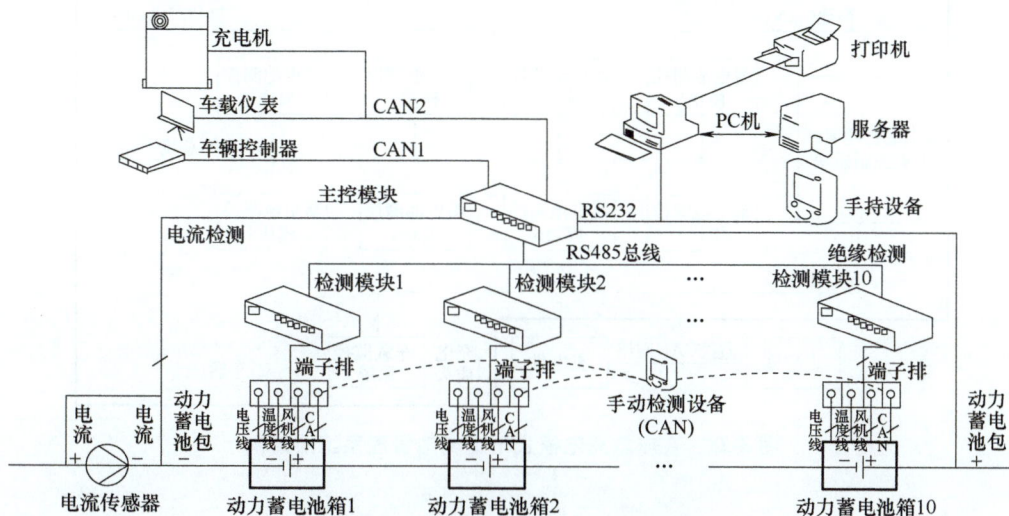

图 3-26 某纯电动客车蓄电池管理系统

在车辆运行模式下蓄电池管理系统的结构如图 3-27 所示。蓄电池管理系统中央控制模块通过 CAN1 总线将实时的、必要的蓄电池状态告知整车控制器及电机控制器等设备，以便采用更加合理的控制策略，既能有效地完成运营任务，又能延长动力蓄电池的使用寿命。同时，蓄电池管理系统（中央控制模块）通过高速 CAN2 将动力蓄电池组的详细信息告知车载监控系统，完成动力蓄电池状态数据的显示和故障报警等功能，为动力蓄电池的维护和更换提供依据。

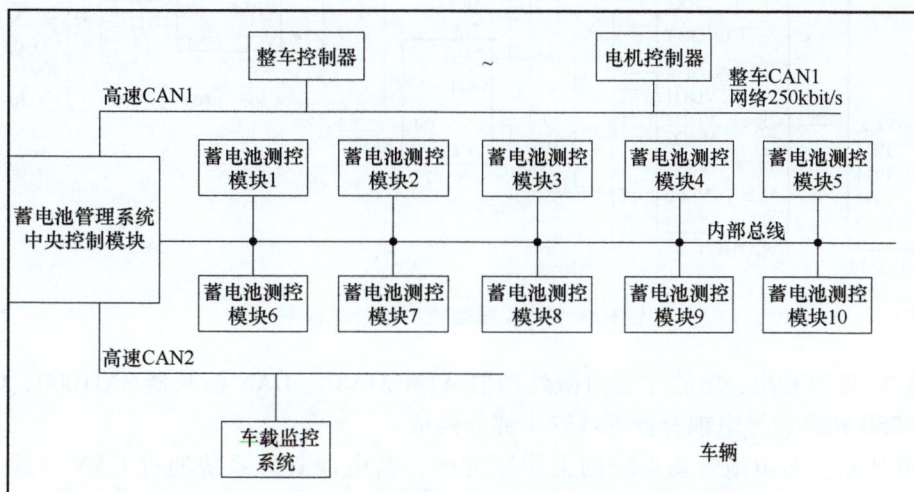

图 3-27 在车辆运行模式下蓄电池管理系统的结构

在应急充电模式下蓄电池管理系统的结构如图 3-28 所示。充电机实现与电动汽车物理连接。此时的车载高速 CAN2 加入充电机节点，其余不变。充电机通过高速 CAN2 了解动力蓄电池的实时状态，调整充电策略，实现安全充电。

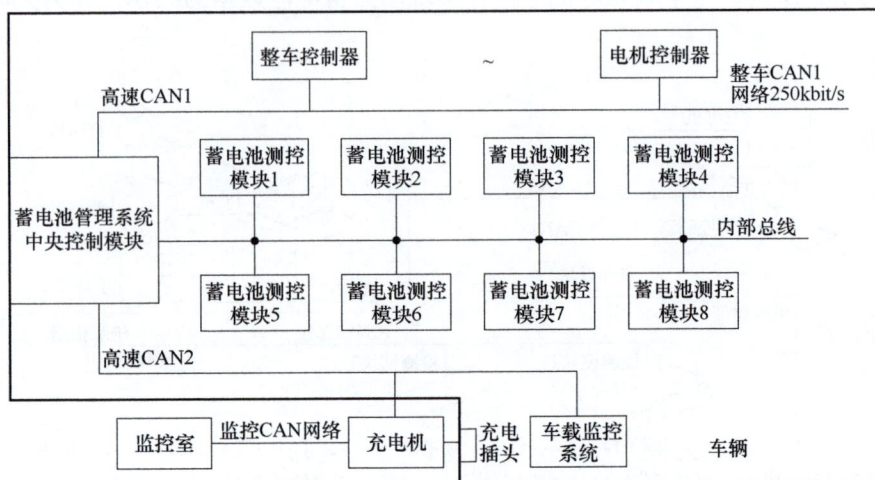

图 3-28　在应急充电模式下蓄电池管理系统的结构

二、车载 CAN 通信设计的实现

在蓄电池管理系统中，CAN 通信的实现是由外围设置 CAN 的控制器和接收器组成的通信模块完成的，其设计原理图如图 3-29 所示。

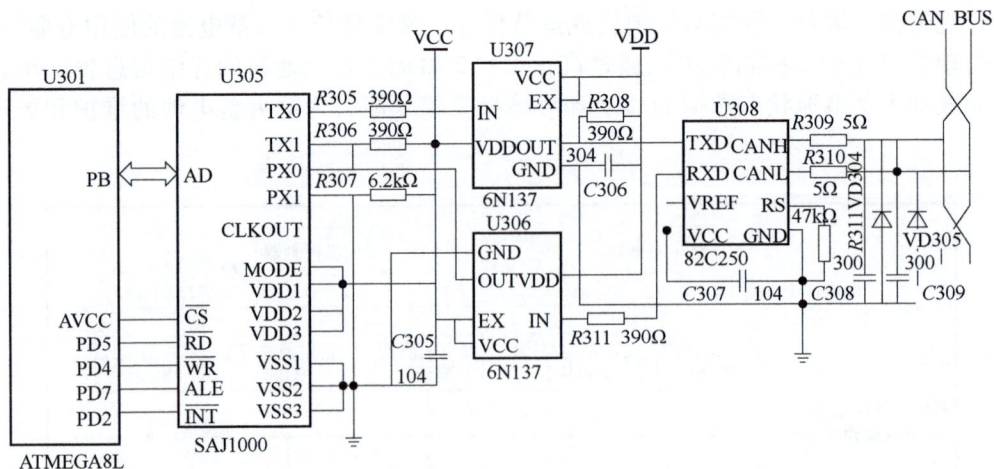

图 3-29　CAN 通信接口设计原理图

从图 3-29 可以看出，电路主要由微处理器 ATMEGA8L、CAN 控制器 SAJ1000、CAN 总线驱动器 82C250 和高速光电耦合器 6N137 4 部分构成。

图 3-30 所示为蓄电池管理系统的工作原理图，蓄电池管理系统通过 CAN 总线与外部通信，另外，蓄电池管理系统的各个连接端口分别与放电预充、放电接触、车载充电、直流充电、充电仪表、充电蓄电池、直流充电连接，同时通过霍尔传感器收集电流信息，通过漏电

传感器进行动力蓄电池的漏电监测，起到安全管理动力蓄电池的作用。

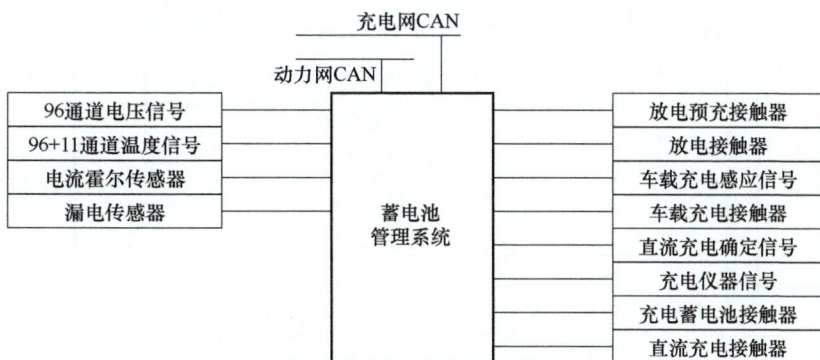

图 3-30　蓄电池管理系统的工作原理图

【技能提升】

吉利帝豪 EV 450 CAN 总线的故障诊断及排查方法如下：

1. CAN 总线的常见故障

CAN 总线系统一般由 CAN 控制器、信息收发器、两个数据传输终端及两条数据传输总线组成，除了数据总线外，其他各元件都置于各控制单元的内部。CAN 总线的常见故障见 3-8。

表 3-8　CAN 总线的常见故障

序号	CAN 总线常见故障
1	CAN 总线 CAN-H 或 CAN-L 断路
2	CAN 总线 CAN-H 或 CAN-L 对正极或负极短路
3	CAN 总线 CAN-H 和 CAN-L 互短
4	CAN 总线 CAN-H 或 CAN-L 虚接
5	某个模块的 CAN-H 或 CAN-L 断路
6	某个模块的 CAN-H 或 CAN-L 对正极或对负极短路
7	某个模块的 CAN-H 和 CAN-L 互短
8	某个模块的 CAN-H 或 CAN-L 虚接
9	模块自身故障

2. CAN 总线的故障分析

CAN 总线将所有节点通过 CAN-H（高速 CAN 信号）和 CAN-L（低速 CAN 信号）连接在一起，实现信息通道共享。其连接示意图如图 3-31 所示，CAN 总线两端有两个并联连接的终端电阻，其阻值为 120Ω。CAN 总线电路正常时，从模块 A、B、C、D、E 分别测得的 CAN-H 和 CAN-L 之间的电阻值为 60Ω，从模块 M、N 分别测得的 CAN-H 和 CAN-L 之间的电阻值为 120Ω。

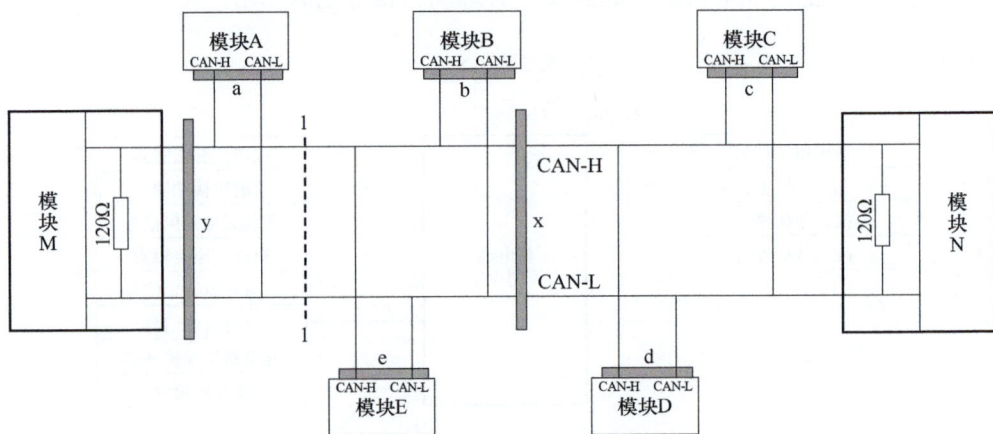

图 3-31　CAN 总线连接示意图

当模块 A 的 CAN-H 或 CAN-L 电路断路时，在诊断接口处测得的 CAN-H 与 CAN-L 之间的电阻值为 60Ω。在插接器 a 处测得的 CAN-H 与 CAN-L 之间的电阻值为 ∞。同理，支线模块 B、C、D、E 的 CAN-H 或 CAN-L 电路断路时，诊断接口处测得的 CAN-H 与 CAN-L 之间的电阻值为 60Ω，与此对应在插接器 b、c、d、e 处测得的 CAN-H 与 CAN-L 之间的电阻值为 ∞。

当模块 A 的 CAN-H 或 CAN-L 对正极或对负极短路时，其对诊断接口处测得的 CAN-H 与 CAN-L 之间的电阻值影响不大，很难判断是否故障，可先通过测量模块 CAN-H 或 CAN-L 的电压来判断模块是否存在短路故障。对负极短路时，CAN-H 和 CAN-L 电压都接近于 0，对正极短路时，CAN-H 和 CAN-L 电压都接近于常电。再根据测得的插接器 a 处 CAN-H 或 CAN-L 对蓄电池负极或正极的电阻值（<1Ω），判断 CAN-H 或 CAN-L 中的一个对正极或对负极短路。

模块 B、模块 C、模块 D、模块 E 等通过相同方式得出故障结论。当 CAN 总线的 CAN-H 与 CAN-L 或模块 A、B、C、D、E 的 CAN-H 与 CAN-L 互相短路时，相当于在并联电路中加一根 0Ω 的导线，此时诊断接口处测得的 CAN-H 与 CAN-L 之间的电阻<1Ω。当总线 CAN-H 或 CAN-L 对正极或负极短路时，其对诊断接口处测得的 CAN-H 与 CAN-L 之间的电阻值影响不大，很难判断是否故障。先测量插接器 x 处或插接器 y 处的 CAN-H 与 CAN-L 之间的电阻值为 120Ω，再测量插接器 x 处或插接器 y 处 CAN-H 或 CAN-L 对蓄电池正极或负极的电阻值（故障时电阻值<1Ω），判断 CAN-H 或 CAN-L 中的一个对正极或对负极短路。

当 CAN 总线 CAN-H 或 CAN-L 在 1-1 处断路时，诊断接口处测得的 CAN-H 与 CAN-L 之间的电阻值为 120Ω，在 x 处测得上游电阻为 ∞，下游电阻为 120Ω（以插接器 x 为中心线，左侧为上游，右侧为下游），在插接器 y 处测得上游电阻为 120Ω。

当 CAN 总线或某个模块的 CAN-H 或 CAN-L 虚接时，可以用试灯进行测量。在测量 CAN-H 或 CAN-L 其中一个时，试灯会出现频率很快的微微闪烁后较长时间不亮的现象。

3. 吉利 EV450 的 CAN 总线故障诊断案例

故障现象：仪表盘上蓄电池管理系统故障指示灯、动力系统故障指示灯、充电系统故障指示灯、系统故障指示灯、电子驻车故障指示灯、传动系统故障指示灯、侧滑故障指示灯亮起。

故障码：道通 MS908E 的故障诊断仪显示的故障码见表 3-9。

表 3-9 故障诊断仪显示的故障码

序号	故障码	模块	含义
1	U010008	ABS/ESP	发动机控制单元信号无效
2	U044286	EPB	整车控制器节点存在无信号
3	U011087	T-BOX	与 IPU 失去通信
4	U011287	OBC	与动力蓄电池控制器通信丢失

故障分析如下：

故障诊断仪里面有模块丢失，正常使用时，此故障诊断仪模块有 17 个，现在有 14 个，经查询丢失的模块有 PEU 模块、整车控制器模块、蓄电池管理系统模块。因此，可能是这些模块的电路故障。因为读取的故障码大多数为整车控制器模块引发的故障，所以故障可以暂时认为：

1）整车控制器模块与 VCAN 总线的连接线束故障。

2）整车控制器模块与 PCAN 总线的电路故障。如果 1）与 2）电路正常，故障可能是以下故障：

3）PEU 模块与 VCAN 总线的连接线束故障。

4）PEU 模块与 PCAN 总线的电路故障。如果 3）与 4）电路正常，可能是蓄电池管理系统模块与 VCAN 总线的连接线束故障、蓄电池管理系统模块与 PCAN 总线的电路故障。

故障测试步骤如下：

1）测量 BV11 的端子 20 至 BV11 的端子 21 之间的电阻值，其值为 107Ω，说明 PEU 模块与 PCAN 总线电路连接正常。

2）测量 CA66 的端子 22 至 CA66 的端子 23 之间的电阻，其值为 56Ω，说明整车控制器与 VCAN 总线电路连接正常。

3）测量 CA66 的端子 7 至 CA66 的端子 8 之间的电阻异常，其值为 ∞，说明整车控制器与 PCAN 总线连接异常。

4）拔掉 CA66 插接器和 CA04 插接器，测量 CA66 的端子 8 至 CA04 的端子 26 之间的电阻异常，其值为 ∞（正常值<1Ω）。

故障确认：此故障是整车控制器模块的 PCAN-H 断路。

【学习小结】

1. 蓄电池管理系统通过通信接口实现动力蓄电池参数和信息与车载设备或非车载设备的通信，为充放电控制、整车控制提供数据依据。数据通信是蓄电池管理系统的重要功能之一。

2. CAN 通信方式是现阶段蓄电池管理系统通信应用的主流，在国内外大量产业化的电动汽车蓄电池管理系统及国内外关于蓄电池管理系统数据通信标准中均提倡采用该通信方式。

3. CAN 总线的常见故障见表 3-10。

表 3-10　CAN 总线的常见故障

序号	CAN 总线常见故障
1	CAN 总线 CAN-H 或 CAN-L 断路
2	CAN 总线 CAN-H 或 CAN-L 对正极或负极短路
3	CAN 总线 CAN-H 和 CAN-L 互短
4	CAN 总线 CAN-H 或 CAN-L 虚接
5	某个模块的 CAN-H 或 CAN-L 断路
6	某个模块的 CAN-H 或 CAN-L 对正极或对负极短路
7	某个模块的 CAN-H 和 CAN-L 互短
8	某个模块的 CAN-H 或 CAN-L 虚接
9	模块自身故障

4. CAN 总线将所有节点通过 CAN-H 和 CAN-L 连接在一起，实现信息通道共享。

【知识巩固】

一、单选题

蓄电池管理系统通过通信接口实现（　　　）与车载设备或非车载设备的通信。

A. 数据和信息
B. 电压信号和动力蓄电池参数
C. 动力蓄电池参数和信息
D. 电压信号和信息

二、填空题

1. 根据需要，数据交换可采用不同的通信接口，主要类型有＿＿＿＿＿、＿＿＿＿＿、＿＿＿＿＿、＿＿＿＿＿。

2. 在蓄电池管理系统中，CAN 通信的实现是由＿＿＿＿＿和＿＿＿＿＿组成的通信模块完成的。

3. CAN 总线将所有节点通过＿＿＿＿＿和＿＿＿＿＿连接在一起，实现信息通道共享。

三、问答题

简述通信功能的具体内涵。

项目四

蓄电池热管理系统的检修

1. 事故概况

2019年4月22日，一辆新能源汽车发生自燃事故，没有引起爆炸，也未造成人员伤亡和其他设施损失。

2. 原因分析

自燃事故发生前，车辆受过较为严重的撞击，但车辆只进行了前风窗玻璃的更换与保险杠维修，并未对底盘进行检测，导致撞击后的动力蓄电池包左后部外壳与冷却板有大面积的变形，动力蓄电池包内部结构在被挤压的状态下经过一段时间后发生短路，最终引起自燃。

3. 防范措施

1）对底盘加装防护装甲，使动力蓄电池组受到撞击时不会受损。

2）提升动力蓄电池包抗冲击性能，降低因撞击而导致起火的风险。

3）车辆受损需及时检测，并对损伤部件进行维修或更换。

【学习目标】

知识目标	技能目标	素养目标
1. 了解蓄电池热管理系统的作用 2. 了解蓄电池常用的几种冷却方式及各自优缺点 3. 掌握蓄电池热管理系统的工作原理	1. 能够排除蓄电池热管理系统的故障 2. 能够利用电路图分析故障，并合理使用仪表、工具及设备排除故障	1. 培养学生认真严谨的学习态度 2. 提升安全质量意识、工作责任心以及职业道德

【理论知识】

一、蓄电池热管理系统的类型

目前，热管理技术主要通过针对动力蓄电池系统不同层次模型的热仿真和热测试，优化设计出相关系统的热管理模型。蓄电池热管理系统的冷却方式主要可分为自然冷却、强制风冷、液冷和直冷4类。其中，自然冷却是被动式的热管理方式，强制风冷、液冷、直冷是主动式的，后三者的主要区别在于换热介质的不同。

1. 自然冷却

自然冷却具有结构简单、零部件数量少、成本低等优点，但是其散热效果有限，限制了动力蓄电池热管理技术的发展趋势，已经逐步退出了市场。自然冷却如图4-1所示。

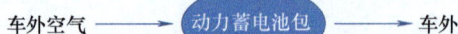

车外空气 ⟶ 动力蓄电池包 ⟶ 车外

图4-1 自然冷却

2. 强制风冷

强制风冷是通过运动产生的风将动力蓄电池产生的热量经过排风扇带走，如图4-2所示。这种方式需尽可能增加动力蓄电池间的散热片、散热槽及距离，具有结构简单，成本低的特点，通常利用自然风或风机形成空气流动。强制风冷空气流动示意图如图4-3所示。

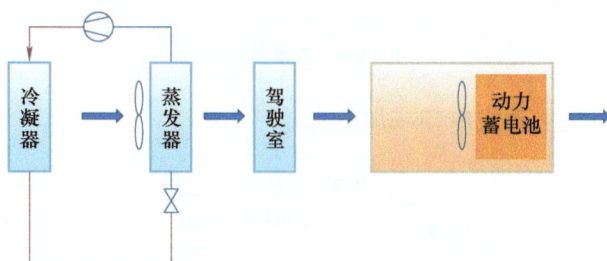

图4-2 强制风冷

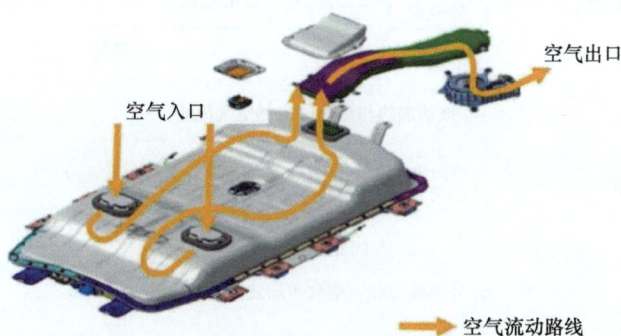

图4-3 强制风冷空气流动示意图

风冷方式可以采用串联式和并联式风道，如图4-4所示。风冷方式的主要优点是结构简单，质量相对较小，没有发生漏液的可能；缺点是换热系数低，冷却、加热效果较慢。

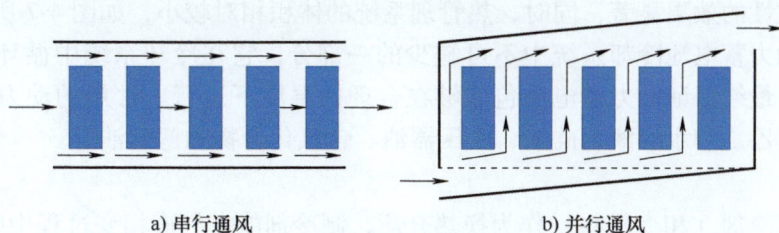

a) 串行通风　　　　　　　　b) 并行通风

图4-4 强制风冷的两种冷却方式

风冷方式按照是否有内部加热或制冷装置，可以分为主动风冷和被动风冷。

主动风冷可以预先对外部空气加热或冷却后再进入动力蓄电池系统，如图4-5所示。

被动风冷如图4-6所示。被动风冷式系统结构相对简单，可以直接利用现有的环境，对动力蓄电池进行冷却或加热。根据进风的来源不同，一般分为以下3种形式：

1）外部空气被动式冷却。

2）驾驶室空气被动式冷却或加热。

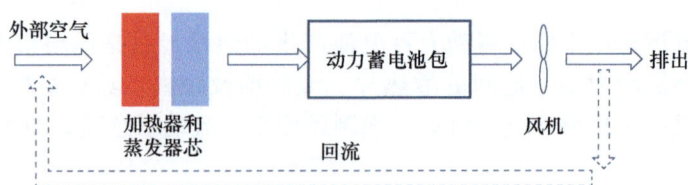

图 4-5 主动风冷

3）外界或驾驶室空气主动式冷却或加热。

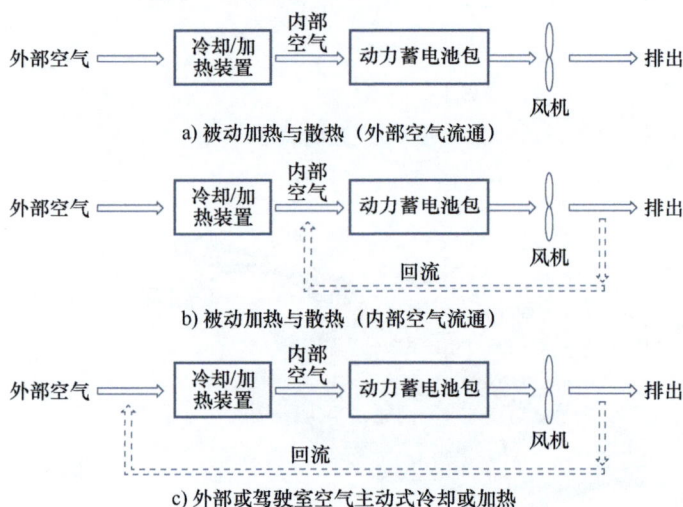

a) 被动加热与散热（外部空气流通）

b) 被动加热与散热（内部空气流通）

c) 外部或驾驶室空气主动式冷却或加热

图 4-6 被动风冷

3. 液冷

液体冷却技术通过液体进行对流换热，将动力蓄电池产生的热量带走，降低动力蓄电池的温度。液体介质的换热系数高、热容量大、冷却速度快，对降低最高温度、提升动力蓄电池包温度场一致性的效果显著，同时，热管理系统的体积相对较小，如图 4-7 所示。

冷却剂是动力蓄电池冷却系统中不可缺少的一部分，它在冷却系统中循环，将工作中产生的热量带走，最终保证动力蓄电池包能够在合理的温度下运行。常用的动力蓄电池冷却系统冷却剂有水、乙二醇水溶液、硅油、变压器油、含氟化合物和蓖麻油等。

4. 直冷

直冷采用制冷剂（相变材料）作为换热介质，制冷剂能在气液相变过程中吸收大量的热，相比冷却液而言，换热效率可提升 3 倍以上，更快速地将动力蓄电池系统内部的热量带走。

相变材料是一种能够利用自身的相变潜能吸收或者释放系统热能的材料，在其物相变化过程中，可以从外界环境吸收热量或者向外界放出热量，从而达到通过能量交换控制环境温度和利用能量的目的。

采用相变材料作为冷却媒介的直冷冷却方式有以下优点：

1）冷却效率比液冷高 3~4 倍。

2）结构紧凑，潜在地降低了成本。

3）更能满足快充需求。

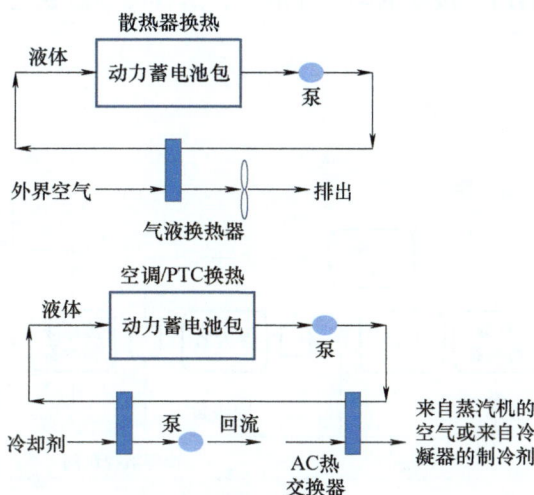

图 4-7　液冷

二、蓄电池热管理系统的工作原理

蓄电池热管理系统可以实现冷却、加热和不加热也不冷却 3 种运行状态，主要根据动力蓄电池温度、车外温度以及动力蓄电池获取或输送的功率来启动这些运行状态。蓄电池热管理系统工作原理图如图 4-8 所示。

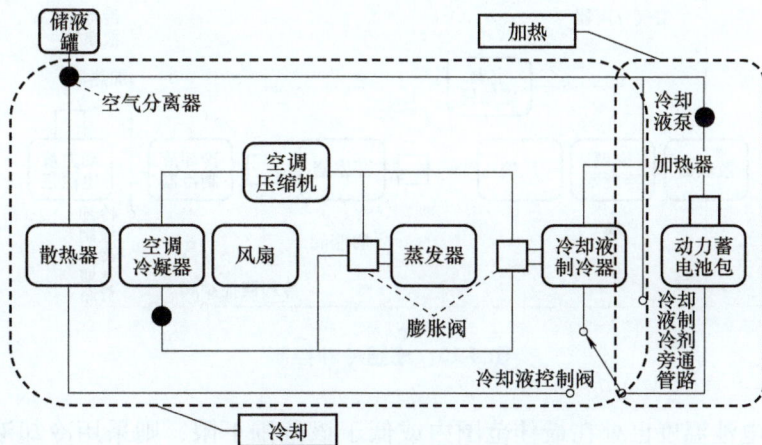

图 4-8　蓄电池热管理系统工作原理图

为了尽可能延长动力蓄电池包的使用寿命并获得最大功率，需在规定温度范围内使用动力蓄电池。−40~50℃时，动力蓄电池包处于可运行状态。就使用寿命和功率而言，最佳动力蓄电池温度范围为 25~40℃（这里是指单体蓄电池温度，而不是车外温度）。

如果单体蓄电池的温度明显超出该范围，同时高功率输出，就会对其使用寿命产生不利影响。

1. 冷却运行状态

动力蓄电池温度增加约30℃时，就会开始冷却动力蓄电池包，如图 4-9 所示。蓄电池管理系统通过一个按 PWM 的信号接通电动冷却液泵，这样冷却液就进行循环并将少量热量从动力蓄电池包上带走（循环模式）。

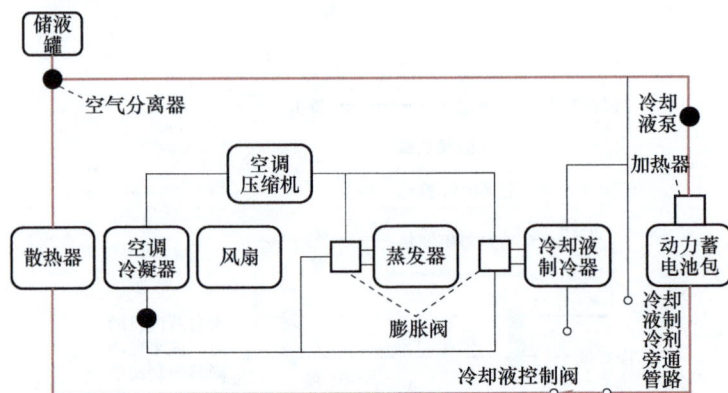

图 4-9　常规冷却控制

如果冷却液温度升高，就无法将动力蓄电池包维持在所需温度范围内（25~40℃）。在此情况下就需降低冷却液的温度，这需借助冷却液-制冷剂换热器（冷却液制冷器，为动力蓄电池包冷却液循环和空调制冷剂循环之间的接口，如图 4-10 所示）进行。

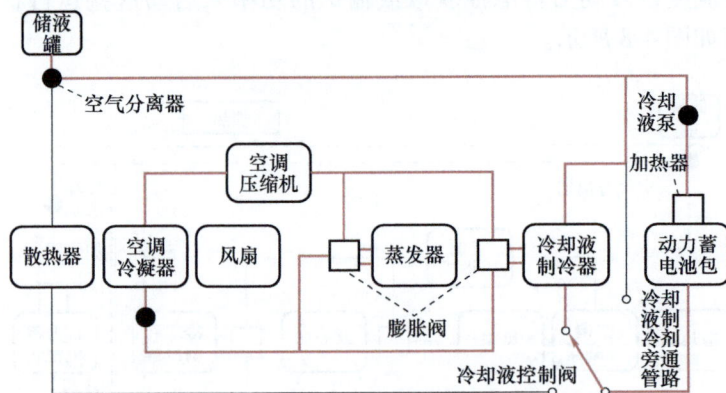

图 4-10　增强冷却控制

如果单体蓄电池温度已处在最佳范围内或低于该范围下限，则采用冷却液制冷器关闭的运行状态（不加热也不冷却的运行状态）。

如果动力蓄电池温度继续上升，蓄电池管理系统分两个优先级向空调控制单元发送一个冷却需求请求。然后空调决定是冷却车厢内部、动力蓄电池包，还是两个都冷却。如果蓄电池管理系统发送的冷却请求优先级较低且车厢内部的冷却需求较高，空调可能会拒绝冷却请求。

2. 加热运行状态

如果将车辆停放在 0℃ 以下的户外很多天，应在行驶前或充电前使动力蓄电池加热至最佳温度水平，之后从开始行驶时动力蓄电池就会提供其最大功率。如图 4-11 所示，电动冷却液泵输送冷却液流过加热器进行加热，然后通过旁通阀接通，冷却液进行小循环。

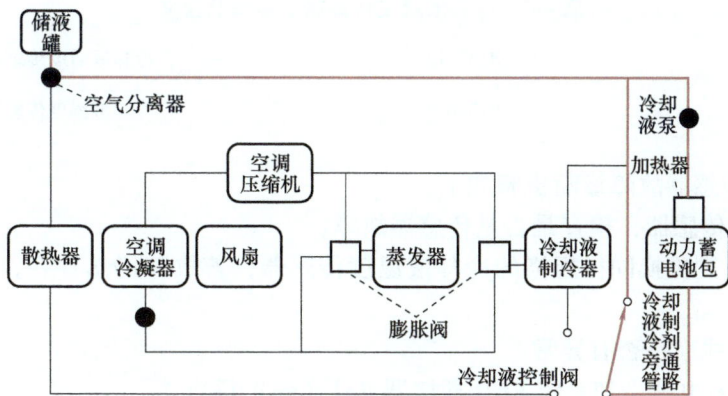

图 4-11　外置加热器加热控制

3. 不加热也不冷却运行状态

如果动力蓄电池温度已经处于最佳温度范围内（25~40℃），就会启用不加热也不冷却的运行状态。车辆在适中环境温度下以较低功率行驶时，通常会启用该运行状态。该运行状态非常高效，因为不需要其他能量对动力蓄电池包进行温度调节。相关组件按以下方式工作：

1）动力蓄电池包内加热装置不通电。

2）电动空调压缩机不运行或不进行动力蓄电池包冷却运行，但必须对车内空间进行冷却时可以运行。

3）膨胀阀关闭。

【技能提升】

一、比亚迪秦 Pro 蓄电池热管理系统故障诊断及检修

1. 冷却液温度传感器故障检修

冷却液温度传感器电路简图如图 4-12 所示，故障码及含义见表 4-1。

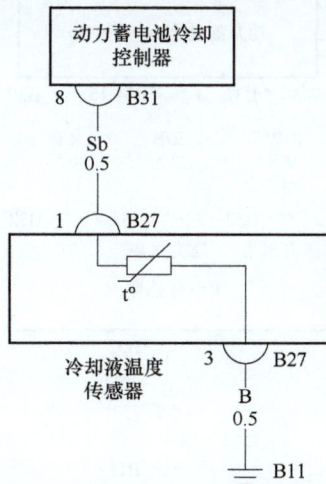

图 4-12　冷却液温度传感器电路简图

85

表 4-1　冷却液温度传感器故障码及含义

DTC	B132012	冷却液温度传感器短路
DTC	B132013	冷却液温度传感器断路

冷却液温度传感器故障诊断步骤如下：

步骤 1：更换传感器，检查是否是传感器故障。

若一切正常，则更换同样规格的冷却液温度传感器；若故障仍然存在，则进行步骤 2 继续检查。

步骤 2：检查线束是否有异常。

1）断开动力蓄电池冷却系统 ECU 插接器 B31（图 4-13）。

2）用万用表测量插接器 B31 的端子 8 与 B27 的端子 1 和 B27 的端子 3 与车身地两者之间的电阻（标准电阻值：小于 1Ω）。

3）确认测量值是否符合标准。

若测量值与标准值不相符，则需修理或更换线束；若符合，则更换动力蓄电池冷却控制器。

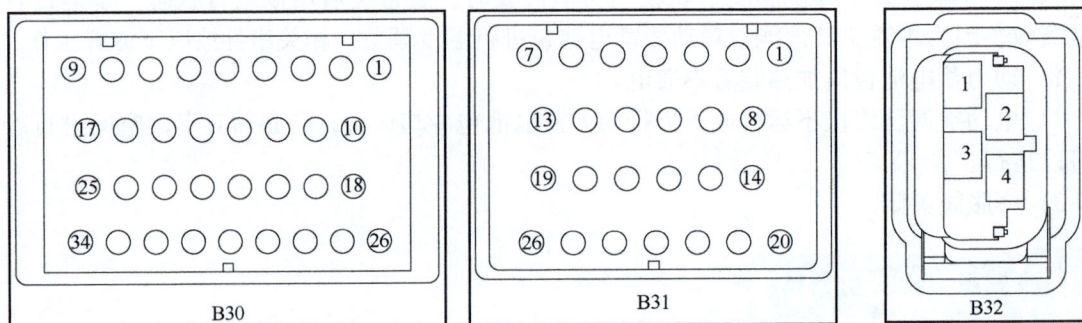

图 4-13　动力蓄电池冷却系统 ECU 插接器

2. 板式换热器故障检修

板式换热器电路简图如图 4-14 所示，其故障码及含义见表 4-2。

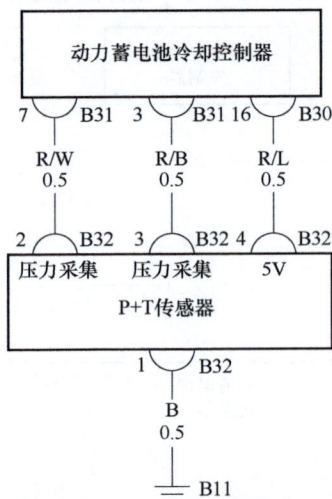

图 4-14　板式换热器电路简图

表 4-2 板式换热器故障码及含义

DTC	B132112	板式换热器出口温度传感器短路
DTC	B132113	板式换热器出口温度传感器断路
DTC	B132212	板式换热器出口压力传感器短路

板式换热器故障诊断步骤如下：

步骤 1：更换传感器，检查是否是传感器故障。

若一切正常，则更换同样规格的冷却液温度传感器；若故障仍然存在，则进行步骤 2 继续检查。

步骤 2：检查线束是否有异常。

1）断开动力蓄电池冷却系统 ECU 插接器 B31、B30（图 4-13）。

2）用万用表测量插接器 B31 的端子 7 与 B32 的端子 2、B30 的端子 16 与 B32 的端子 4、B31 的端子 3 与 B32 的端子 3 以及 B32 的端子 1 与车身地之间的电阻（标准电阻值：小于 1Ω）。

若测量值与标准值不相符，则需修理或更换线束；若符合，则更换动力蓄电池冷却控制器。

3. 动力蓄电池冷却电动水泵故障检修

动力蓄电池冷却电动水泵电路简图如图 4-15 所示。

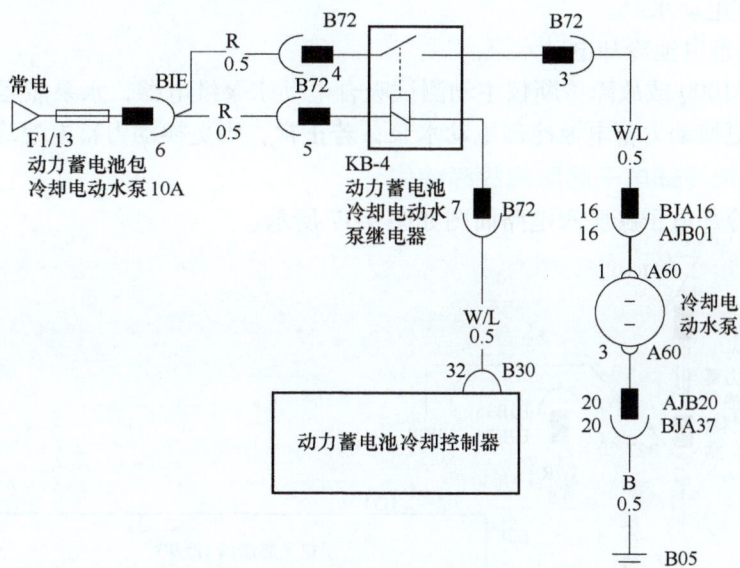

图 4-15 动力蓄电池冷却电动水泵电路简图

动力蓄电池冷却电动水泵故障诊断步骤如下：

步骤 1：更换传感器，检查是否是传感器故障。

1）拔下水泵继电器 KB-4。

2）检查鼓风机继电器。

3）检查端子（图 4-16）。

端子的标准值见表 4-3。

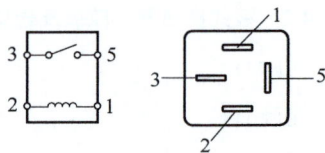

图 4-16 鼓风机继电器端子

表 4-3 端子的标准值

端子	正常情况
1—蓄电池正极 2—蓄电池负极	3、5 导通
不接蓄电池	1、2 导通 3、5 不导通

若检查结果异常，则需更换鼓风机继电器；若检查结果正常，则进行步骤 2 继续检查。

步骤 2：检查线束是否有异常。

1）断开动力蓄电池冷却系统 ECU 插接器 B31、A60。

2）用万用表测量插接器 B31 的端子 32 与车身地和 A60 的端子 1 与车身地两端的电压，测量 A60 的端子 3 与车身地两端的电阻（电压标准值：11~14V；电阻标准值：小于 1Ω）。

若测量值与标准值不相符，则需修理或更换线束；若符合，则进行步骤 3 继续检查。

步骤 3：检查电动水泵。

1）更换动力蓄电池冷却电动水泵。

2）使用 VDS1000 或故障诊断仪主动测试吸合电动水泵继电器，水泵能运转。

若异常，则更换动力蓄电池冷却电动水泵；若正常，则更换动力蓄电池冷却控制器。

4. 动力蓄电池冷却电子膨胀阀故障检修

动力蓄电池冷却电子膨胀阀电路简图如图 4-17 所示。

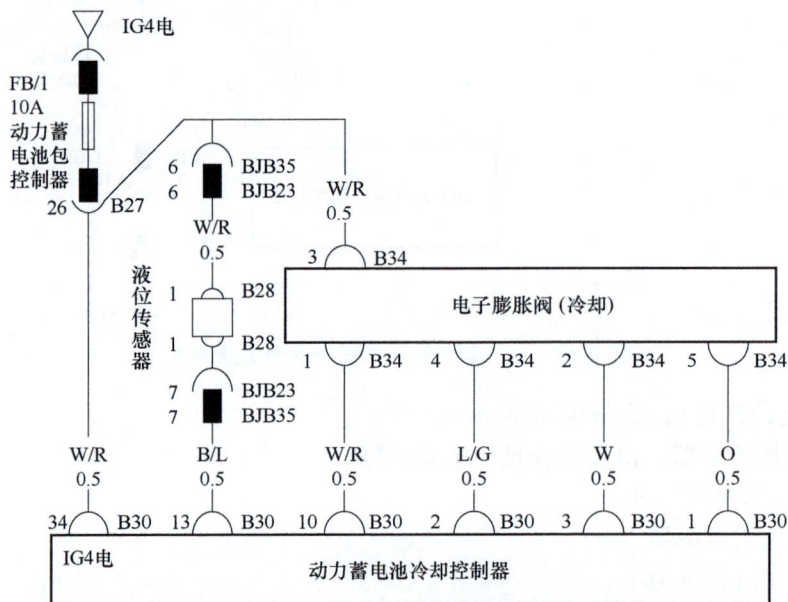

图 4-17 动力蓄电池冷却电子膨胀阀电路简图

动力蓄电池冷却电子膨胀阀故障诊断步骤如下：

检查线束是否有异常。

1）断开动力蓄电池冷却 ECU 插接器 B30、电子膨胀阀插接器 B34。

2）用万用表测量线束端的电压或电阻，标准值见表 4-4。插接器 B30 如图 4-13 所示，电子膨胀阀插接器 B34 与液位传感器 B28 插接器示意图如图 4-18 所示。

表 4-4　端子之间的标准电压和电阻值

端子	标准值
G34-3 与车身地	11～14V
B34-5—B30-1	小于 1Ω
B34-2—B30-3	小于 1Ω
B34-4—B30-2	小于 1Ω
B34-1—B30-10	小于 1Ω
B28-2—B30-13	小于 1Ω

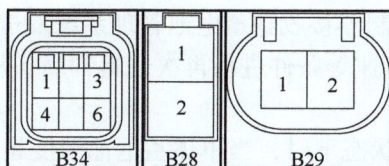

图 4-18　插接器 B34、B28 和 B29 示意图

若所测数值与标准值不符，则检查或更换线束；若数值相符，则更换动力蓄电池冷却控制器。

5. 动力蓄电池冷却电磁阀故障检修

动力蓄电池冷却电磁阀电路简图如图 4-19 所示。

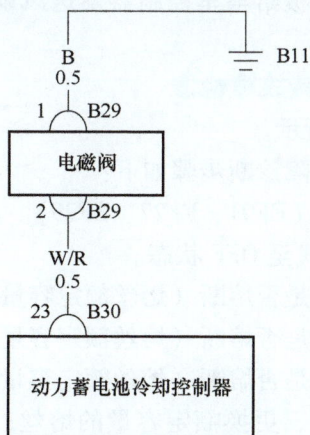

图 4-19　动力蓄电池冷却电磁阀电路简图

动力蓄电池冷却电磁阀故障诊断步骤如下：

检查线束是否有异常。

1）断开动力蓄电池冷却 ECU 插接器 B30、电子膨胀阀插接器 B34。

2）用万用表测量动力蓄电池冷却电磁阀插接器 B29 的端子 1 与车身地和 B29 的端子 2 与 B30 的端子 23 之间的电阻（标准电阻值：小于 1Ω）。

若所测数值与标准值不符，则检查或更换线束；若数值相符，则更换动力蓄电池冷却控制器。

二、吉利帝豪 EV450 蓄电池热管理系统故障诊断及检修

1. 吉利帝豪 EV450 蓄电池热管理控制逻辑

1）车辆在交流充电、直流充电、智能充电、行车过程中（包括车速为 0），都可以启动热管理系统对动力蓄电池加热或冷却。

2）进行动力蓄电池冷却、加热时，蓄电池管理系统根据单体蓄电池最高、最低温度（下面简称动力蓄电池最高、最低温度）发送热管理控制信号，包括"冷却""匀热"和"关闭"3 种模式。

3）动力蓄电池进行快充及慢充时，整车控制器直接转发蓄电池管理系统的热管理请求。

4）在行车状态下，整车控制器接收到蓄电池管理系统发送的加热需求后，需要根据当前动力蓄电池温度、暖风状态和车速等条件进行再次逻辑判断，从而发送不同热管理请求至 AC 控制器（热管理控制器）。

5）车辆处于 ON 档非充电状态下时，当单体蓄电池温度超过上限值 55℃时，车辆不进行动力蓄电池冷却。

6）动力蓄电池温度监测由蓄电池管理系统完成，蓄电池管理系统根据单体蓄电池温度判定动力蓄电池是否启动冷却，并发送冷却请求给整车控制器，整车控制器转发蓄电池管理系统上述信号至 AC 控制器。

7）一般情况下，压缩机和动力蓄电池水泵、PTC 加热水泵由 AC 控制器控制，冷却风扇、电驱水泵由整车控制器控制。但是，当空调面板给整车控制器发送压缩机开机请求和功率请求时，风扇做低速运转。当空调面板给整车控制器发送风扇高速请求时，整车控制器控制风扇高速运转。

2. 冷却风扇低速档转速不运转故障检修

冷却风扇电路简图如图 4-20 所示。

冷却风扇低速档转速不运转故障诊断步骤如下：

步骤 1：检查整车控制器熔丝（EF01、EF27、EF29）。

1）操作起动开关，使电源模式至 OFF 状态。

2）拔下熔丝 EF01，检查熔丝是否熔断（熔丝额定容量：100A）。

3）拔下熔丝 EF27，检查熔丝是否熔断（熔丝额定容量：10A）。

4）拔下熔丝 EF29，检查熔丝是否熔断（熔丝额定容量：40A）。

若熔丝熔断，则检修熔丝电路，更换额定容量的熔丝；若未发现熔丝熔断，则进行步骤 2 继续检查。

步骤 2：检查冷却风扇低速继电器。

1）操作起动开关，使电源模式至 OFF 状态。

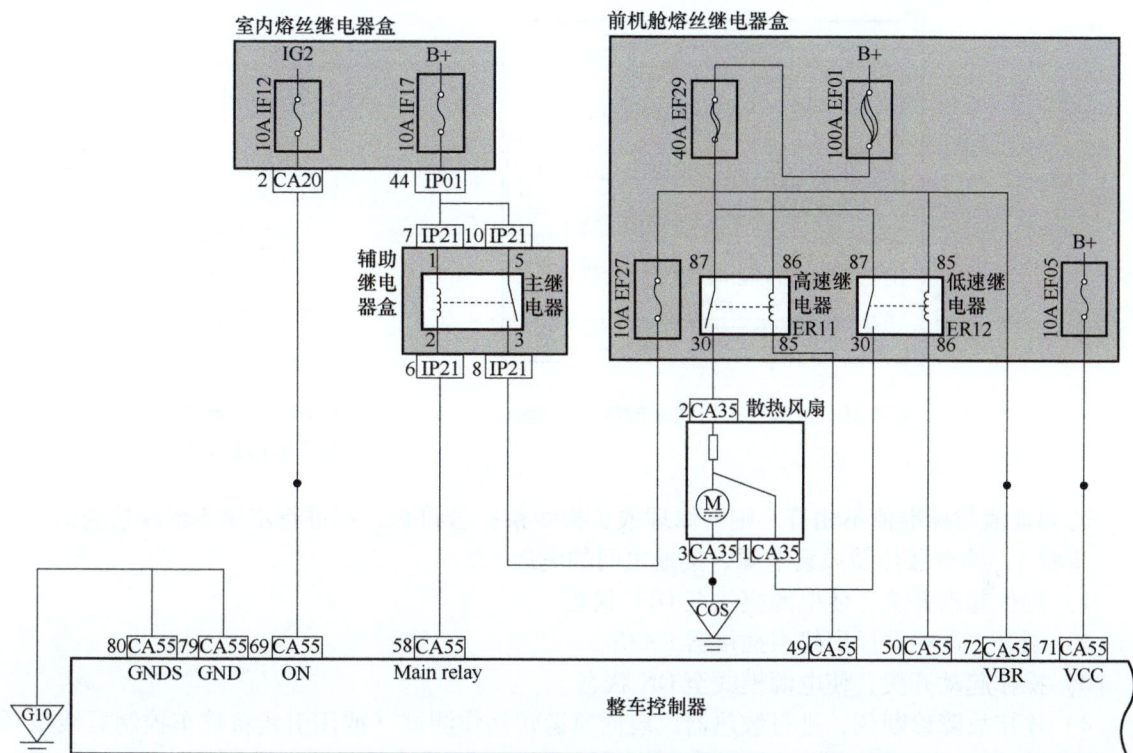

图 4-20 冷却风扇电路简图

2) 拔下冷却风扇的高速继电器，用相同型号的继电器取代冷却风扇的低速继电器。

3) 确认故障是否排除。

若故障排除，则更换相同规格的继电器；若故障未排除，则进行步骤 3 继续检查。

步骤 3：检查整车控制器电源、接地之间的电压。

1) 操作起动开关，使电源模式至 OFF 状态。

2) 断开整车控制器线束插接器 CA55（图 4-21）。

3) 操作起动开关，使电源模式至 ON 状态。

4) 用万用表测量整车控制器线束插接器 CA55 的端子 69 和 79 之间的电压（标准电压值：11~14V）。

5) 用万用表测量整车控制器线束插接器 CA55 的端子 71 和 80 之间的电压（标准电压值：11~14V）。

6) 确认测量值是否符合标准。

若测量值与标准值不相符，则需修理或更换线束；若符合，则进行步骤 4 继续检查。

步骤 4：检查散热器风扇接地电路。

1) 操作起动开关，使电源模式至 OFF 状态。

2) 断开主散热器风扇线束插接器 CA35（图 4-22）。

3) 用万用表测量主散热器风扇线束插接器 CA35 的端子 3 和车身可靠接地之间的电阻（标准电阻值：小于 1Ω）。

4) 确认测量值是否符合标准。

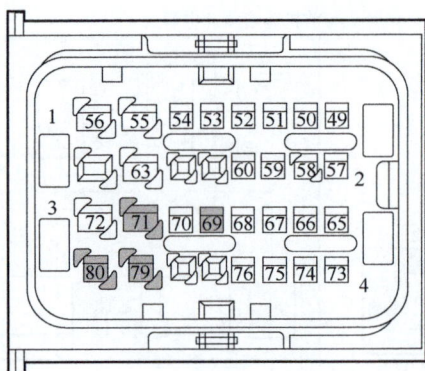

图 4-21　整车控制器线束插接器 CA55

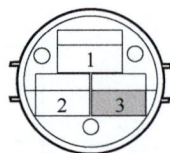

图 4-22　冷却风扇
线束插接器 CA35

若测量值与标准值不相符，则需修理或更换线束；若符合，则进行步骤 5 继续检查。

步骤 5：检查散热器风扇电源、接地之间的电压。

1）操作起动开关，使电源模式至 OFF 状态。

2）断开主散热器风扇线束插接器 CA35。

3）操作起动开关，使电源模式至 ON 状态。

4）连接故障诊断仪，进行散热器风扇低速运转动作测试（或用引线将整车控制器线束插接器 CA55 的端子 49 与车身可靠接地连接）。

5）同时，用万用表测量主散热器风扇线束插接器 CA35 的端子 1 和 3 之间的电压值（标准电压值：11~14V）。

6）确认测量值是否符合标准。

若测量值与标准值相符，则需更换散热器风扇；若不符合，则进行步骤 6 继续检查。

步骤 6：检查散热低速继电器与散热器风扇之间的电阻。

1）操作起动开关，使电源模式至 OFF 状态。

2）断开主散热器风扇线束插接器 CA35。

3）拆卸散热低速继电器 ER12。

4）用万用表测量主散热器风扇线束插接器 CA35 的端子 1 和散热低速继电器 ER12 的端子 30（线束端）之间的电阻（标准电阻值：小于 1Ω）。

5）确认测量值是否符合标准。

若测量值与标准值不相符，则需修理或更换线束；若符合，则进行步骤 7 继续检查。

步骤 7：检查散热低速继电器与整车控制器之间的电路。

1）操作起动开关，使电源模式至 OFF 状态。

2）断开整车控制器线束插接器 CA61。

3）拆卸散热低速继电器 ER12。

4）用万用表测量整车控制器线束插接器 CA61 的端子 50 和散热低速继电器 ER12 的端子 85（线束端）之间的电阻（标准电阻值：小于 1Ω）。

5）确认测量值是否符合标准。

若测量值与标准值不相符，则需修理或更换线束；若符合，则进行步骤 8 继续检查。

步骤 8：更换整车控制器。

1）操作起动开关，使电源模式至 OFF 状态。

2）断开辅助蓄电池负极电缆。

3）更换整车控制器。

4）确认故障排除。

3. 电动水泵不工作故障检修

电动水泵电路简图如图 4-23 所示。

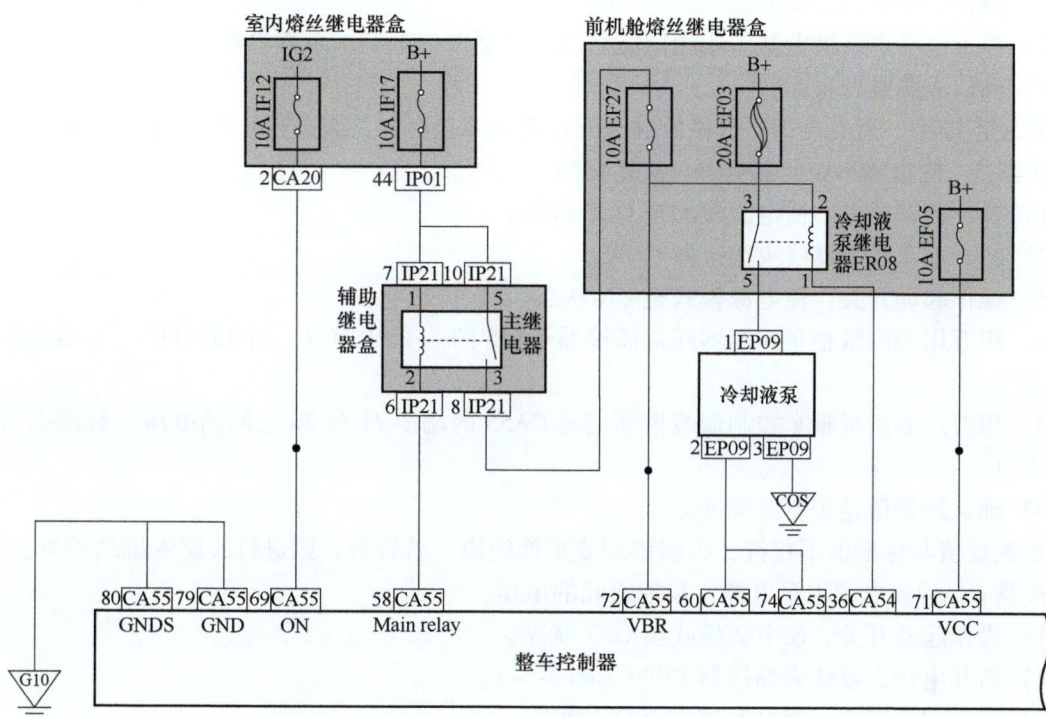

图 4-23 电动水泵电路简图

电动水泵不工作故障诊断步骤如下：

步骤 1：使用故障诊断仪读取故障码。

1）操作起动开关，使电源模式至 ON 状态。

2）连接故障诊断仪，读取系统故障码。

3）确认系统是否存在故障码。

若显示故障码，则优先排除故障码所指示的故障问题；若没有显示故障码，则进行步骤 2 继续检查。

步骤 2：检查。

1）操作起动开关，使电源模式至 ON 状态。

2）拔下熔丝 EF03，检查熔丝是否熔断（熔丝额定容量：20A）。

若熔丝熔断，则检修熔丝电路，更换额定容量熔丝；若熔丝处于完整状态，则进行步骤 3 继续检查。

步骤 3：检查整车控制器熔丝 EF05、EF27、EF12。

1）操作起动开关，使电源模式至 OFF 状态。

2）拔下熔丝 EF05，检查熔丝是否熔断（熔丝额定容量：10A）。

3）拔下熔丝 EF27，检查熔丝是否熔断（熔丝额定容量：10A）。

4）拔下熔丝 EF12，检查熔丝是否熔断（熔丝额定容量：10A）。

若熔丝熔断，则检修熔丝电路，更换额定容量熔丝；若熔丝处于完整状态，则进行步骤4继续检查。

步骤4：检查电动水泵继电器。

1）操作起动开关，使电源模式至 OFF 状态。

2）拔下电动水泵继电器，用相同型号的继电器取代电动水泵继电器。

3）确认故障是否排除。

若故障排除，则更换相同规格的继电器；若故障仍存在，则进行步骤5继续检查。

步骤5：检查整车控制器电源、接地之间的电压。

1）操作起动开关，使电源模式至 OFF 状态。

2）断开整车控制器线束插接器 CA55。

3）操作起动开关，使电源模式至 ON 状态。

4）用万用表测量整车控制器线束插接器 CA55 的端子 69 和 79 之间的电压（标准电压值：11~14V）。

5）用万用表测量整车控制器线束插接器 CA55 的端子 71 和 80 之间的电压（标准电压值：11~14V）。

6）确认测量值是否符合标准。

若测量值与标准值不相符，则需修理或更换线束；若符合，则进行步骤6继续检查。

步骤6：检查电动水泵电源、接地之间的电压。

1）操作起动开关，使电源模式至 OFF 状态。

2）断开电动水泵线束插接器 EP09（图 4-24）。

3）操作起动开关，使电源模式至 ON 状态。

4）用引线将整车控制器线束插接器 CA54（图 4-25）的端子 36 与车身可靠接地连接，同时，用万用表测量电动水泵线束插接器 EP09 的端子 1 与 3 之间的电压（标准电压值：11~14V）。

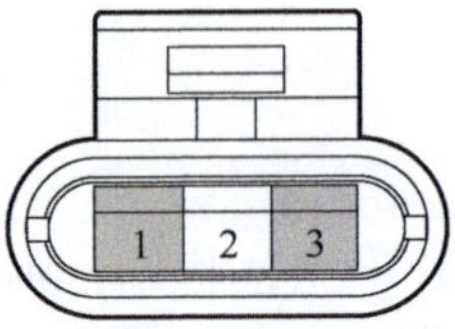

图 4-24　电动水泵线束插接器 EP09

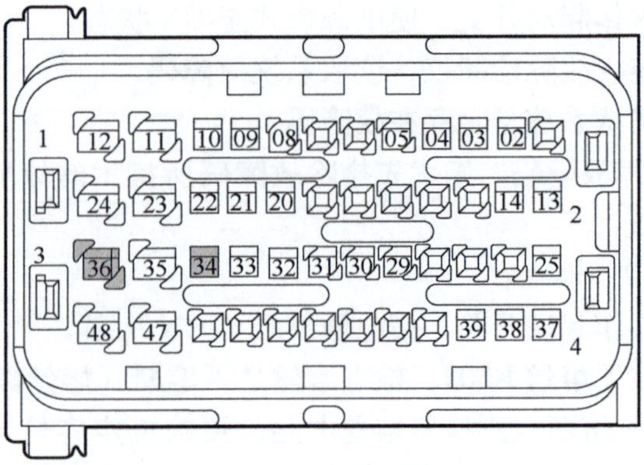

图 4-25　整车控制器线束插接器 CA54

5）确认测量值是否符合标准。

若测量值与标准值不相符，则需修理或更换线束；若符合，则进行步骤 7 继续检查。

步骤 7：检查整车控制器与电动水泵之间的电路。

1）操作起动开关，使电源模式至 OFF 状态。

2）断开电动水泵线束插接器 EP09。

3）断开整车控制器线束插接器 CA55。

4）用万用表测量整车控制器线束插接器 CA55 的端子 60 与电动水泵线束插接器 EP09 的端子 2 之间的电阻（标准电阻值：小于 1Ω）。

5）用万用表测量整车控制器线束插接器 CA55 的端子 74 与电动水泵线束插接器 EP09 的端子 2 之间的电阻（标准电阻值：小于 1Ω）。

6）确认测量值是否符合标准。

若测量值与标准值不相符，则需修理或更换线束；若符合，则进行步骤 8 继续检查。

步骤 8：更换电动水泵。

1）操作起动开关，使电源模式至 OFF 状态。

2）断开辅助蓄电池负极电缆。

3）更换电动水泵，然后检查故障是否排除。

若故障未成功排除，则更换整车控制器；若故障排除，则结束诊断。

【学习小结】

1. 引起锂离子蓄电池热失控主要有内部短路、外部短路和外部高温 3 种方式。
2. 蓄电池系统热管理是通过冷却或加热方式对动力蓄电池系统进行温度控制的。
3. 蓄电池热管理系统的主要功能是对动力蓄电池温度进行准确的测量和监控，在动力蓄电池温度过高时进行有效的散热，以保证动力蓄电池包内的温度均匀分布。
4. 蓄电池热管理系统的冷却方式主要可分为自然冷却、强制风冷、液冷和直冷 4 类。
5. 蓄电池热管理系统可以实现冷却、加热和不加热也不冷却 3 种运行状态。

【知识巩固】

一、填空题

1. 引起锂离子蓄电池热失控主要有：_____、_____和_____ 3 种方式。
2. 蓄热管理系统的冷却方式主要可分为 _____、_____、_____ 和 _____ 4 类。
3. 蓄电池热管理系统可以实现_____、_____和_____ 3 种运行状态。

二、名词解释

1. 热失控
2. 热管理系统

三、问答题

1. 热失控主要表现在哪些方面？

2. 蓄电池热管理系统的主要功能包括哪些?

3. 简述常用冷却剂的特性。

4. 采用相变材料作为冷却媒介的直冷冷却方式的优点有哪些?

5. 简述吉利帝豪 EV450 蓄电池热管理控制逻辑。

项目五

充电系统的检修

【情景导入】

1. 事故概况

2019 年 4 月 26 日，深圳湾港口一公交车充电站内，一辆电动大巴车起火，现场浓烟滚滚，火势迅速蔓延，大巴车被烧剩骨架。

2. 原因分析

经过调查，起火原因是车内动力蓄电池过充电 72min，造成多个动力蓄电池箱先后发生热失控、电解液泄漏而引起动力蓄电池短路，最终导致火灾的发生。

3. 防范措施

1）加强充电站内安全防范措施。

2）尽量避免动力蓄电池过充电。

【学习目标】

知识目标	技能目标	素养目标
1. 了解充电系统的结构 2. 了解充电桩的分类、结构和功能 3. 掌握电动汽车常见的几种充电方式 4. 掌握快充模式充电系统和慢充模式充电系统的组成和工作原理	1. 能够排除电动汽车充电系统的故障 2. 能够根据电路图分析排除故障策略 3. 能够合理使用仪表、工具及设备	1. 培养学生认真严谨的学习态度 2. 提升安全质量意识、工作责任心以及职业道德

【理论知识】

一、电动汽车充电系统的结构

充电系统是电动汽车主要的能源供给系统。图 5-1 所示为电动汽车充电系统的示意图。电动汽车充电系统主要由充电桩、充电线束、车载充电机、高压控制盒、动力蓄电池、DC/DC 变换器、辅助蓄电池以及各种高压线束和低压线束等组成。

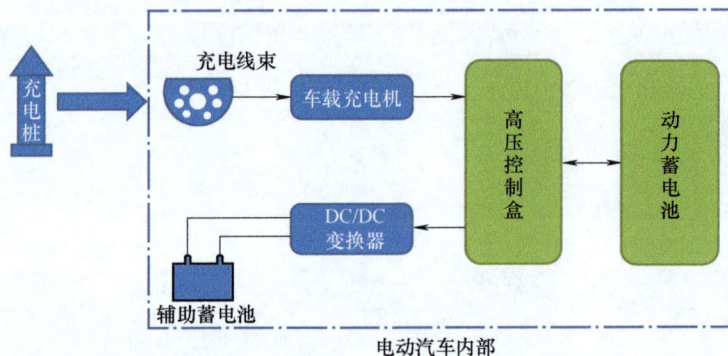

图 5-1 电动汽车充电系统的示意图

对于纯电动汽车或插电式混合动力汽车，动力蓄电池充电系统是不可缺少的子系统之一，其功能是将电能转化为车载动力蓄电池的电能。动力蓄电池充电系统主要由充电机、充电设备和车载充电接口三部分组成。

1. 车载充电机

充电机是将电网提供的交/直流电能转化为车载动力蓄电池所需的直流电能的装置（即AC/DC、DC/DC 整流器）。车载充电机是指将 AC/DC 整流器安装在插电式混合动力汽车或纯电动汽车上，采用地面交流电网或车载电源对动力蓄电池包进行充电的相应装置。车载充电机负责与交流电网建立连接并满足车辆充电电气安全要求。

2. 充电设备

充电设备是指为满足纯电动汽车或插电式混合动力汽车充电而配备的户外使用型供电设备，可固定在停车场、广场及其他便于新能源汽车停靠的地点。充电设备给纯电动汽车或插电式混合动力汽车提供单相或三相交流电源，使用标准非接触式智能卡控制充电开始和结束，并提供过电压、欠电压、过电流、过温、防雷等系统保护功能。

（1）移动充电包　移动充电包就是一条充电线，任何有普通电源插口的地方都可以其充电，体积和质量均较小，所以使用非常方便。

（2）充电桩　充电桩又称为充电栓、充电柜等，其功能类似于加油站里面的加油机，可以固定在地面或墙壁，安装于公共建筑（公共楼宇、商场、公共停车场等）和居民小区停车场或充电站内，可以根据不同的电压等级为各种型号的电动汽车充电。充电桩一般提供常规充电（交流慢充）和快速充电（直流快充）两种充电方式。

充电桩按安装方式可分为落地式充电桩和挂壁式充电桩，落地式充电桩适合安装在空旷的停车场，挂壁式充电桩适合安装在靠近墙体的停车位上，如图 5-2 所示。

图 5-2　落地式充电桩和挂壁式充电桩

充电桩按充电接口数目可分为一桩一充充电桩和一桩多充充电桩，如图 5-3 所示。

图 5-3　一桩一充充电桩和一桩多充充电桩

充电桩按充电方式可分为直流充电桩、交流充电桩和交直流一体充电桩。

直流充电桩又称为直流供电装置，即日常所说的快充。直流充电桩是固定安装在电动汽车外，与交流电网连接，可以为非车载电动汽车动力蓄电池提供直流电源的供电装置。

交流充电桩又称为交流供电装置，即日常所说的慢充。交流充电桩固定安装在电动汽车外，与交流电网连接，为电动汽车车载充电机提供电源。交流充电桩只提供电力输出，没有充电功能，需要连接车载充电机为电动汽车充电。

3. 车载充电接口

为保证充电时的高效，电动汽车需使用特定的充电接口进行充电。如图 5-4 所示，充电接口盖类似于传统燃油汽车的燃油箱盖，可按压充电接口盖或使用钥匙控制开锁。

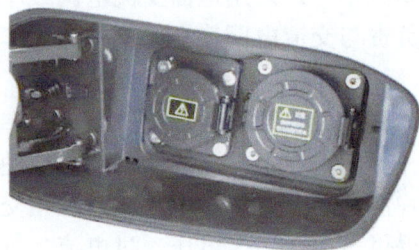

图 5-4　车载充电接口

二、电动汽车充电方式

电动汽车充电方式主要有常规充电、快速充电、更换动力蓄电池充电、无线充电等。

1. 常规充电

常规充电采用恒压、恒流的方式对电动汽车进行充电，相应充电机的工作和成本相对较低，家用充电设施（车载充电机）和小型充电站多采用此类充电方式，如图 5-5 所示。

a) 车载充电机充电　　　　　　　b) 小型充电站充电

图 5-5　两种常规充电方式

常规充电方式的主要优点：充电技术成熟，技术门槛低，使用方便，容易推广普及；充电设施配置简单，占地面积较小，成本较低；动力蓄电池充电过程缓和，动力蓄电池能够深度充满；充电时动力蓄电池发热温和，不易发生高温短路或爆炸危险，安全性较高；接口和相关标准较低；充电功率相对低，对配电网要求降低，基础设施配套需求小，节能效果较好。

常规充电方式的主要缺点：充电时间长，续驶里程有限，使用受到限制；用于有慢速充电需求的停车场所，如住宅小区停车场、社会公共停车场等。

2. 快速充电

快速充电以 150～400A 的高充电电流、在较短时间内进行充电，与常规充电方式相比，此类充电方式所需成本相对较高。快速充电的目的是在短时间内为动力蓄电池充满电。大型充电站（机）多采用此方式。

大型充电站（机）的快速充电方式如图 5-6 所示，它主要针对长距离旅行或需要进行快速补充电能的情况进行充电，其充电机功率很大，一般都大于 30kW，采用三相四线制 380V 供电。其典型的充电时间是 10~30min。

快速充电方式的主要优点：技术较为成熟，接口标准要求较低，充电速度快，增加电动汽车长途续驶能力，是一种有效的补充方案。

快速充电方式的主要缺点：充电功率较大，接口和用电安全提高，动力蓄电池散热成为重要因素；动力蓄电池不能深度充电，一般为动力蓄电池容量的 80% 左右，容易缩短动力蓄电池的使用寿命；对电网要求较高，基础设施配套需求巨大。

3. 更换动力蓄电池充电

除常规充电和快速充电外，还可以采用更换动力蓄电池的方式进行充电。在动力蓄电池电量即将耗尽时，用已经充满电的动力蓄电池更换需要充电的动力蓄电池。用户将车停在指定位置，然后通过机器将动力蓄电池取下，换上已经充满电的动力蓄电池，如图 5-7 所示。

图 5-6　大型充电站（机）的快速充电方式

图 5-7　更换动力蓄电池充电

更换动力蓄电池充电方式主要优点：动力蓄电池更换给客户的感受接近传统燃油汽车的加油站加油；用户只需购买裸车，动力蓄电池采用租赁的方式，大幅降低了车辆价格；采用适合的充电方式保证动力蓄电池的健康以及动力蓄电池效能的发挥，动力蓄电池集中管理便于集中回收和维护，减少环境污染；选择夜间用电低谷时段慢速充电，降低服务机构运行成本，对电网起到错峰填谷的作用。

更换动力蓄电池充电方式主要缺点：基础设施建设成本较高，占用场地大，电网配套要求高；需解决电动汽车更换动力蓄电池方便的问题，如动力蓄电池设计安装位置、动力蓄电池拆卸难易程度等；需要电动汽车行业众多标准的严格统一，包括动力蓄电池本身外形和各项参数的标准化、动力蓄电池和电动汽车接口的标准化、动力蓄电池和外置充电设备接口的标准化等；动力蓄电池更换容易导致动力蓄电池接口接触不良等问题，对动力蓄电池及车辆接口的安全可靠性要求提高；动力蓄电池租赁带来的资产管理、物流配送、计价收费等一系列问题，运作复杂性和成本提高。

4. 无线充电

无线充电或无线供电（WPT）是以耦合的电磁场为媒介实现电能传递（图 5-8），包括感应式充电、磁场共振式充电、无线电波式充电 3 种方式。电动汽车无线充电的研究主要集中在感应式充电上，不需要接触即可完成充电。与接触式充电相比，WPT 使用方便、安全，无火花及触电危险，无积尘和接触损耗，无机械磨损和相应的维护问题，可适应多种恶劣环境和天气。由于动力蓄电池包输出电压较高，带来的安全隐患较多，高安全性、方便性是人们早期关注汽车 WPT 的主要原因。

图 5-8 无线充电

三、电动汽车充电系统的工作原理

1. 充电系统低压设计的功能

充电系统低压部分主要用于低压供电及控制信号。

（1）车载充电机相关低压部分 12V 辅助蓄电池供电：供充电过程中蓄电池管理系统、整车控制器和其他用电。

CAN 通信：由蓄电池管理系统通过 CAN 通信控制车载充电机的工作状态。

CAN 网络通信系统示意图如图 5-9 所示。

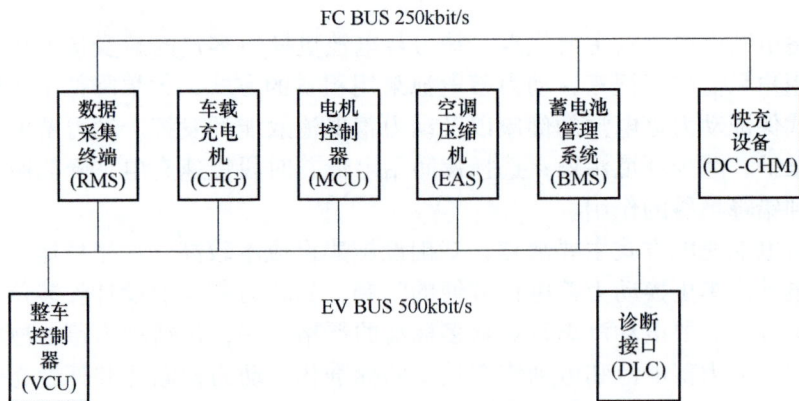

图 5-9 CAN 网络通信系统示意图

（2）DC/DC 变换器低压部分 通过智能控制 DC/DC 变换器开机或关机，采用 12V 低压电源提供系统用电。低压充电控制系统示意图如图 5-10 所示。

2. 快充模式充电系统的组成和原理

（1）快充模式充电系统组成 快充模式充电系统主要由充电桩、快充接口、高压控制盒、

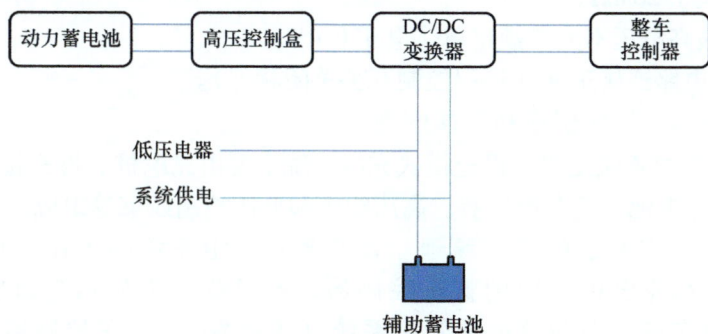

图 5-10　低压充电控制系统示意图

动力蓄电池、整车控制器、高压线束和低压控制线束等组成。

（2）快充模式充电系统的工作原理　快充模式充电系统的工作原理图如图 5-11 所示。整车控制器是快速充电功能的主控模块，将快速充电接口由充电桩连接至车辆快充接口以后，整车控制器通过 CC 线判断充电接口已经正确连接，并启用唤醒电路唤醒车辆内部充电系统电路及部件。

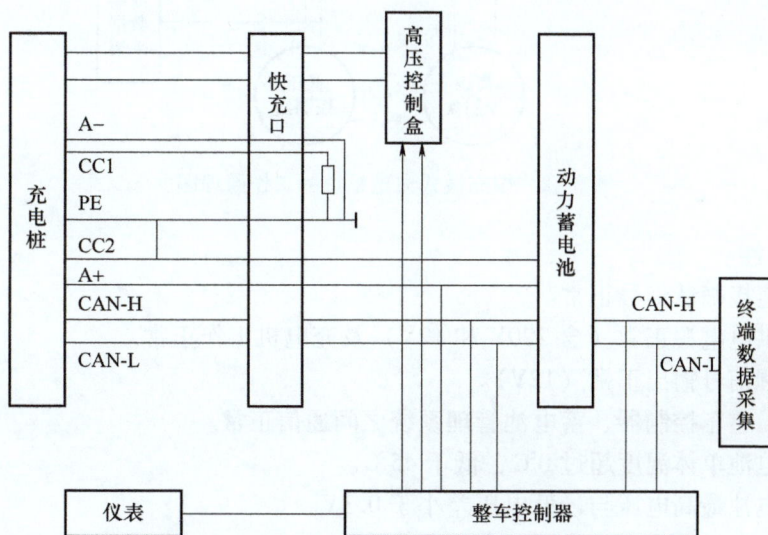

图 5-11　快充模式充电系统的工作原理图

（3）充电条件

1）充电线连接确认信号正常。

2）蓄电池管理系统供电电源正常（12V）。

3）充电唤醒信号输出正常（12V）。

4）充电桩、整车控制器、蓄电池管理系统之间通信正常。

5）动力蓄电池单体温度超过 5℃，低于 45℃。

6）单体蓄电池最高电压与最低电压差小于 0.3V。

7）单体蓄电池最高温度与最低温度差小于 15℃。

8）绝缘性能大于 20MΩ。

9）实际单体最高电压不大于额定单体电压 0.4V。

10）高、低压电路连接正常（远程控制开关关闭状态）。

3. 慢充模式充电系统的组成和工作原理

（1）慢充模式充电系统组成　慢充模式充电系统主要由充电桩、慢充接口、车载充电机、高压控制盒、动力蓄电池、整车控制器、高压线束和低压控制线束等组成。

（2）慢充模式充电系统的工作原理　慢充模式充电系统的工作原理图如图 5-12 所示。充电枪通过车载充电机反馈到整车控制器，再唤醒仪表显示连接状态（负触发）；充电机同时唤醒整车控制器和蓄电池管理系统（正触发），整车控制器唤醒仪表启动显示充电状态（负触发）；正、负主继电器由整车控制器发出指令，并由蓄电池管理系统控制闭合。

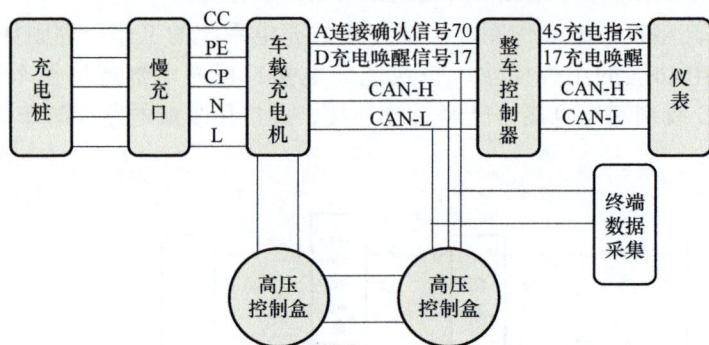

图 5-12　慢充模式充电系统的工作原理图

（3）充电条件

1）充电线连接确认信号正常。

2）充电机供电电源正常（含 220V 和 12V）及充电机工作正常。

3）充电唤醒信号输出正常（12V）。

4）充电机、整车控制器、蓄电池管理系统之间通信正常。

5）动力蓄电池单体温度超过 0℃，低于 45℃。

6）单体蓄电池最高电压与最低电压差小于 0.3V。

7）单体蓄电池最高温度与最低温度差小于 15℃。

8）绝缘性能大于 20MΩ。

9）实际单体最高电压不大于额定单体电压 0.4V。

10）高、低压电路连接正常（远程控制开关关闭状态）。

（4）充电控制流程

1）交流供电。

2）充电唤醒。

3）蓄电池管理系统检测充电需求。

4）蓄电池管理系统给车载充电机发送工作指令并闭合继电器。

5）车载充电机开始工作，进行充电。

6）动力蓄电池检测充电完成后，给车载充电机发送停止指令。

7）车载充电机停止工作。

8）动力蓄电池断开继电器。

慢充模式充电控制过程如图 5-13 所示。

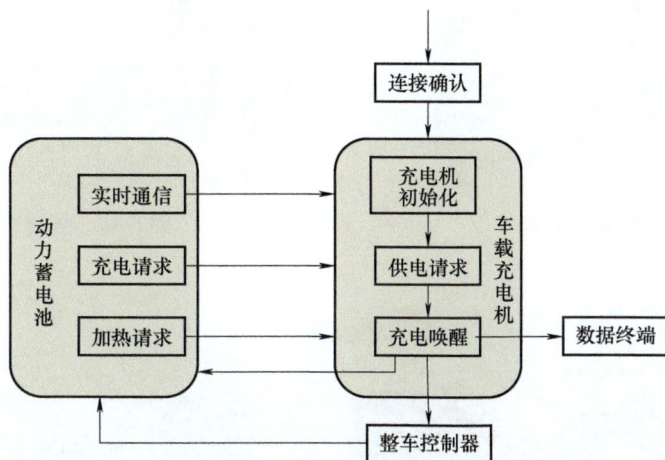

图 5-13　慢充模式充电控制过程

四、电动汽车充电操作及注意事项

1. 交流（慢充）充电桩和充电接口选择

（1）交流充电桩　交流充电桩具有功率小、充电较慢、成本较低的特点，是固定安装在电动汽车外，与交流电网连接，为电动汽车车载充电机（即固定安装在电动汽车上的充电机）提供交流电源的供电装置。交流充电桩只提供电力输出，没有充电功能，需连接车载充电机为电动汽车充电，相当于只是起了一个控制电源的作用。

交流充电桩和主要参数如图 5-14 所示。交流充电桩可以采用停车位桩体式（220V/AC 32A/16A）和挂壁式（250V/AC 16A）充电桩，如图 5-15 和图 5-16 所示。

（2）交流充电接口　交流充电接口的位置如图 5-17 所示。

项目	参数
安装	落地/挂壁安装
通信	RS485/2G/3G
环境温度	−20~50℃
供电	200×(1±10%)V (50±1)Hz
输出电压	单向 AC 220×(1±10%)V
输出电流	≤32A
平均无故障工作时间	≥8760h

图 5-14　交流充电桩和主要参数

图 5-15　停车位桩体式充电桩

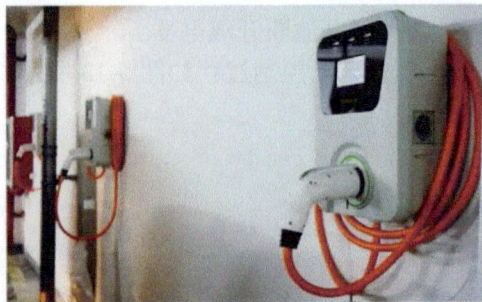

图 5-16　挂壁式充电桩

图 5-17　交流充电接口的位置

2. 直流（快充）充电桩和充电接口选择

（1）直流充电桩　直流充电桩具有功率大、充电快和成本高的特点，是固定安装在电动汽车外，与交流电网连接，可以为非车载电动汽车动力蓄电池提供直流电源的供电装置，输出的电压和电流调整范围大，可以实现快充的要求。

直流充电桩和主要参数如图 5-18 所示。

项目	参数
额定输出电压	DC 750V(200~750V)
额定输出电流	DC 100A/250A/400A
输出稳定精度	≤±0.5%
输出稳流精度	≤±1%
功率因数	≥0.99
效率	≥93%

图 5-18　直流充电桩和主要参数

（2）直流充电接口　直流充电接口的位置如图 5-19 所示。

3. 充电时需注意的事项

电动汽车充电过程需注意电源与充电接口的选择，选择与车辆相匹配的电源与充电接口。充电时需注意的事项如下：

图 5-19　快充充电接口的位置（宝马 i3）

1）不要使用适配器或延长电缆。

2）充电结束后，首先拔出车上的充电插头，然后拔出墙上的充电插头。

3）避免绊倒危险以及充电电缆和插座机械负荷。

4）不要将充电插头插在损坏的插座上。

5）不要使用损坏的充电电缆。

6）为动力蓄电池充电时，充电插头和充电电缆可能会变热。如果变得过热，则此充电插座不适于进行充电或充电电缆已损坏，应立即中止充电并让电气专业人员进行检查。

7）反复出现充电故障或中断情况时，联系具有专业资质的维修人员。

8）仅使用防潮和防侵蚀的插座。

9）不要用手指或物体接触插头触点区域。

10）切勿自行维修或改进充电电缆。

11）进行清洁前，将电缆两侧拔出，注意不要将电缆浸入液体内。

12）充电期间不允许进行自动洗车。

13）仅在经过电气专业人员检查的插座上进行充电。

14）在不了解的基础设施/插座上充电时，遵守用户手册内的特殊说明，在车上将充电电流设置为"较低"。

【技能提升】

一、比亚迪秦 Pro EV 充电系统检修

比亚迪秦 Pro EV 充电系统故障诊断流程如下：

1）将检修车辆开进维修间。

2）检查辅助蓄电池电压（标准电压值：11~14V，如果电压值低于11V，在进行下一步之前先充电或更换辅助蓄电池）。

3）参考故障诊断表（若现象不在故障诊断表中，则进行第4）步，全面诊断；若现象在故障诊断表中，则进行第5）步）。

4）全面诊断。

5）调整，维修或更换。

6）确认测试。

1. 无法交流充电故障检修

当车辆出现无法交流充电的故障时，按照以下流程初步判断故障原因：

步骤1：检查充配电总成外部接口是否对接良好、交流充电插座低压插接件是否对接良好（如未对接良好，检查对接后进行步骤2）。

步骤2：检测是否可以OK档行驶（如不能行驶，检测蓄电池管理器及电机控制器，然后进行步骤3继续检查）。

步骤3：OK档时是否可以充电（如不能充电，检测低压配电及网关，然后进行步骤4继续检查）。

步骤4：更换充配电总成。

2. DC降压故障检修

当车辆出现DC降压的故障时，按照以下流程初步判断故障原因：

步骤1：检查动力蓄电池电压。

1）整车上ON档。

2）用VDS 2000读取蓄电池管理器发出的动力蓄电池电压。

如动力蓄电池电压与正常值（250~420V）不符，则是动力蓄电池出现故障；反之则动力蓄电池正常，进行步骤2。

步骤2：检测高压母线电压。

1）整车上OK档。

2）用VDS 2000读取DC母线电压是否正常。

如母线电压值与正常值（250~420V）不符，则需更换充配电总成；反之，继续检查动力蓄电池包及高压电路。

二、吉利帝豪EV450充电系统检修

1. 车载充电机通信故障

（1）故障码说明　车载充电机通信故障码说明见表5-1。

表5-1　车载充电机通信故障码说明

故障码	说明
U007388	Busoff事件发生
U100287	BMS报文超时事件发生
U100016	L30电压小于9V
U100017	KL30电压大于16V
U24BA81	BMS_CCU_Control帧内的Checksum错误

（2）电路简图　车载充电机通信电路简图如图5-20所示。

（3）车载充电机通信故障诊断步骤

步骤1：使用故障诊断仪读取故障码。

1）操作起动开关使电源模式至ON状态。

2）连接故障诊断仪，读取系统故障码。

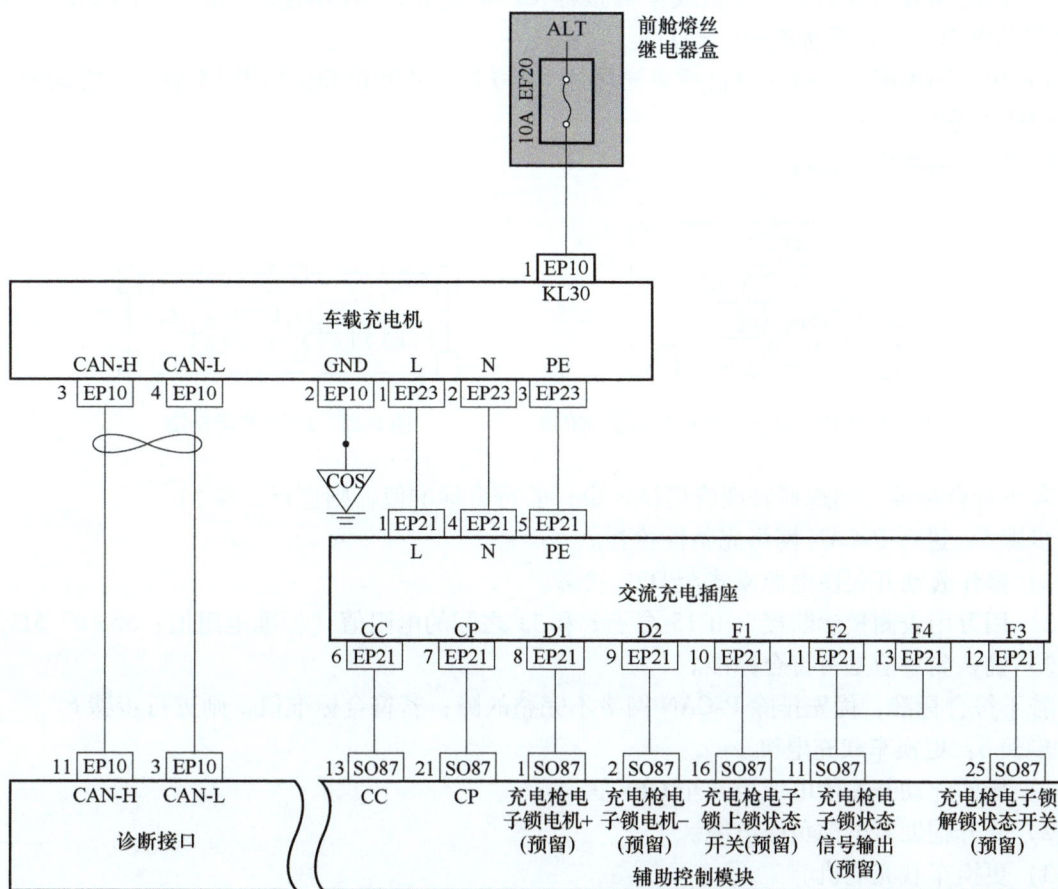

图 5-20　车载充电机通信电路简图

3）确认系统是否存在其他故障码。

若有其他故障码，则优先排除指示故障；若无其他故障码显示，则进行步骤2。

步骤2：检查车载充电机熔丝 EF20 是否熔断（熔丝额定容量：10A）。

1）操作起动开关使电源模式至 OFF 状态。

2）拔下熔丝 EF20 检查熔丝是否熔断。

步骤3：检查车载充电机电源、接地之间的电压。

1）操作起动开关使电源模式至 OFF 状态。

2）断开车载充电机低压线束插接器 EP10（图5-21）。

3）操作起动开关使电源模式至 ON 状态。

4）用万用表测量车载充电机线束插接器 EP10 端子 1 和 2 之间的电压（标准电压：11~14V）。

5）确认测量值是否符合标准。

若不符合标准，则选择修理或更换线束；若符合标准，则进行步骤4。

步骤4：检查车载充电机的通信电路。

1）操作起动开关使电源模式至 OFF 状态。

2）断开车载充电机线束插接器 EP10。

3）用万用表测量车载充电机线束插接器 EP10 端子 3 和诊断接口 IP15（图 5-22）端子 11 之间的电阻值（电阻标准值：<1Ω）。

4）用万用表测量车载充电机线束插接器 EP10 端子 4 和诊断接口 IP15 端子 3 之间的电阻值（电阻标准值：<1Ω）。

5）确认测量值是否符合标准。

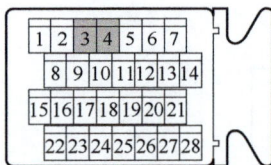

图 5-21　车载充电机低压线束插接器 EP10

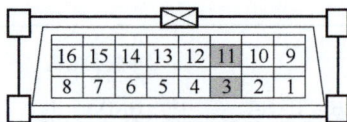

图 5-22　IP15 诊断接口

若不符合标准，则选择修理或更换线束；若符合标准值，则进行步骤 5。

步骤 5：进行 P-CAN 网络完整性检查。

1）操作起动开关使电源模式至 OFF 状态。

2）用万用表测量诊断接口 IP15 端子 3 和 11 之间的电阻值（标准电阻值：55~67.5Ω）。

3）确认测量值是否符合标准。

若不符合标准，优先排除 P-CAN 网络不完整故障；若符合标准值，则进行步骤 6。

步骤 6：更换车载充电机。

1）操作起动开关使电源模式至 OFF 状态。

2）断开辅助蓄电池负极电缆。

3）更换车载充电机。

4）确认故障排除。

2. 充电感应信号（CC 信号）故障

充电感应信号故障诊断步骤如下：

步骤 1：检查充电枪与充电接口插针是否松动。

1）操作起动开关使电源模式至 OFF 状态。

2）拆卸维修开关。

3）检查充电枪插针是否松动。

4）检查充电接口插针是否松动。

若有松动，则需更换有故障的充电枪或充电接口；若无松动，则进行步骤 2。

步骤 2：检查辅助控制器与交流充电接口之间的 CP 信号电路。

1）操作起动开关使电源模式至 OFF 状态。

2）拆卸维修开关，断开交流充电接口。

3）断开辅助控制器线束插接器 SO87（图 5-23）。

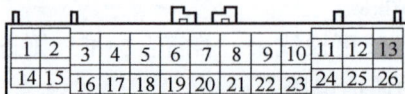

图 5-23　辅助控制器线束插接器 SO87

4）断开交流充电接口线束插接器 EP21（图 5-24）。

5）用万用表测量辅助控制器线束插接器 SO87 端子 21 和交流充电接口端子 7 之间的电阻值（电阻标准值：<1Ω）。

6）确认测量值是否符合标准。

若不符合标准，则需修理或选择更换线束；若符合标准，则进行步骤 3。

步骤 3：检查辅助控制器电源、接地之间的电压。

1）操作起动开关使电源模式至 OFF 状态。

2）断开辅助控制器线束插接器 SO87。

3）用万用表测量辅助控制器线束插接器 SO87 端子 5 和 10 之间的电压（标准电压：11~14V）。

4）确认测量值是否符合标准。

若不符合标准，则需修理或选择更换线束；若符合标准，则进行步骤 4。

步骤 4：更换辅助控制器。

1）操作起动开关使电源模式至 OFF 状态。

2）断开辅助蓄电池负极电缆。

3）更换辅助控制器。

4）确认故障是否排除。

若无法排除故障，则需更换交流充电接口；若排除故障，则诊断结束。

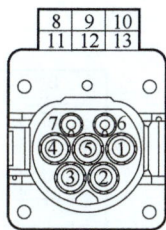

图 5-24　交流充电接口线束插接器 EP21

3. 预充故障

（1）故障码说明　预充故障故障码说明见表 5-2。

表 5-2　预充故障故障码说明

故障码	说明
P100005	预充电继电器故障

（2）电路简图　充电系统预充电路简图如图 5-25 所示。

（3）诊断步骤

步骤 1：检测辅助蓄电池电压值。

1）操作起动开关使电源模式至 OFF 状态。

2）用万用表测量辅助蓄电池正、负极之间的电压（标准电压值：11~14V）。

3）确认测量值是否符合标准。

若不符合，则需先为辅助蓄电池充电或者更换辅助蓄电池；若符合标准，则进行步骤 2。

步骤 2：重新起动一次。

1）操作起动开关使电源模式至 OFF 状态。

2）重新起动一次。

3）确认预充电压是否达到预充完成的要求。

若预充电压达到预充完成的要求，则结束诊断；若未达到要求，则进行步骤 3 继续检查。

步骤 3：检查整车控制器和蓄电池管理系统之间的电路。

1）操作起动开关使电源模式至 OFF 状态。

2）断开整车控制器线束插接器 CA54 和蓄电池管理系统线束插接器 CA50（图 5-26）。

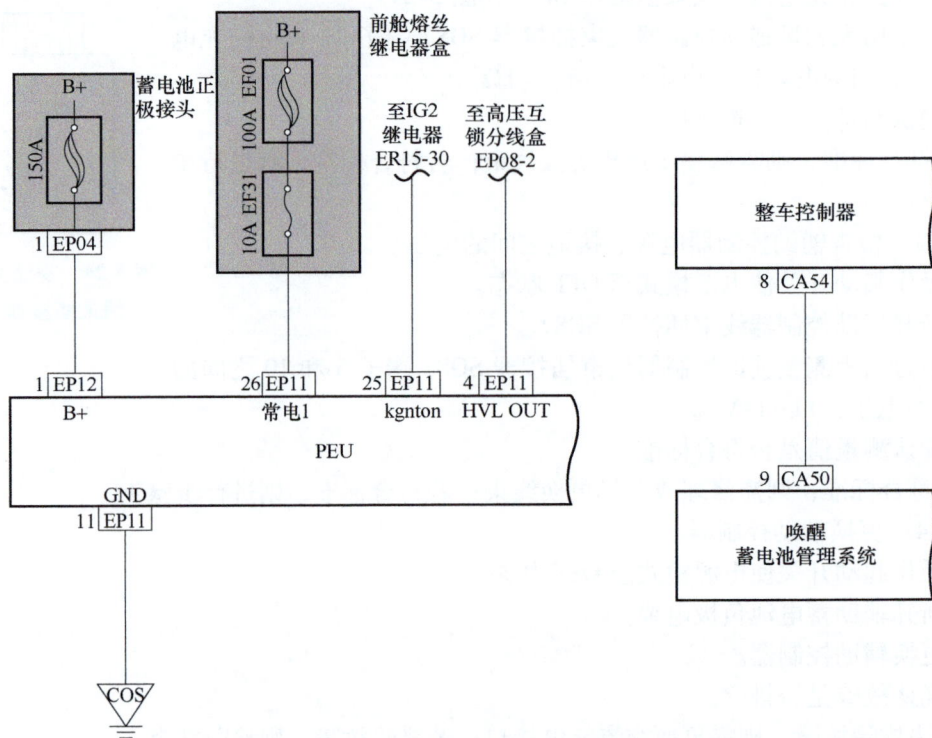

图 5-25　充电系统预充电路简图

3）用万用表测量整车控制器线束插接器 CA54 端子 8 与蓄电池管理系统线束插接器 CA50 端子 9 之间的电阻值（标准电阻值：小于 1Ω）。

4）确认测量值是否符合标准。

若不符合，则需修理或更换线束；若符合，则进行步骤 4 继续检查。

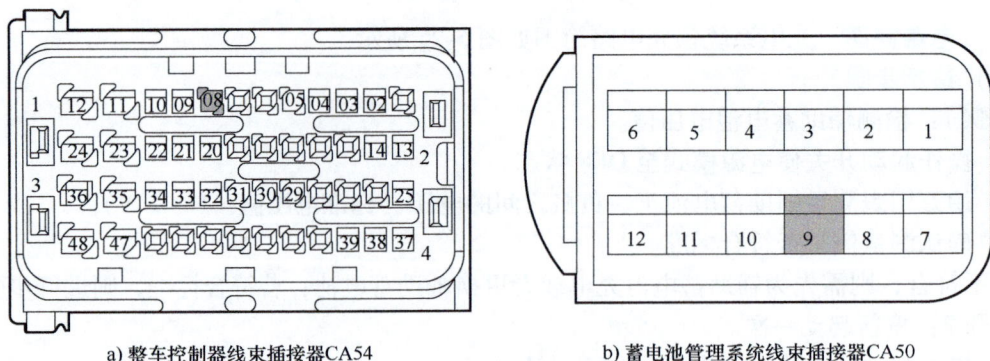

a) 整车控制器线束插接器CA54　　　　b) 蓄电池管理系统线束插接器CA50

图 5-26　CA54 和 CA50 示意图

步骤 4：检查电机控制器电源、接地之间的电压。

1）操作起动开关使电源模式至 OFF 状态。

2）断开电机控制器线束插接器 EP11（图 5-27）。

3）用万用表测量电机控制器线束插接器 EP11 端子 25 与 11 之间的电压（标准电压值：

11～14V）。

4）用万用表测量电机控制器线束插接器 EP11 端子 26 与 11 之间的电压（标准电压值：11～14V）。

5）确认测量值是否符合标准。

若不符合，则需修理或更换线束；若符合，则进行步骤 5 继续检查。

步骤 5：更换电机控制器。

1）操作起动开关使电源模式至 OFF 状态。

2）断开辅助蓄电池负极电缆。

3）更换电机控制器。

4）确认故障是否排除。

若故障排除，诊断结束；若故障未排除，则需要更换动力蓄电池。

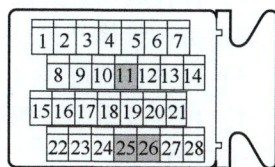

图 5-27　电机控制器
线束插接器 EP11

4. 高压系统漏电故障

（1）故障码说明　高压系统漏电故障故障码说明见表 5-3。

表 5-3　高压系统漏电故障故障码说明

故障码	说明
U210101	交流输入电压过高
U210001	两路直流高压检测偏差过大
U100001	内部母线电压过高
U210002	高压输出过电压
U210003	高压输出过电流
U210004	高压输出短路

（2）电路简图　高压系统电路简图如图 5-28 所示。

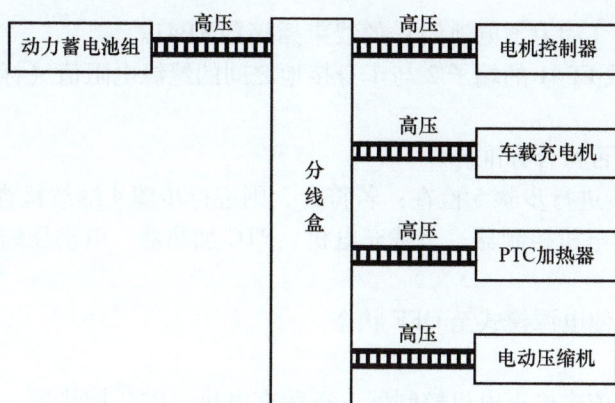

图 5-28　高压系统电路简图

（3）检查步骤

步骤 1：检查分线盒正极高压线束。

1）操作起动开关使电源模式至 OFF 状态。

2）拆卸维修开关。

3）断开直流母线（动力蓄电池侧）的线束插接器 EP41（图 5-29）。

4）用绝缘电阻表测试 EP41 的端子 1 与车身接地之间的绝缘电阻值（标准电阻值：大于或等于 20MΩ）。

5）确认测量值是否符合标准。

若不符合，则进行步骤 2 继续检查；若符合，则进行步骤 3 继续检查。

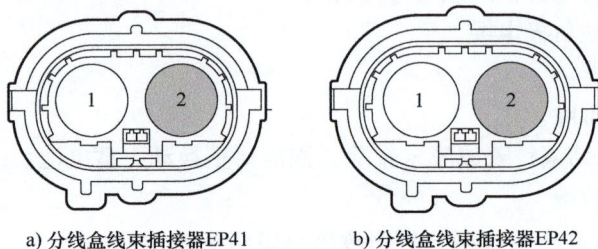

a) 分线盒线束插接器EP41   b) 分线盒线束插接器EP42

图 5-29　EP41、EP42 示意图

步骤 2：依次检查电机控制器、车载充电机、PTC 加热器、电动压缩机、充电接口正极对地电阻。

1）操作起动开关使电源模式至 OFF 状态。

2）拆卸维修开关。

3）用绝缘电阻表依次检查电机控制器、车载充电机、PTC 加热器、电动压缩机、充电接口正极与车身接地之间的绝缘电阻值（标准电阻值：大于或等于 20MΩ）。

4）确认测量值是否符合标准。

若不符合，则修理或更换故障部件；若符合，则进行步骤 3 继续检查。

步骤 3：检查分线盒负极高压线束。

1）操作起动开关使电源模式至 OFF 状态。

2）拆卸维修开关。

3）断开直流母线（动力蓄电池侧）的线束插接器 EP41。

用绝缘电阻表测试 EP41 的端子 2 与车身接地之间的绝缘电阻值（标准电阻值：大于或等于 20MΩ）。

4）确认测量值是否符合标准。

若不符合，则直接进行步骤 5 检查；若符合，则进行步骤 4 继续检查。

步骤 4：依次检查电机控制器、车载充电机、PTC 加热器、电动压缩机、充电接口负极对地电阻。

1）操作起动开关使电源模式至 OFF 状态。

2）拆卸维修开关。

3）用绝缘电阻表依次检查电机控制器、车载充电机、PTC 加热器、电动压缩机、充电接口负极与车身接地之间的绝缘电阻值（标准电阻值：大于或等于 20MΩ）。

4）确认测量值是否符合标准。

若不符合，则修理或更换故障部件；若符合，则进行步骤 5 继续检查。

步骤 5：检查动力蓄电池负极高压线束。

1）操作起动开关使电源模式至 OFF 状态。

2）拆卸维修开关。

3）断开直流母线（动力蓄电池侧）的线束插接器 EP42（图 5-29）。

4）用绝缘电阻表测试 EP42 的端子 2 与车身接地之间的绝缘电阻值（标准电阻值：大于或等于 20MΩ）。

5）确认测量值是否符合标准。

若不符合，则进行步骤 6 继续检查；若符合，则直接进行步骤 7 检查。

步骤 6：检查动力蓄电池负极高压线束。

1）操作起动开关使电源模式至 OFF 状态。

2）拆卸维修开关。

3）断开直流母线（动力蓄电池侧）的线束插接器 EP42。

4）用绝缘电阻表测试 EP42 的端子 1 与车身接地之间的绝缘电阻值（标准电阻值：大于或等于 20MΩ）。

5）确认测量值是否符合标准。

若不符合，则修理或更换故障部件；若符合，则进行步骤 7 继续检查。

步骤 7：更换动力蓄电池。

1）操作起动开关使电源模式至 OFF 状态。

2）断开辅助蓄电池负极电缆。

3）更换动力蓄电池。

4）确认故障排除。

故障排除，诊断结束。

【学习小结】

本项目主要介绍新能源汽车充电系统，包括理论知识与技能提升，重难点总结如下：

1. 电动汽车充电系统的组成与充电桩的分类。

2. 充电桩的组成与功能。

3. 快充模式充电系统与慢充模式充电系统的工作原理。

4. 车辆充电时需注意的事项。

5. 对实车上的故障进行检修。

本任务难点在于对实车的具体故障分析与诊断，考查学生对于理论知识的掌握情况与对实际故障情况的判断。

【知识巩固】

1. 电动汽车充电系统主要由哪些部分组成？

2. 简述电动汽车几种主要充电方式的优缺点。

3. 简述充电桩的分类。

4. 慢充和快充充电桩的区别是什么？

5. 简述充电时需要注意的事项。

项目六

动力蓄电池的废弃处理

【情景导入】

格林美股份有限公司（以下简称格林美）于2001年在深圳注册成立，是全国领先的废旧动力蓄电池电子回收利用及报废汽车循环利用企业。湖北荆门市格林美新材料有限公司（以下简称荆门格林美）是其从事废旧锂离子动力蓄电池再生利用的核心主体，建有10万 t/年的动力蓄电池回收处理生产线，主要回收处理废旧锂离子蓄电池、动力蓄电池企业的生产废料、废弃钴、镍资源及电子废弃物等，可循环再造动力蓄电池材料2万 t/年、硫酸镍4万 t/年、电解铜8000 t/年。

目前，荆门格林美再生利用生产线车间包括预处理车间、浸出车间、萃取车间、动力蓄电池材料车间、合成车间、热解车间、稀贵车间、废水车间、废渣处理车间等，其回收工艺流程如图6-1所示，主要采用湿法冶金技术对废旧锂离子动力蓄电池进行回收。

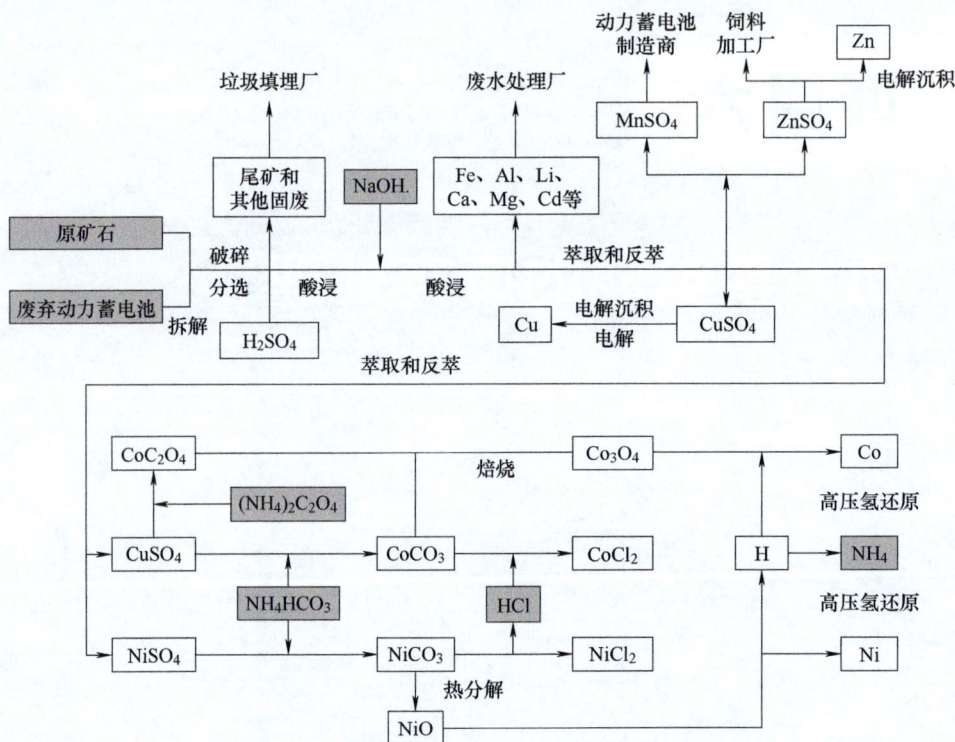

图6-1　荆门格林美废旧动力蓄电池回收工艺流程

任务一　动力蓄电池梯次利用与回收技术的总体认知

【任务描述】

动力蓄电池梯次利用与回收处于发展阶段，需要对其市场规模和发展趋势进行了解，把握新能源汽车动力蓄电池的废弃处理总体方向。

【学习目标】

知识目标	素养目标
1. 了解动力蓄电池退役与报废规模 2. 了解动力蓄电池梯次利用与回收利用技术 3. 了解现有企业发展进展	1. 培养学生对动力蓄电池梯次利用与回收视野 2. 培养学生的环保意识

【理论知识】

一、动力蓄电池退役与报废规模

我国新能源汽车自 2014 年进入爆发增长阶段，按照动力蓄电池 4~6 年使用寿命测算，2014 年生产的动力蓄电池在 2018 年开始批量进入报废期，2020 年我国产生约 12.9GW·h 的退役锂离子动力蓄电池，预计到 2025 年将产生 59GW·h 退役锂离子动力蓄电池。随着新能源汽车行业的不断扩大，动力蓄电池回收市场空间巨大。动力蓄电池报废高峰期将至，由于磷酸铁锂离子蓄电池应用时间较早，或将更早面临报废。

二、动力蓄电池梯次利用与回收利用技术发展现状

1. 国外发展现状

退役动力蓄电池梯次利用研究在美国、日本和欧洲的国家开展较早。1996 年，美国先进汽车联合会最早资助美国阿贡国家实验室从事电动汽车与动力蓄电池生命周期评价研究。2002 年，美国圣地亚国家实验室研究将二次电池考虑应用于储能应用。2010 年 9 月，日产汽车与住友商事株式会社成立了 4R 能源公司，共同研究电动汽车配备的退役动力蓄电池再利用技术，将其应用于储能系统。2011 年 1 月，日本的 CS 汤浅蓄电池科技有限公司、三菱商事株式会社、三菱汽车及 Lithium Energy Japan（LEJ）4 家公司启动三菱汽车用锂离子蓄电池回收再利用的实证实验。2015 年，德国博世集团利用宝马的 ActiveE 和 i3 纯电动汽车退役的动力蓄电池建造了 2MW/2MW·h 的大型光伏电站储能系统。2019 年，美国能源部（DOE）推出了美国首个锂离子动力蓄电池回收中心，称为 ReCell 中心，旨在通过动力蓄电池材料的回收再利用，将动力蓄电池成本降低至 80 美元/（kW·h），并从收集的动力蓄电池中回收 90% 的关键材料。总之，由于国外发达国家早就开始对动力蓄电池梯次利用进行研究，起步早且在相关领域技术比较成熟，不仅将回收的动力蓄电池用于电网储能领域，在部分家庭储能方面也已经完成商业化。

由于欧洲、美国和日本等发达国家和地区此前在铅酸蓄电池、锂离子蓄电池等的回收起步较早，建立的回收体系取得了良好效果，形成了由动力蓄电池生产企业承担动力蓄电池回收主要责任的生产者责任延伸机制，配套政策体系相对完善。在动力蓄电池企业承担主要责任的机制下，回收渠道的构建方式主要有 3 种：一是动力蓄电池制造商借助销售渠道搭建"逆向物流"回收渠道；二是通过共建行业协会、联盟来建立回收渠道；三是特定的第三方回

收公司自建回收渠道。其中，欧盟和美国主要通过行业协会或联盟来搭建动力蓄电池回收渠道，日本则主要由动力蓄电池企业通过"逆向物流"构建回收渠道。其回收模式如图 6-2 所示。

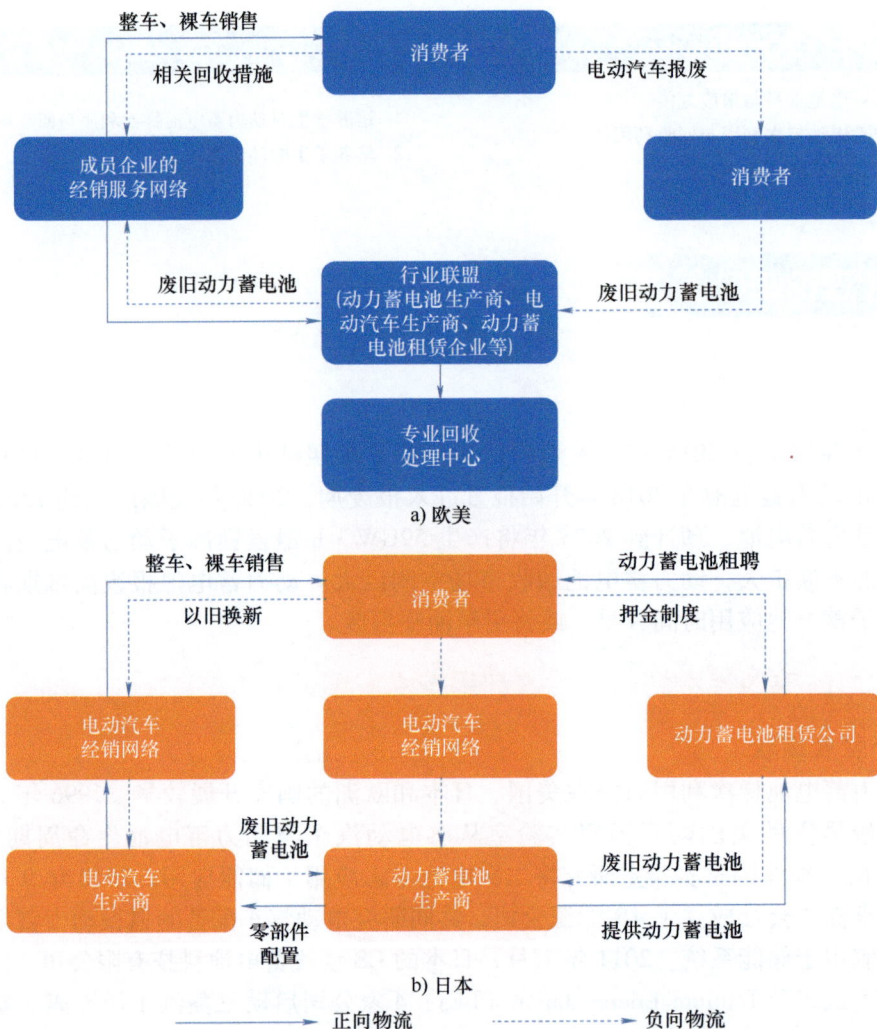

a) 欧美

b) 日本

图 6-2　发达国家和地区锂离子动力蓄电池回收模式

2. 国内发展现状

近年来，在国家政策的鼓励与扶持下，我国新能源汽车产业强势崛起，为我国汽车产业的调整带来了革命性的机遇。然而，动力蓄电池退役后，如何高效地评估、使用和维护这些动力蓄电池，是一个很复杂的综合系统工程。在电动汽车日益增多的今天，如何有效地回收和再利用动力蓄电池成为当务之急。当前，我国动力蓄电池回收利用网络尚不完善，动力蓄电池回收利用率较低。尽管国内具备动力蓄电池回收、拆解及再利用资质能力的企业数量在增多，动力蓄电池材料回收技术也不断迭代，但是动力蓄电池梯次利用与拆解回收收益并不乐观。

（1）梯次利用现状　我国目前梯次利用的动力蓄电池以磷酸铁锂离子蓄电池为主，三元材料蓄电池由于富含丰富的有价金属，通常直接拆解回收。退役动力蓄电池在储能和低速电动汽车等领域有着巨大的应用潜力，由于技术目前还相对不成熟，在梯次利用过程中仍存在安全问题。同时，由于缺乏行业与国家标准，不同类型动力蓄电池回收之后进行统一再利用存在困难期。

虽然梯次利用总体还处于示范性应用阶段，但目前国内已有了成功的案例。例如：由北京海博思创科技有限公司与国家电网北京市电力公司共同承担的项目，2008年北京奥运会退役的电动汽车锂离子蓄电池被用于360kW·h梯次利用智能电网储能系统的建设；国家电网河南电力公司利用回收的动力蓄电池在郑州市建立了混合微电网系统并联调成功，累计发电量超过45MW·h。经过前期示范性应用，目前国内动力蓄电池梯次利用已开始实现商业化应用突破。中国铁塔股份有限公司牵头组织10家梯次利用企业将退役动力蓄电池梯次利用于基站，2017年梯次动力蓄电池采购量达到0.3GW·h。煦达新能源科技有限公司在电网用户侧削峰填谷方面也已经取得市场突破，并率先建立了MW·h级的工商业储能系统项目，储能系统成本低于1元/（W·h），打开了用户侧储能的市场空间。

退役动力蓄电池梯次利用与拆解回收过程中面临的另一个重要问题是动力蓄电池的不一致性。一般而言，国内外不同汽车厂家的动力蓄电池技术路线和动力蓄电池结构差异较大，材料体系不同，产品电压、电阻和容量等性能也存在一定的差异，而且动力蓄电池的使用过程要求单体性质尽量保持一致，并且一个单体的损坏可能使整个动力蓄电池组要一并更换。此外，由于同类型动力蓄电池在循环充放电过程中，电压的不一致性将无法保证动力蓄电池组的使用安全，电阻的不一致性将造成单体蓄电池的工作环境不一致，而容量的不一致性会导致同类型、同批次的动力蓄电池因不同充放电深度而具有不同的使用寿命。因此，即使是同一批次的动力蓄电池，退役后仍无法保证各个单体蓄电池的性能一致。

退役动力蓄电池再利用前必须经过品质检测，将单体蓄电池分选分级，进行安全性评估、循环寿命测试等操作，重组后才可以被回收再利用。由于我国的动力蓄电池回收产业发展还处于探索阶段，前期废旧动力蓄电池在服役期间没有完整的数据记录，使再利用过程进行动力蓄电池使用寿命预测时，准确度可能会下降，这样动力蓄电池的一致性更加难以保障，测试设备、测试费用、测试时间、分析建模等成本也相应增加。此外，如果一些存在问题的动力蓄电池在筛选过程中没有被检验出来，再次被使用后会增加整个动力蓄电池系统的安全风险。

尽管很多回收企业设法通过各种途径从废旧汽车动力蓄电池的回收中获利，但由于现阶段梯次利用技术尚不成熟，在退役动力蓄电池的拆解，可用模块的检测、挑选、重组等方面的回收成本较高。同时，由于梯次利用动力蓄电池的一致性较差，需要增加一部分成本用于采购加强系统稳定性的设备。这些成本都是制约梯次动力蓄电池在储能产业取代新动力蓄电池推广发展的重要因素。数据显示，抽水蓄能和火电站的铅炭电池储能的成本在0.4元/（kW·h）左右，采用锂离子蓄电池储能的成本为0.7元/（kW·h）。对于动力蓄电池的梯次利用，以一个3MW·h的储能系统为例，在考虑投资成本、运营费用、充电成本、财务费用等因素之后，采用梯次利用的动力蓄电池作为储能系统蓄电池，系统的全生命周期成本为1.29元/（kW·h），而采用新生产的锂离子蓄电池作为储能系统的蓄电池，系统的全生命周期成本为0.71元/（kW·h）。

（2）拆解回收现状 梯次利用结束后是拆解回收环节，完全报废的动力蓄电池具有很高的回收价值。动力蓄电池的拆解回收包括两种不同的途径：一种是对金属的回收，另一种是对化合物的回收。其中，在对废弃动力蓄电池中的金属进行回收时，可以采用火法技术、湿法技术及生物技术。提取的金属合金既可以被直接用作动力蓄电池材料，也可以被进一步提炼合成新的动力蓄电池材料。然而，金属的回收需要从回收金属合金产生的矿渣中分离出来，并进一步处理才能提取。在回收废弃动力蓄电池中的化合物时，首先采用物理方法分离组分（塑料、钢、箔、电解质），然后选择适当的技术从组分中提取相应的化合物。该回收过程旨在广泛回收有价值的化合物，如电解质、隔膜和活性材料等。为了实现更低的回收成本，整个回收链必须变得更有效率，并且必须开发更有成本效益的回收技术。

目前，我国的拆解再生回收技术正日渐成熟，工业上主要以湿法为主。近年来，由于钴、镍等金属的价格不断上涨，让不少企业和资本看到了商机。目前，动力蓄电池回收领域主流参与企业包括以宁德时代新能源科技股份有限公司为代表的自建回收体系动力蓄电池生产厂商、以格林美为代表的第三方专业回收拆解利用企业，以及以赣锋锂业集团股份有限公司为代表的正积极布局中的锂离子蓄电池上游原料提供商。随着新能源汽车产业链的持续扩张，相关公司在进入动力蓄电池回收利用领域的同时，也在积极布局动力蓄电池材料生产领域。在拆解方面，湖北格林美、湖南邦普循环科技有限公司等开发了自动化拆解成套工艺，北京赛德美资源再利用研究院有限公司开发了电解液和隔膜拆解回收工艺，再生利用技术以湿法冶金及物理修复法为主。在湿法冶金方面，湖南邦普循环科技有限公司开发了"定向循环和逆向产品定位"工艺，湖北格林美开发了"液相合成和高温合成"工艺。在物理修复方面，北京赛德美资源再利用研究院有限公司对动力蓄电池单体进行自动化拆解、粉碎及分选，再通过材料修复工艺得到正、负极材料。同时，在行业协会过分强调动力蓄电池回收产值的引导下，越来越多的非相关社会资本在对产业没有充分了解的情况下纷纷入市。然而，废旧动力蓄电池在运输、仓储、处理及后期正规再利用的门槛很高，需要大量资金持续投入。因此，在目前国内动力蓄电池尚未形成完善的回收体系、商业化模式还在不断探索的阶段中，出现了没有生产资质但处于法律监管以外的回收企业，以非正规回收渠道混迹其中，极大地扰乱了动力蓄电池回收市场健康发展的秩序。

三、动力蓄电池梯次利用技术

随着电动汽车的使用，动力蓄电池性能逐渐下降，当其不能满足电动汽车使用要求时，就要从电动汽车上退役下来，随着电动汽车销量的快速增长，未来几年动力蓄电池的退役量也将快速增加。

电动汽车对动力蓄电池的技术要求几乎最苛刻，使用寿命、安全性、可靠性等都要求很高，在静态和动态使用上都有很高要求。汽车动力蓄电池经长期使用后，当动力蓄电池的容量下降到难以满足客户对续驶里程的要求的程度后，为了确保电动汽车的续驶里程、动力性能和运行过程中的安全性，就必须对动力蓄电池进行更换。在退役动力蓄电池中，很多还具有较高的剩余容量（动力蓄电池额定容量的 70%~80%），这些退役动力蓄电池经过重新评估、分选和重组后，有可能应用于使用工况更加温和的场景（低速电动汽车、电网储能、通信基站备用等），实现动力蓄电池的梯次利用。通过对动力蓄电池的梯次利用，可以让动力蓄电池的性能得到充分发挥，有效降低动力蓄电池在电动汽车使用阶段的成本，延长动力蓄电池的使用寿命，提升动力蓄电池的全寿命周期价值。将退役动力蓄电池应用于电网储能，还可降低储能系统的投资成本，有利于储能技术的推广和应用，为电化学储能技术的普及应用实现正反馈。

储能技术有助于解决太阳能、风能发电的间歇性和波动性问题，提高电力供应的连续性、稳定性，改善电能质量。以锂离子动力蓄电池为代表的电化学储能技术在储能领域应用上具有很大的技术优势，但其过高的成本成为电力储能技术推广应用的最大障碍。退役动力蓄电池的梯次利用为储能系统的低成本化提供了一种途径。电动汽车动力蓄电池的梯次利用可能产生新的应用价值，有可能降低电动汽车（主要是动力蓄电池部分）的初次采购成本，促进电动汽车的推广应用。梯次利用电动汽车动力蓄电池储能系统可降低储能工程造价，促进节能减排。退役电动汽车动力蓄电池的梯次利用很好地符合了环境保护的 4R 原则，即Recycle（循环使用）、Reuse（重复使用）、Reduce（减少使用）、Recover（回收资源或改变环境），具有潜在的经济价值及良好的社会价值。

1. 动力蓄电池梯次利用技术体系框架

动力蓄电池经过长期车载使用后，其容量或功率都出现一定程度的下降，为了确保电动汽车的动力性能、续驶里程和运行过程中的可靠性，就必须从电动汽车上退役。与新动力蓄电池相比，退役动力蓄电池的安全隐患增加，性能差异变大，动力蓄电池使用的边界条件也变得不同。因此，退役动力蓄电池在梯次利用之前，必须开展相关的技术研究，首先判定退役动力蓄电池能否梯次利用；然后分析梯次利用各环节的成本，进行量化评价；最后研究梯次利用动力蓄电池再退役条件，确保退役动力蓄电池合理地停止使用。

动力蓄电池梯次利用技术主要涉及以下 4 个方面：

1）能否用。不是所有的退役动力蓄电池都可以进行梯次利用，在进行梯次利用前，要评估退役动力蓄电池的安全性和剩余残值是否满足应用场景对动力蓄电池性能的要求。

2）怎么用。不同的退役动力蓄电池具有不同的状态，其使用的边界条件也不相同，研究并确定不同状态退役动力蓄电池在梯次利用过程中怎么使用，既要确保动力蓄电池使用过程中的安全性，又要充分发挥动力蓄电池的剩余性能。

3）值得用。梯次利用本身就是对动力蓄电池剩余残值的利用，因此要评估梯次利用过程中的成本与收益，评估动力蓄电池梯次利用的经济性。

4）停止用。在梯次利用过程中，动力蓄电池的性能会不断衰退，需根据退役动力蓄电池的性能衰退规律对其在使用过程中的状态进行预判，确定动力蓄电池性能何时不能满足应用场景的要求，此时应停止退役动力蓄电池的使用。

2. 目前主要技术和存在问题

从国内外梯次利用技术的探索和实践工作来看，其内容主要包括退役动力蓄电池性能评判、动力蓄电池的分选与聚类、动力蓄电池重组、储能系统集成、应用示范实证等多个技术环节。其采用的技术路线主要有以下两种：

（1）基于退役动力蓄电池单体的剩余残值梯次利用　首先，将收集到的退役动力蓄电池包进行拆解，对拆解后的动力蓄电池单体进行逐一测试；然后，按照动力蓄电池容量、内阻、自放电等外特性参数重新进行分选，并依据动力蓄电池单体外特性的相似度进行聚类；再后，对动力蓄电池进行重组并安装新的电、热及安全管理系统形成动力蓄电池包；最后，基于重组后的动力蓄电池包开展储能系统集成。技术案例：2022 年，南方电网公司与中天科技集团有限公司合资建设的退役动力蓄电池整包梯次利用集中式储能示范工程，选用纯电动客车退役动力蓄电池，建设了一座规模为 11.7MW/26.7MW 时的储能电站，相当于实现了 83 辆电动客车退役动力蓄电池的再利用。

（2）基于退役动力蓄电池包的剩余残值梯次利用　不进行退役动力蓄电池包拆解，直接将退役动力蓄电池包作为基本单元，进行特性检测和分类，进而将性能相似的动力蓄电池包进行聚类，而后实施动力蓄电池储能系统集成。技术案例一：2022年，特斯拉汽车销售服务（广州）有限公司发生工商信息变更，经营范围新增新能源汽车废旧动力蓄电池回收及梯次利用服务等，标志着特斯拉在中国正式部署动力蓄电池回收。2020年9月，特斯拉就在中国推出了动力蓄电池回收服务，承诺报废的锂离子蓄电池均不做填埋处理，可100%回收利用。技术案例二：2016年年底，德国博世集团利用宝马电动汽车退役动力蓄电池包，实现2MW·h梯次利用动力蓄电池储能系统集成，并开展示范应用。技术案例三：2017年7月，国家电网公司利用薛家岛充换电站退役动力蓄电池包，实现9 MW·h梯次利用动力蓄电池储能系统集成。

在早期，退役动力蓄电池包中各动力蓄电池单体间性能差异变大，动力蓄电池单体的剩余容量参差不齐，为实现动力蓄电池单体残值的梯次利用，技术路线（1）曾被普遍使用，但是，从实践结果来看，与新动力蓄电池集成相比，梯次利用还增加了拆解、检测、分选等额外工作量，且均有耗时、耗人、耗能等特点，这使梯次利用动力蓄电池系统的技术经济性常常低于新动力蓄电池系统。所以，目前该技术路线正逐渐被放弃。技术路线（2）由于可以充分利用退役动力蓄电池包中各个组件，降低了集成成本，该方法越来越被梯次利用实践者所采用。

未来将有大量的动力蓄电池不断退役，为社会提供了巨大的廉价储能动力蓄电池资源。同时，智能电网建设对技术经济性较高的储能动力蓄电池需求巨大。然而，时至今日，国内外各种实践并没有有效证明"退役动力蓄电池可以规模化梯次利用"命题的真伪性，许多人对梯次利用的前景既报有期盼，但同时对其可行性又充满疑虑，毕竟退役动力蓄电池梯次利用必须以经济性为前提。但是在目前条件下，与新动力蓄电池的储能系统集成与应用相比，梯次利用实践仍面临诸多问题。

1）梯次利用过程更为复杂。梯次利用的退役动力蓄电池来源广泛，且动力蓄电池种类和规格多样。梯次利用的集成商实际上对众多动力蓄电池特性一手数据及运行历史数据的缺失将使梯次利用过程中困难程度和复杂程度变大。

2）梯次利用动力蓄电池安全隐患大。动力蓄电池安全特性往往需要通过破坏性试验来判据。出自于同一生产线的新动力蓄电池，可以通过抽检的方法来判据同类动力蓄电池的安全状态。退役动力蓄电池之间性能差异大，且衰退原因复杂，抽检的方式不能反映动力蓄电池的安全状态，而逐一的破坏性安全检测又不可行，因此，为动力蓄电池后期应用留下安全隐患。

3）梯次利用动力蓄电池残值评估成本高。动力蓄电池容量等特性的细致评估过程比较复杂，且耗时、耗力。出自于同一生产线的新动力蓄电池，初始性能一致性好，可以通过抽检的方法来评判同类动力蓄电池的性能，性能评估过程成本低，且评估的信息内容精细。退役动力蓄电池之间性能差异大，抽检的方式不能反映动力蓄电池的残值性能，逐一检测成本过高。

4）梯次利用动力蓄电池重组成本高。新动力蓄电池的成组过程容易实现产线化、自动化，而退役动力蓄电池重组可能还要拆解旧模块，以及分选、聚类的流程，使重组过程环节多，工艺更加复杂。相比于新动力蓄电池，梯次利用重组不仅成本高，而且实现产线化、自动化难度极大。

5）新动力蓄电池技术经济性提高较快。近年来，新动力蓄电池价格不断下降，且性能在不断提升，而退役的旧动力蓄电池不仅技术水平远远落后，且动力蓄电池储能容量、功率能力及安全性能等均已经衰退，所以，留给梯次利用的提高经济性的操作空间很小。

3. 国内外相关政策和标准

世界各国均出台了新能源汽车推广过渡阶段的激励措施。我国近年来新能源汽车销量位居世界第一，很大部分原因归功于补贴政策体系的实施。因此，鉴于新能源汽车产业涉及能源安全和产业安全，世界多个国家均从国家战略层面提出针对新能源汽车的发展思路。

（1）国内相关政策和标准 近几年，国家出台了一系列政策法规，鼓励企事业单位积极开展动力蓄电池梯次利用的实践，同时规范行业和市场秩序。

在政策方面，国务院 2012 年 7 月出台的《节能与新能源汽车产业发展规划（2012—2020 年）》中明确规定：加强动力蓄电池梯级（梯次）利用和回收管理。2016 年，由国家发展和改革委员会等 5 部委发布的《电动汽车动力蓄电池回收利用技术政策（2015 年版）》对电动汽车动力蓄电池设计生产、回收、梯次利用、再生利用等方面均做出了规定，提出了促进动力蓄电池回收利用的政策措施。2018 年 3 月，工业和信息化部等 7 部委发布的《新能源汽车动力蓄电池回收利用管理暂行办法》明确了动力蓄电池维修更换阶段要求、回收阶段要求、报废阶段要求、所有人责任要求、收集要求、储存要求、运输要求、阶梯利用要求、阶梯利用动力蓄电池产品要求及再生利用要求。2018 年 7 月，工业和信息化部发布《新能源汽车动力蓄电池回收利用溯源管理暂行规定》，建立"新能源汽车国家监测与动力蓄电池回收利用溯源综合管理平台"，对动力蓄电池生产、销售、使用、回收等全过程进行信息采集，对各环节主体履行回收利用责任情况实施监测。

2017 年 5 月，国家标准化管理委员会发布的《车用动力电池回收利用拆解规范》对废旧动力蓄电池回收利用的安全性、作业程序、储存和管理等方面进行了严格要求，对规范我国车用动力蓄电池的回收利用及拆解、提高专业性技术、完善动力蓄电池回收体系等有重大意义。同年 8 月出台的《汽车动力蓄电池编码规则》《车用动力蓄电池回收利用余能检测》和《电动汽车用动力蓄电池产品规格尺寸》中对退役动力蓄电池梯次利用过程中的各项内容进行规定。其中，《电动汽车用动力蓄电池产品规格尺寸》使蓄电池单体、蓄电池组和动力蓄电池包的规格尺寸得以统一，降低动力蓄电池的回收难度；《汽车动力蓄电池编码规则》使动力蓄电池具备唯一性和可识别性，全生命周期可追溯成为可能；《车用动力蓄电池回收利用余能检测》为车用动力蓄电池的余能检测提供评价依据，有助于提供废旧动力蓄电池余能检测的安全性和科学性。

（2）国外相关政策和标准 美国政府通过立法支持新能源汽车技术发展，并将政府采购作为支持新能源汽车产业的重要手段。2012 年，美国启动电动汽车国家创新计划"EV everywhere"，明确表示将以纯电动汽车作为新能源汽车产业的主攻方向，把充电式混合动力汽车作为短期发展的主力车型。

【学习小结】

1. 梯次利用结束后是拆解回收环节，完全报废的动力蓄电池具有很高的回收价值。动力蓄电池的拆解回收包括两种不同的途径：一种是对金属的回收，另一种是对化合物的回收。

2. 退役汽车动力蓄电池的梯次利用很好地符合了环境保护的 4R 原则，即 Recycle（循环使用）、Reuse（重复使用）、Reduce（减少使用）、Recover（回收资源或改变环境），具有潜在的经济价值及良好的社会价值。

3. 动力蓄电池梯次利用技术主要涉及 4 个方面：

1）能否用。不是所有的退役动力蓄电池都可以进行梯次利用，在进行梯次利用前，要评估退役动力蓄电池的安全性和剩余残值是否满足应用场景对动力蓄电池性能的要求。

2）怎么用。不同的退役动力蓄电池具有不同的状态，其使用的边界条件也不相同，研究并确定不同状态退役动力蓄电池在梯次利用过程中怎么使用，既要确保动力蓄电池使用过程中的安全性，又要充分发挥动力蓄电池的剩余性能。

3）值得用。梯次利用本身就是对动力蓄电池剩余残值的利用，因此要评估梯次利用过程中的成本与收益，评估动力蓄电池梯次利用的经济性。

4）停止用。在梯次利用过程中，动力蓄电池的性能会不断衰退，需根据退役动力蓄电池的性能衰退规律对其在使用过程中的状态进行预判，确定动力蓄电池性能何时不能满足应用场景的要求，此时应停止退役动力蓄电池的使用。

4. 从国内外梯次利用技术的探索和实践工作来看，其内容主要包括退役动力蓄电池性能评判、动力蓄电池的分选与聚类、动力蓄电池重组、储能系统集成、应用示范实证等多个技术环节。所采用的技术路线主要有以下两种：①基于退役动力蓄电池单体的剩余残值梯次利用；②基于退役动力蓄电池包的剩余残值梯次利用。

5. 梯次利用实践仍面临以下诸多问题。①梯次利用过程更为复杂；②梯次利用动力蓄电池安全隐患大；③梯次利用动力蓄电池残值评估成本高；④梯次利用动力蓄电池重组成本高；⑤新动力蓄电池技术经济性提高较快。

【知识巩固】

一、单选题

动力蓄电池梯次利用技术主要涉及 4 个方面，说法正确的是（　　）。

A. 能否用。不是所有的退役动力蓄电池都可以进行梯次利用，在进行梯次利用前，要评估退役动力蓄电池的安全性和剩余残值是否满足应用场景对动力蓄电池性能的要求

B. 怎么用。不同的退役动力蓄电池具有不同的状态，其使用的边界条件也不相同，研究并确定不同状态退役动力蓄电池在梯次利用过程中怎么使用，既要确保动力蓄电池使用过程中的安全性，又要充分发挥动力蓄电池的剩余性能

C. 值得用。梯次利用本身就是对动力蓄电池剩余残值的利用，因此要评估梯次利用过程中的成本与收益，评估动力蓄电池梯次利用的经济性

D. 停止用。在梯次利用过程中，动力蓄电池的性能会不断衰退，需根据退役动力蓄电池的性能衰退规律对其在使用过程中的状态进行预判，确定动力蓄电池性能何时不能满足应用场景的要求，此时应停止退役动力蓄电池的使用。

二、简答题

简述梯次利用的含义。

任务二　动力蓄电池的回收处理

【任务描述】

本任务主要介绍动力蓄电池机械预处理技术、动力蓄电池人工预处理技术、火法冶金回收技术、湿法冶金回收技术、生物淋滤回收技术，让学生全面地学习预处理技术和回收技术。

对于动力蓄电池机械预处理技术，主要从粉碎和筛分、浮选和磁选、机械化学处理等方面进行介绍，需要熟悉这些机械预处理方法；对于动力蓄电池人工预处理技术，需要掌握物理分解、有机溶剂分解、高温煅烧、碱液溶解等方面的相关技术；对于火法冶金回收技术，需要熟悉包括常规火法焙烧技术和低温熔盐焙烧技术；对于湿法冶金回收技术，需要了解常规湿法浸出技术和绿色有机酸浸出技术；对生物淋滤回收技术，需要了解目前的发展情况。

【学习目标】

知识目标	素养目标
1. 熟悉动力蓄电池机械预处理技术 2. 掌握动力蓄电池人工预处理技术 3. 熟悉火法冶金回收技术 4. 熟悉湿法冶金回收技术 5. 了解生物淋滤回收技术	1. 培养学生的环保意识 2. 培养学生的爱国情怀

【理论知识】

锂离子蓄电池由于其结构复杂性及组分多样性，通常需要通过预处理工艺以便安全、高效地移除壳体，并对其有价值的部分进行收集和分类，有利于后续高效安全地回收利用。由于回收处理规模及回收目标的差异，预处理过程主要分为实验室和工业两个级别。实验室预处理方法以人工预处理为主，主要目的是采用简单、高效的方法从退役蓄电池中获得活性材料。在人工拆解得到极片后，分离集流体和活性材料的方法有物理分离、有机溶剂溶解、高温煅烧和碱液溶解等。工业预处理以机械分离方法为主，对蓄电池包进行分类、拆解、放电、粉碎、筛分、分离等一系列步骤得到动力蓄电池活性材料。其中，由于具有操作简单及可清洁性等优点，机械化学处理方法被用于预处理动力蓄电池。应值得注意的是，在预处理过程中需特别注意安全问题，尤其是在工业回收处理中。锂离子蓄电池预处理过程中主要涉及3种潜在危险，即起火、燃烧和爆炸，另外，还有化学危险，且危险系数会随着锂离子蓄电池能量密度和处理规模的增大而上升。

一、动力蓄电池机械预处理技术

1. 粉碎和筛分

为了减少废旧动力蓄电池的处理体积并富集有价值的组件，在工业回收过程中需对分类和拆解之后获得的大量蓄电池单体或蓄电池组进行粉碎处理。在粉碎过程中，所有组件都暴露在外，正极和负极碎片之间的接触会导致微短路。同时，由于粉碎过程的剧烈摩擦和高速冲击，会导致整个体系的温度可能升至300℃以上。在这样的高温条件下，电解质容易分解和挥发，从而产生有毒气体，如果存在潮湿的空气甚至可能生成氟化氢（HF）气体。为了提高粉碎过程的安全性，常通过空气滤清器（例如碱性溶液或活性炭）、电除尘、布袋式除尘和气体排放物净化收集，以避免二次污染。

为了减少这些潜在的危害，在粉碎之前或粉碎过程中应进行预防措施。粉碎之前，先在盐溶液中充分放电以去除剩余电量，从而减少漏电危险。除了预先放电预处理外，还可以在盐溶液中进行粉碎，即通过湿法粉碎降低废旧动力蓄电池的反应活性和减少废气排放。与干法粉碎相比，湿法粉碎具有更高的安全性，但由于水流的冲刷作用，细颗粒部分中存在更多的杂质。使废旧动力蓄电池失去活性的另外两种替代方案即在惰性气体或低温液氮下粉碎，以防止在蓄电池单体或动力蓄电池组粉碎期间可燃气体组分的释放而引起爆炸。

筛分是一种对粉碎后的废旧动力蓄电池初步分离和富集有价金属元素的预处理过程。根据动力蓄电池组分的性质，可使用多种分选筛，大致分成细颗粒（<1mm）和粗颗粒（>1mm）两种。通常，粗颗粒主要包含塑料、隔膜、铝箔和铜箔，细颗粒主要是正极和负极活性材料。

2. 浮选和磁选

经粉碎和筛分后，废旧锂离子蓄电池的不同组分已经实现了初步分离和富集。基于它们不同的物理特性（包括密度、磁性、热性质、湿润性和电磁行为等），需要进一步进行分选以去除杂质，并提高后续步骤回收处理效率。

动力蓄电池在浸出之前没有取出钢，而是被粉碎。在浮选池中进行浸出。浸出时间过后，打开空气阀，让气泡浮在塑料上。在图6-3a中可以看到，当气阀关闭时，没有任何物质漂浮，但当气阀打开时（图6-3b），塑料被分离。

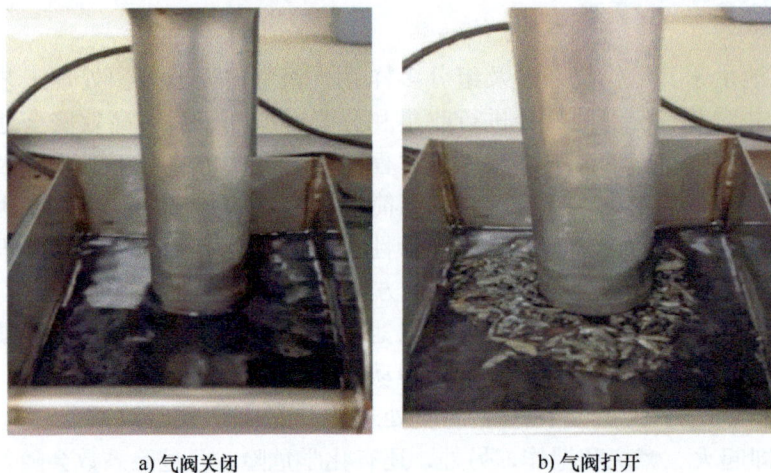

a) 气阀关闭　　　　　　　　　b) 气阀打开

图6-3　浮选池中的浸出

如前述实验室预处理所述，使用热处理工艺可以去除材料中除活性粉体材料外的其他物质，包括黏合剂、导电碳和电解质等。应注意，煅烧温度和气氛对于预处理过程有着重要的影响，因此必须严格控制。在较低的温度（<600℃）下煅烧不足以分解有机杂质，而过高的温度会氧化集流体铝（Al）箔，在活性材料表面形成氧化铝（Al_2O_3），会导致随后的回收处理过程引入杂质铝。空气气氛中煅烧对锂过渡金属氧化物的结构影响不大，只有废旧磷酸铁锂（LFP）材料中的 Fe^{2+} 氧化成 Fe^{3+}。相比之下，在真空或还原性气氛中热处理会降低正极材料中过渡金属离子的价态，有利于随后的湿法浸出过程。

重力分选方法是常见的一种分离方法，其基本原理是具有不同尺寸和密度的混合物会在一定的分离介质中形成不同的运动状态。对于筛分后具有相同粒度的不同组分，密度差异性对于实现有效的重力分离是至关重要的。在废旧锂离子蓄电池的组分中，低密度部件主要有隔膜、塑料和铝箔等。影响分离效率的另一个主要因素是空气流速。

磁选分离在矿物冶金和动力蓄电池回收领域是一种十分重要的分离手段，采用以磁选为主的低温、低能耗的方法，从废旧锂离子蓄电池中回收有价值金属。首先将废旧动力蓄电池进行放电和破碎处理，以释放锂离子蓄电池的电极组分，然后通过低强度磁选机分离蓄电池钢壳等铁磁性材料（图6-4a）。轻组分的塑料和碳负极，可通过去离子水浮选法对蓄电池材料进行洗涤分离（图6-4b）。对水浸后的残渣进行筛分（图6-4c~e）、稀土辊磁选处理（图6-5）、涡流磁选处理（图6-6）。由于钴基正极材料具有磁性，而铜与碳负极是非磁性材料，因此可以通过稀土辊磁选有效地分离蓄电池负极（铜箔和碳）和正极（铝箔和正极粉末）。基于正极材料与铝、铜、碳等的电磁性差异，涡流磁选分离技术可高效分离出正极材料。

a) 浮选前去除的动力蓄电池钢壳

b) 浮选过程分离的塑料和碳负极

c) 筛分得到的+4目部分

d) 筛分得到的-4目、+16目部分

e) 筛分得到的-16目、+50目部分

（目：指筛网单位标准）

图6-4　磁选分离

3. 机械化学处理

机械化学是由机械能引起的化学反应，在化学反应中主要通过剪切、摩擦、冲击、挤压等手段，对固体和液体等凝聚态物质施加机械能，诱导其结构及物理化学性质发生变化，并诱发化学反应。与普通热化学反应不同，机械化学反应的动力是机械能而非热能。无论是在干介质还是湿介质中，高能量研磨是通过提供机械力以诱导化学反应的最广泛使用的方法，

a) +4目中的非磁性部分　　b) +4目中的磁性部分　　c)−4目、+16目中的非磁性部分

d)−4目、+16目中的磁性部分　　e)−16目、+50目中的非磁性部分　　f)−16目、+50目中的磁性部分

图6-5　稀土辊磁选处理

a)−16目、+50目中的电磁部分　　b)−16目、+50目中的非电磁部分　　c)电磁且非磁性部分　　d)非电磁且非磁性部分　　e)电磁且磁性部分　　f)非电磁且磁性部分

图6-6　涡流磁选处理

包括球式、行星式、振动式、针式和轧机等各种研磨类型。由于具有高能量密度、操作模式简单及可清洁性等优点，行星式球磨机特别适用于机械化学反应。机械化学反应已被广泛应用于矿物工程、萃取冶金、化学工程、材料工程和废弃物管理。机械化学反应的主要机理是减小粒径、增加比表面积和破坏材料晶体结构。具体来说，在废旧动力蓄电池的回收中，机械化学反应通常用作预处理，以两种方式提高回收率：第一种是破坏正极材料的晶体结构，这有利于随后的浸出，使浸出反应即使在室温下也能发生；第二种是与其他共研磨试剂反应形成可溶性化合物。

由于机械化学法简单且经济地使用溶剂，被认为对废旧动力蓄电池的回收是实用且环保的。值得注意的是，球磨的高能耗需要与其在开发和应用该方法中的生产率相平衡。大多数上述预处理方法来自采矿业，其研究方法和设备已经成熟，可以推广用于废旧动力蓄电池的回收。此外，由于退役锂离子蓄电池组成的复杂性和单种方法的局限性，经常将一系列预处理方法结合使用，以获得最佳分离结果。

二、动力蓄电池人工预处理技术

对于锂离子蓄电池人工预处理过程，首先要对蓄电池单体进行较为简单的人工拆解。通常用刀和锯等工具在密封的杂物箱中拆解单体废旧动力蓄电池，在盐溶液中充分放电及用

DMF（N,N-二甲基甲酰胺）等溶剂回收电解质溶液后，人工分离得到动力蓄电池的正极、负极、隔膜和外壳。拆解过程中仅使用相对简单的保护措施，如佩戴安全眼镜、口罩和手套等，以应对安全问题。

由于后续回收处理过程的需求，锂离子蓄电池人工预处理过程的重点集中在分离集流体和活性材料，通常使用物理分离、有机溶剂溶解、高温煅烧和碱液溶解 4 种分离方法。

1. 物理分离

物理分离主要通过粉碎和筛分粗略地分离集流体和活性材料。例如，采用一种绿色、简单的工艺，以再生废旧磷酸铁锂离子蓄电池的活性材料（$LiFePO_4/C$ 和乙炔黑），如图 6-7 所示。

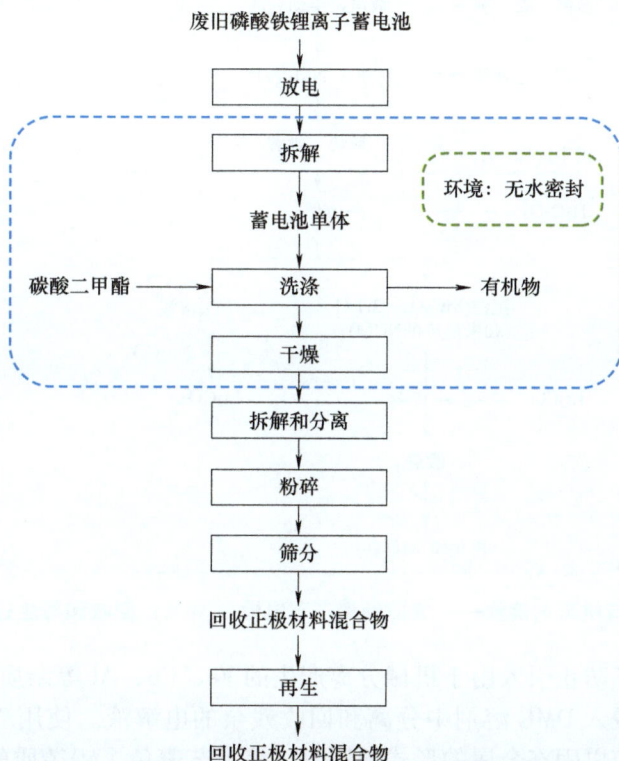

图 6-7　物理分离——废旧磷酸铁锂离子蓄电池（LFP）回收和再生过程流程

通过机械粉碎直接分离正极材料混合物和铝箔，该过程无须酸/碱浸出。首先将废旧磷酸铁锂离子蓄电池放电到 0.5V，在干燥和密封的环境中用角磨机拆解、分离蓄电池。在 DMC 溶液（碳酸二甲酯）中清洗 3 次后，在 95℃环境中干燥 24h，去除黏附在正极材料表面的电解质溶液。经人工分离正极后，用粉碎机粉碎、筛分去除集流体铝粉。回收的正极活性材料在 N_2 环境中依次经过 300℃环境中 2h 和 750℃环境中 7h 两步热处理工艺即可实现直接再生。

2. 有机溶剂溶解

有机溶剂溶解是通过使用有机溶剂除去黏结剂，从而使活性材料易于从正极片上剥离下来。根据相似相溶原理，聚偏氟乙烯（PVDF）易溶于某些有机溶剂，因此研究者通常采用有机溶剂溶解 PVDF。有研究发现，N-二甲基乙酰胺（DMAC）、N-甲基-2-吡咯烷酮（NMP）、N,N-二甲基甲酰胺（DMF）等有机溶剂对铝箔和正极材料的分离效果较好。实验结果表明，3 种有机溶剂均可以溶解 PVDF，且溶解度随温度的升高而增大。其中，DMAC 对 PVDF 的溶解度最高，30℃时，溶解度可达96g/L，70℃时增加到214g/L。温度低于50℃时，PVDF在NMP中的溶解度较低，只有64g/L，当温度高于50℃时，其与DMAC的溶解效果接近。在70℃时，PVDF在NMP中的溶解度为210g/L。对于DMF，当温度低于50℃时，具有比NMP更好的PVDF溶解效果，30℃时溶解度为86g/L。NMP是最常见的用来溶解PVDF黏结剂的有机溶剂。例如，使用NMP溶剂溶解有机黏结剂的方法实现了正极材料和集流体的分离（图6-8）。

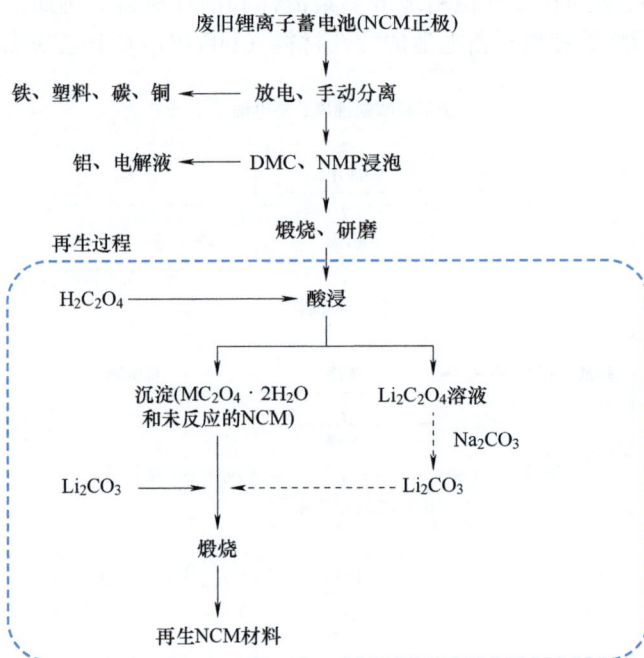

图6-8 有机溶剂溶解——废旧锂离子蓄电池（NCM）回收和再生过程流程

在放电之后，为了防止引入由于机械分离产生的Fe、Cu、Al等杂质，人工分离了正极和负极，然后将正极片浸入DMC溶剂中分离和回收残余的电解液。使用NMP溶剂从铝箔上分离废旧正极材料，铝箔以固态金属的形式被回收。该工艺避免了铝杂质的引入，同时NMP溶剂可以被多次回收、再利用。分离后得到的正极粉末经700℃煅烧去除碳和剩余的黏结剂。同时，对煅烧过程中产生的废气进行收集和纯化，以减少对环境的污染。

NMP有机溶剂的毒性和高成本限制了其大规模应用，由此研究者致力于探索更环保的溶剂作为NMP的替代品。由于具有低蒸气压、高热稳定性和优越的溶剂化性质，离子液体（IL）被认为是有希望的NMP的替代品。离子液体通常由有机阳离子和无机或有机阴离子组成。已有相关报道表明，离子液体可以应用于废弃印刷电路板的拆解等废物回收过程。

3. 高温煅烧

高温煅烧是一种分离正极材料和铝箔简单且有效的方法。由于PVDF在350℃时开始分解，并且在600℃下完全分解。因此，可以通过在400~600℃的较低温度范围内煅烧处理，以去除PVDF黏结剂。

借助高温直接煅烧的方法可以实现$LiCoO_2$正极材料从集流体上的有效分离（图6-9）。首先将废旧动力蓄电池在含有铁粉的饱和Na_2SO_4溶液中浸泡24h充分放电，然后在密封的杂物箱中人工拆解。在用DMF溶剂、稀碱溶液和水依次进行三级喷雾净化后，将密封箱中的电解质废气释放到空气中，通过离心提取蓄电池中残留的电解液。人工分离、洗涤和干燥后，直接回收干净的隔膜和蓄电池外壳，干净的正极和负极需要进一步粉碎。粉碎后的正极材料在空气中400℃下煅烧1h去除黏结剂PVDF，然后用50目筛网筛分后，大部分正极粉末与Al箔分离。进一步洗涤后回收Al箔。经球磨后用400目筛网筛分，分离得到的正极粉末在空气中800℃下进一步煅烧2h，以除去乙炔黑。

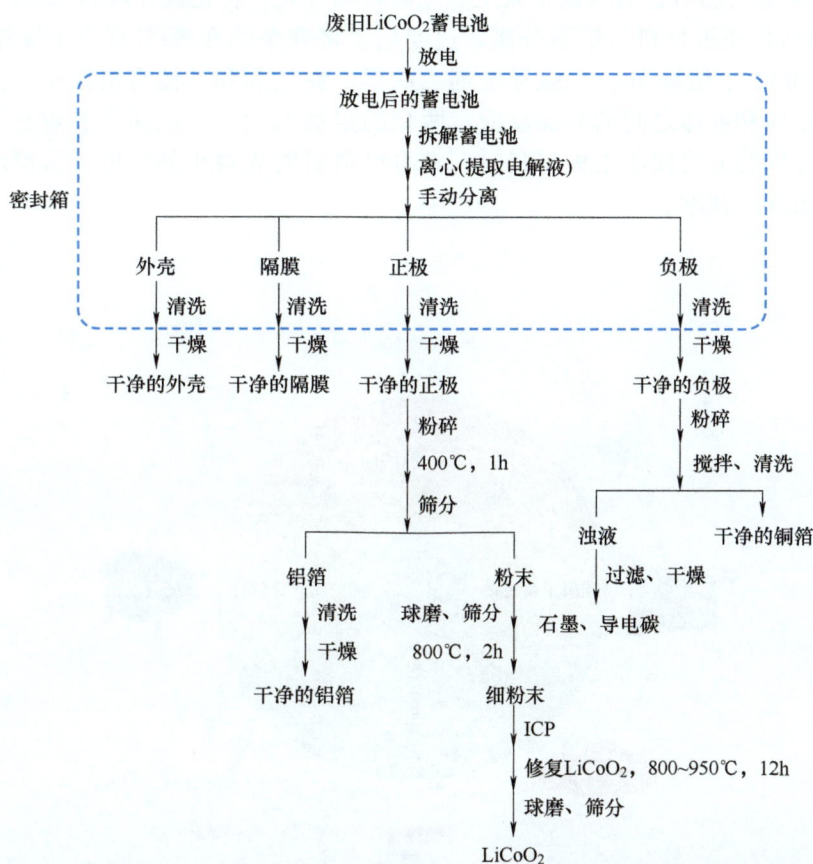

图6-9　高温煅烧——废旧 LiCoO₂ 蓄电池（LCO）回收和再生过程流程图

4. 碱液溶解

碱液溶解是指利用具有较强腐蚀性的碱性化学试剂集流体溶解，最终有效快速分离活性材料和集流体的一种预处理方法。例如，铝箔可以溶解在碱性溶液中，而正极活性材料和PVDF黏结剂保持不变。但是采用这种方法，铝箔不能直接以金属形式回收。有研究人员使用NaOH溶液溶解集流体，从而获得了正极活性材料。将废旧锂离子蓄电池完全放电并人工拆解，以分离正极、负极、隔膜和外壳。然后，将正极片切成小片并在室温下进行干燥，再粉碎，在400℃下加热1h，接着进行筛分，得到铝箔和粉末。最后，对粉末进行筛分、球磨、高温加热、ICP等操作得到 LiCoO₂。

用6%（质量分数）的 NaOH 溶液浸出。这个过程中发生的化学反应见式（6-1）和式（6-2）

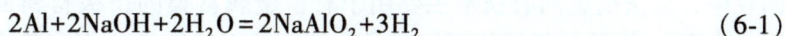

$$2Al+2NaOH+2H_2O=2NaAlO_2+3H_2 \tag{6-1}$$

$$Al_2O_3+2NaOH=2NaAlO_2+H_2O \tag{6-2}$$

铝箔完全溶解后，通过过滤收集正极材料样品，随后于马弗炉中 650℃ 的空气气氛下煅烧 3h 去除有机物。通过废气回收装置处理煅烧过程中可能产生的有害气体。经煅烧后，将样品研磨至能通过 0.15mm 的筛网，并用于后续元素提取。

又有研究团队研究了一种简单绿色的闭环过程来回收混合正极材料（LCO、LMO、NCM），在预处理阶段（图 6-10），他们将废旧 18650 蓄电池和软包蓄电池浸泡在饱和 Na_2SO_4 溶液中放电，然后在通风橱中人工拆除塑料和外壳。将正极片浸入 2mol/L 的 NaOH 溶液中 2h 后，将活性正极材料与铝箔分离。过滤后，将残余物在 80℃ 真空干燥箱中干燥 24h，并在马弗炉中 700℃ 下煅烧 5h，去除导电剂乙炔黑、黏结剂和其他有机杂质。由于后续的湿法浸出过程是固体和液体之间的界面反应，两相的接触面积对反应速率有着显著的影响，因此在使用湿法浸出的方法回收正极材料时，常将材料研磨成较小的粒度，从而增加接触表面面积，加快浸出反应速率。

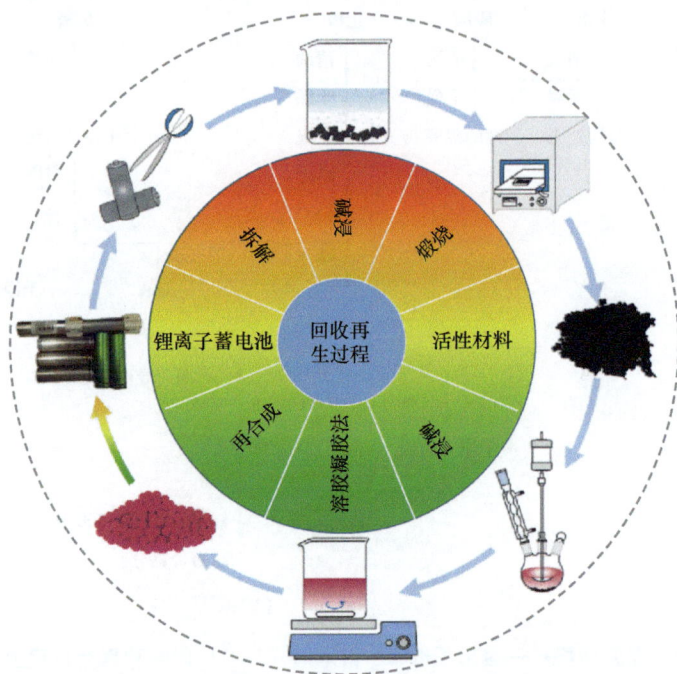

图 6-10 锂离子蓄电池回收过程

通过以上介绍的预处理方法可以获得纯度较高的蓄电池活性材料黑粉，使后续湿法回收工序的有价金属回收率大幅度提高。因此，研究开发系列高效短程且环境友好的蓄电池预处理技术，可为废旧锂离子蓄电池的破碎效率、清洁生产、高效回收等瓶颈技术提供有力支撑。

三、火法冶金回收技术

1. 常规火法冶金技术

传统火法冶金回收技术是指在高温或高温-还原性气氛焙烧条件下，物料经历氧化、还原、分解、挥发等一系列的物理、化学变化，从而得到目标产物的技术。在废旧锂离子蓄电池的回收中，火法冶金回收技术主要用于有价金属富集的正极材料回收处理，利用正极材料在高温或高温-还原性气氛焙烧环境中晶体结构的不稳定性，将高价态难溶于酸或水的过渡金属元素氧化物转化为低价态易溶于酸或水的氧化物，甚至可将其转化为金属单质或合金，进而将有价金属富集回收。

从焙烧的反应物料角度出发，火法冶金回收常用的技术包括高温裂解法、熔盐焙烧法及还原性物质存在的高温还原焙烧法等；基于焙烧环境气压的不同，可以分为常压冶金回收和真空冶金回收。常压冶金回收在大气中进行，真空冶金回收在低于标准大气压的密闭环境中进行。

利用传统火法冶金处理废旧锂离子蓄电池时，由于正极材料中的锂沸点相对较低，容易气化，在高温焙烧过程中可能以气态的形式逸出，造成有价金属的流失。负极材料中的锂和石墨也会在高温作用下挥发或分解，造成资源的浪费。电解液中的有机溶剂在高温作用下，会挥发或燃烧分解为水和二氧化碳等气体排放，电解质在空气中加热会迅速分解，生成含氟烟气和烟尘向外排放。所以针对不同物化性质的正极材料、负极材料及电解液，有不同的回收技术及处理步骤。

火法冶金回收技术可以高效率、流程短地运用于工业化处理，但同时有耗能大、生成污染性气体和废渣等缺点，而且经过高温冶金处理的正极材料，其有价金属可能存在于炉灰等物质中，造成资源的浪费。更为重要的是，火法处理后的正极材料一般是以合金或氧化物的形式回收，需要对其进行进一步湿法处理，以提高整体回收工艺的经济效益。

2. 低温熔盐焙烧技术

常规的火法冶金回收技术存在耗能大、有价金属流失及生成污染性气体等缺点，基于常规的火法冶炼技术，新型复合焙烧技术通过多种回收技术耦合的方式，可以有效降低常规火法冶炼中的能源消耗，还可以将易挥发的锂金属进行回收。低温熔盐焙烧法一般应用于正极材料的回收处理，即利用正极材料在熔盐环境中发生的化学转化反应，将原来高价态不溶的化合物转化为低价态可溶的盐及氧化物。酸式硫酸盐（$Na_2S_2O_7$、$NaHSO_4$、$K_2S_2O_7$、$KHSO_4$）在一定温度下焙烧，可以生成 SO_3，锂离子蓄电池正极材料在 SO_3 气氛下稳定性会降低，由高价态不溶物转化为低价态的可溶硫酸盐，从而通过湿法冶金手段将有价金属有效回收，进一步以焙烧产物为原料，通过高温固相合成等方法实现电极材料的再生。

常规火法焙烧虽然具有高效、流程短等优点，但其耗能大、有污染已然成为限制其继续发展的因素。避免常规火法焙烧的缺点，构建新型复合焙烧技术，实现有价金属的循环利用，是废弃锂离子蓄电池火法冶金回收技术未来的发展方向。随着我国大力提倡可持续发展，全面大力推进生态文明建设，在环保的前提下增加经济效益成为新的研究热点。研究废弃锂离子蓄电池材料在不同火法冶金回收技术的应用，将有助于回收体系的完善。下一步需要对焙烧过程和浸出过程中物相发生演变的内在驱动力展开进一步的研究，还需构建其在多相反应的复杂动力学，并对焙烧过程中的物理和化学演变做更深入的分析，进而了解正极材料的动态分解与浸出过程，为工业化的回收提供理论指导。同时，应积极发展废旧锂离子蓄电池的全组分火法回收技术，与目前常用的湿法回收技术形成立体化的优势互补，构建完整的回收技术路线和理论基础。

四、湿法冶金回收技术

湿法冶金回收技术是指将矿石、经选矿富集的精矿、蓄电池废料或其他原料经与液相反应体系相接触，通过化学反应将原料中所含的有价金属从固相转入液相，然后采用化学沉淀、萃取等方式将溶解于液相中的有价金属富集分离，最后以金属盐化合物的形式加以回收利用的技术。目前，废旧锂离子蓄电池种类较多，由于正极材料的物理性质和化学性质存在差异，所以针对不同的动力蓄电池，正极材料有着不同的回收方法和处理手段。正极材料中各种元素含量不一，以前大多是单一正极材料的回收研究，近来有许多学者将研究重点转移至混合电池材料回收。针对多元的动力蓄电池正极材料，湿法冶金回收技术在废旧锂离子蓄电池回收、金属元素提取及材料工业中具有日益重要的地位，也是目前我国废旧锂离子蓄电池工业化回收的主要技术路线。

从废旧锂离子蓄电池正极材料的湿法回收技术路线来说，具体操作流程可分为浸出过程、富集过程、分离过程、重新合成制备等步骤。其中，浸出过程包括酸浸出和碱浸出。在常规的湿法冶金回收技术过程中，酸浸出大多以无机酸为浸出剂，以过氧化氢（双氧水）等为还原剂将高价态不溶化合物还原溶解；碱浸出以氯化铵等氨基体系溶剂为浸出剂，以亚硫酸铵等为还原剂与正极材料中的过渡金属元素形成络合物，从而将有价金属从原来的稳定化合物中选择性浸出。分离过程包括萃取剂分离、化学沉淀分离、电沉积分离等。分离后，将回收得到的化合物经过水热合成或固相烧结得到新的电极材料或其他附加值高的产物，从而形成由废弃二次资源到新材料合成的闭环回收利用体系。废旧锂离子蓄电池的负极材料湿法回收与正极材料不同的是，负极材料中的有价金属锂可以通过简单的酸浸出实现有价金属的提取，而不用添加还原剂等手段，且将有价金属锂提取后，不溶性的石墨经过简单的过滤或热处理就可以回收。

1. 常规湿法浸出技术

（1）湿法浸出 湿法浸出是湿法冶金回收过程中最初始的操作步骤，也是最重要的处理工序。经过湿法浸出可以将有价金属从稳定的电极材料化合物中转化为易溶于溶液介质的离子形态，从而为后续分离纯化过程提供便利。湿法浸出一般包括酸浸出和碱浸出两种浸出体系，酸浸出由于浸出效率高、浸出剂选择性大、反应体系成熟而受到极大的关注，也是目前正极材料回收的热点。在传统的湿法浸出过程中，作为浸出剂的无机酸主要有硫酸、盐酸、硝酸、磷酸和氢氟酸等；用于浸出剂的碱主要有氨水和硫酸铵等；用到的还原剂主要包括过氧化氢、亚硫酸钠、亚硫酸氢钠、硫代硫酸钠、氯化铵等。依据酸浸出过程浸出剂的不同，可将湿法浸出分为硫酸、盐酸、硝酸、磷酸和氢氟酸等酸浸体系。在碱性溶液的浸出下，也可以将废弃锂离子蓄电池的电解液进行回收再利用。通常将预处理后的电解液与碱液混合，利用它们之间产生的化学反应，最后生成稳定的氟盐与锂盐，接着通过一系列的后续方法将电解液进行无害化处理，最后回收利用。

（2）选择性萃取 萃取是指用溶剂从固体或液体混合物中提取所需要物质的一种物理、化学手段，通常有液-固萃取和液-液萃取两种方式。在废旧锂离子蓄电池正极材料浸出和萃取过程中，一般是以液-液萃取的方式进行的。在液-液萃取中，存在两类萃取剂，即有机萃取剂和反应性试剂。有机萃取剂的萃取原理是利用物质在两种互不相溶（或微溶）的溶剂中溶解度和分配系数的差异，使物质从一种溶剂内转移到另一种溶剂中，从而达到提取、分离和纯化的目的，通常在水或酸性溶剂中进行。反应性试剂的萃取原理是利用试剂与被提取物间发生的化学反应达到分离和提纯的目的，通常用于性质不同物质间的分离。将正极材料浸出后，向浸出液中加入萃取剂，利用金属离子（Li、Ni、Co、Mn）在有机相和水相中溶解度或分配系数的不同，将特定的金属离子从水相提取到有机相，达到选择性分离的效果，这一过程称为选择性萃取。

在实际萃取分离操作中，镍和钴的分离萃取应用比较多，一方面由于回收镍和钴产生的经济价值较高，另一方面镍和钴同属于第Ⅷ族第三周期，化学性质较为类似，因此传统的化学处理手段难以将其很好地分离。经过多级萃取后，分离物质的纯度可以满足应用的需求。在浸出过程中，正极材料中的有价金属经过湿法浸出进入浸出液后，不可避免地会带来杂质元素，不止有价金属元素可以通过萃取的方式实现选择性分离和提纯，其中的杂质也可以通过萃取的方法加以分离，但萃取剂的价格高，较为昂贵，且在萃取过程中对操作环境有潜在威胁，因此在降低萃取成本、提高产物纯度的再利用方面，可以采取多方法联用，以实现低成本的选择性纯化和分离。

（3）化学沉淀 化学沉淀是利用浸出液中的有价金属在不同沉淀剂中溶解度的不同，将不同溶解度的有价金属离子形成难溶化合物，进而实现其分离和提纯的一种方法。化学沉淀在提纯和分离中有较高的效率，也是最简单、性价比较高的一种回收处理方式。化学沉淀不止可以将有价金属离子沉淀，也可以将浸出液中的杂质离子去除，从而为后续的其他处理方法提供便利。

在正极材料浸出液的分离、回收过程中，过渡金属的分离依赖于在不同 pH 值下的溶解度不同，一般先将杂质金属离子沉淀去除后，将过渡金属在不同 pH 值下回收，最后使用碳酸钠饱和溶液或其他沉淀剂将浸出液中的锂离子回收。利用有价金属元素（Li、Ni、Co、Mn）在不同 pH 值的赋存形式差异，可以设计相关的化学沉淀回收工艺路线。

（4）其他处理方法 除了常用的选择性萃取和化学沉淀处理方法，大多数分离流程为萃取与化学沉淀法联用，也可采用电化学沉积（也称为电沉积）和液膜分离等方法将浸出液中有价金属分离回收。电化学沉积是指在外电场的作用下，电流通过正极材料浸出溶液，有价金属元素经氧化还原反应在电极上形成镀层，进而提纯回收。液膜分离是以液体膜为分离介质，利用各组分在液膜内溶解或扩散能力的不同，从而达到分离的目的。对于浸出液的分离和回收，一般是使用化学萃取和化学沉淀联合使用的方式将有价金属分离回收。

无论是化学沉淀还是萃取剂萃取，其反应速率均较低，而且额外的再萃取和沉淀提纯都将使反应的流程复杂化。所以可以通过电沉积的方法，在浸出液中利用电沉积技术，将有价金属钴以电积钴的形式析出。

随着人们对正极材料浸出研究的深入，多种处理方法被相继提出，但如何与未来大规模的回收处理进行好的切入，需要进行细致的分析。现有的处理技术中，运用较多的技术是选择性萃取和化学沉淀，未来的技术可能在电沉积与其他方式联用方面进行突破。在处理方式上如何实现绿色环保，还能以较低的运营成本回收，需要对浸出后的再处理建立完整的理论框架。有价元素和杂质离子在处理过程中的赋存形式的演变机理需要进行进一步归纳，Li、Ni、Co 和 Mn 的难溶体系和萃取体系还应该进一步完善。借助传统矿物冶金的方式，该领域未来研究应聚焦于颠覆性和创新性技术，从而实现短程、高效、绿色的有价金属材料再生。

2. 绿色有机酸浸出技术

在常规的湿法浸出中，无机酸虽然浸出率较高，但在浸出过程中会产生对环境不友好的废水、废渣和有害气体，对生态环境和人类健康都造成了极大的威胁。基于对天然可降解绿色浸出剂的需求，北京理工大学课题组首次采用绿色环保的有机酸为浸出剂，并依据浸出剂对正极材料浸出的机理不同，将有机酸划分为螯合功能（两个或两个以上配位原子的多齿配体与同一个金属离子形成螯合环的化学反应）有机酸、还原功能有机酸、沉淀功能有机酸和其他有机酸，并进行了积极的探索和研究。利用有机酸将有价金属浸出后，以浸出液或回收产物代替反应原材料，进行电极材料的再合成，从而实现废旧锂离子蓄电池的闭环回收。

（1）有机酸浸出

1）螯合功能有机酸。螯合功能有机酸是正极材料的有价金属元素在浸出过程中与有机酸的官能团产生螯合作用，且在浸出过程中，螯合作用在浸出因素中占主要影响作用，从而促进正极材料中目标金属元素高效浸出的有机酸。一般来说，常见的螯合功能有机酸主要包括柠檬酸、苹果酸、琥珀酸、天冬氨酸等。

作为天然可降解的有机酸，螯合功能有机酸除酸性较弱的天冬氨酸外，相较于传统的无机酸，在生态环保和绿色高效方面占有明显的优势。如果考虑以大自然中价格相对低廉的有机酸为浸出剂，其更具有成本上的优势。相比于传统浸出过程中钴的浸出率低于锂的浸出率，琥珀酸可以实现钴元素近乎100%的回收，不仅对废旧锂离子蓄电池正极材料回收技术路线有极大提升，而且可用于负极材料有价金属的高效回收，更可以为其他固体废弃物的再利用提供新的回收思路。

2）还原功能有机酸。还原功能有机酸主要是指在浸出过程中，可以代替还原剂，增加浸出效率，促进高价态过渡金属转化为低价态的有机浸出剂。还原功能有机酸主要包括抗坏血酸和乳酸等。

将有价金属以金属螯合物形式回收后，还可以通过共沉淀法制得蓄电池正极材料前驱体，通过固相合成重新合成新的电极材料。在乳酸酸浸的过程中，与还原性强的抗坏血酸相比，其体系中使用了还原剂过氧化氢，但相比于其他有机酸浸出中过氧化氢的使用量，乳酸浸出过程使用了更少量的过氧化氢，这也从另一方面证实了乳酸是一种具有还原功能的有机酸。

3）沉淀功能有机酸。沉淀功能有机酸主要是指正极材料在有机酸的浸出过程中，金属离子与有机基团生成沉淀物，从而促进浸出效果和增加回收效率的一种有机酸。较为常见的沉淀功能有机酸为草酸，因为草酸可以和过渡性金属离子生成草酸盐沉淀，与锂生成的草酸锂可以溶于水，通过此方法可以实现锂和过渡性金属的选择性分离。

4）其他有机酸。不同于功能分明的螯合功能、还原功能及沉淀功能的有机酸，一般有机酸在浸出过程中的反应机理为多种功能耦合，所以将其归纳为其他有机酸。除了上述有机酸外，还有许多有机酸已被用于废旧锂离子蓄电池电极材料的回收利用，例如马来酸、乙酸、三氯乙酸、酒石酸、氨基乙酸、甲酸、苯磺酸等。除了使用单一的有机酸为浸出剂，也可用多种有机酸混合对电极材料中的有价金属进行提取。

（2）电极材料再生　有机酸将有价金属浸出后，通过共沉淀、溶胶凝胶等合成方法，以浸出液或回收产物代替反应原材料，重新制备新的前驱体或蓄电池材料，从而实现废旧锂离子蓄电池的闭环回收。

1）固相合成法。利用萃取或化学沉淀的方式将浸出液中的杂质去除后，以固定摩尔比添加相应的镍盐、钴盐和锰盐等，然后在络合剂的作用下，调节体系pH值以生成前驱体后，再添加锂盐，利用固相合成法经高温共焙烧形成新的电极材料。其合成路线与技术与新电极材料的合成路线相同。在合成过程中，三元材料相比于钴酸锂对反应的条件和气氛比较严格。因此，三元的固相合成不仅要控制各种金属源的添加比例，还要控制合成过程中的反应参数。

2）水热合成法。水热合成法是指温度为100~1000℃、压力为1MPa~1GPa条件下，利用水溶液中物质化学反应所进行合成的方法。在亚临界和超临界水热条件下，由于反应处于分子水平，反应活性提高，因而水热反应可以替代某些高温固相反应，从而得到高温固相合成得不到的具有特殊形貌的电极材料。水热合成法相比于固相合成法，其反应的气氛不用调节，因此在合成三元材料方面有其独特的优点，而且利用水热合成可以调控产物的形貌，相比于固相合成的方法更为简洁和方便。

3）溶胶凝胶法。溶胶凝胶法是一种常用的合成电极材料的方法，该方法一般采用适当的无机盐或有机盐作为母体，加入适量螯合剂使母体经历水解、聚合、成核和生长等过程形成溶胶，然后在一定条件下凝胶化，经干燥和热处理后得到产品。溶胶凝胶法的优点是各组分可达原子级的均匀混合，产品化学均匀性好、纯度高、化学计量比可精确控制、热处理温度低且时间短，缺点是过程控制复杂、不易于大规模工业应用，目前主要用于实验室的合成研究。

4）其他回收方法。利用电极材料浸出液除了合成新的电极材料，也可以合成新的高附加值的化工产品或具有特殊结构的 MOF（Metal Organic Framework）材料或特殊性能的催化剂等材料。废旧锂离子蓄电池的高值化利用，应该立足于国家的重要需求或高附加值材料的研发。通过提升废旧正极材料回收再利用的体系，将回收得到的产物价值最大化，可以促进工业回收的发展进程。高值化的再利用应该与回收技术相衔接，以国家需求和市场需求为目标，设计短程、高效、高值化的回收技术路线，实现废旧锂离子蓄电池的全组分利用，是下一代回收技术的重要研究方向之一。

五、生物淋滤回收技术

生物淋滤是一种既古老而又年轻的工艺技术。在细菌被发现之前，生物浸矿提铝已经进行了许多个世纪，当时人们并不知道细菌和生物浸出的存在，仅凭经验进行生物提铝。人类对细菌浸出的真正认识是在 20 世纪 50 年代，比电子计算技术还要晚，因而它又是相对年轻的技术。20 世纪中期，西方国家率先开展生物淋滤溶出及回收难浸提矿石中有价金属的研究。所谓生物淋滤浸提矿石，是指利用微生物的自然代谢过程，将矿石中的有价元素选择性浸出，直接高效制取高纯度金属的方法，主要应用于传统技术无法处理的低品位矿、废石、多金属共生矿等。1983 年第五届细菌浸出国际会议上将其正式命名为生物冶金。自 20 世纪 60 年代开始，国外已实现从低品位矿石中生物浸提铜、铀、金的大规模工业化应用；我国在王淀佐院士、邱冠周院士的带领下，一些科研院所（中南大学、东北大学、北京有色金属研究总院、中国科学院过程工程研究所等）在硫化矿生物冶金方面取得了重大突破，同时在紫金山铜矿、新疆喀拉通克、云南墨江等地也实现了生物提取铜、金、镍的工业化生产。目前世界上 25% 的再生铜源自生物冶金。

近年，南京农业大学周立祥教授团队建立了用于城市污泥重金属脱除的生产性生物淋滤浸提示范工程。越来越多的研究者尝试将生物冶金用于不同涉重危废中有价金属的浸提回收，尤其是回收价值高的失效材料类涉重危废，例如废旧蓄电池、废旧电子电路板和失效催化剂等（图 6-11）。与硫化矿不同的是，重金属危废基本都是氧化物或氢氧化物，它们并不能为嗜酸自养菌株（菌群）提供生长代谢所需的能源，所以，在生物浸提重金属危废的过程中，需要加入硫黄和/或黄铁矿等无机能源底物，这一生物浸出过程也被称为生物淋滤。生物淋滤通常以廉价的硫黄、黄铁矿等为能源底物，以自养嗜酸的硫氧化菌和铁氧化菌为工作菌株，在常温、常压的温和条件下实现目标金属离子的溶释，具有投资小、易操作、绿色安全、经济高效的特点。与火法冶金与传统湿法冶金相比，生物淋滤技术具有的主要优势见表 6-1。

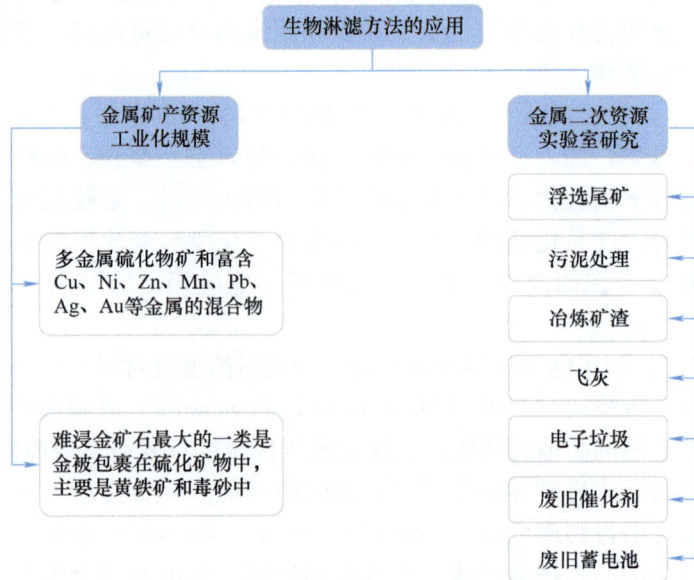

图 6-11 生物淋滤浸提技术的应用情况

表 6-1 涉重危废中有价金属回收工艺比较

工艺类型	技术介绍	处理对象	处理特点
火法冶金	高温熔融、低温凝结从固相中提取金属或其化合物	视目标金属类型不同，其浓度 10%～20% 或更高	耗能极大，污染严重，材质要求很高，操作条件苛刻
传统湿法冶金	利用强酸从固相提取目标金属，再通过电解、吸附、萃取进行分离提纯	视目标金属类型不同，其浓度 5%～10%	回收效率高，环境污染小，易于量产；但设备要求高，操作条件苛刻，安全风险大
生物淋滤	微生物作用（包括氧化、还原、络合、酸解等）溶释固相中有价金属	目标金属浓度即使 1% 或更低也可胜任，对于固相组分没有特殊要求	常温常压进行、经济高效、环境友好、绿色安全

目前，生物淋滤技术在废旧锂离子蓄电池方面的研究大多集中于废旧锂离子蓄电池的生物淋滤影响因素的研究、淋滤过程条件优化的研究及淋滤过程机理的研究，在动力学方面以及淋滤液中金属回收的研究较少，研究目标大多集中于钴酸锂离子蓄电池的金属回收上，而通过生物淋滤技术对废旧磷酸铁锂、废旧三元蓄电池材料中的金属回收的研究较少。生物淋滤技术运用于废旧锂离子蓄电池的回收利用的研究还处于探索试验阶段，还需要进一步研究。

如何在高固液比条件下，有效提高溶释效率，同时减少淋滤时间，是生物淋滤技术在废旧锂离子蓄电池应用中面临的一大难题，也直接影响该技术的实际运用。尽管生物淋滤技术具有化学浸提法（酸或有机络合剂）不可替代的优越性，但是现阶段生物淋滤技术没有火法冶金和湿法冶金成熟，有许多问题亟待解决，如微生物的培养条件比较苛刻、浸出效率低、培养时间长、生物淋滤滞留时间长等，这些缺点依然会限制其商业应用。该法还有待进一步改进，需要研发出能够实现大规模工业化生产的工艺。

【学习小结】

一、机械预处理技术

机械预处理技术主要包括粉碎和筛分、浮选和磁选、机械化学处理。

二、人工预处理技术

对于锂离子蓄电池人工预处理过程，首先要对蓄电池单体进行较为简单的人工拆解。通常用刀和锯等工具在密封的杂物箱中拆解单体废旧动力蓄电池，在盐溶液中充分放电及用DMF（N,N-二甲基甲酰胺）等溶剂回收电解质溶液后，人工分离得到动力蓄电池的正极、负极、隔膜和外壳。拆解过程中仅使用相对简单的保护措施，如佩戴安全眼镜、口罩和手套等，以应对安全问题。

由于后续回收处理过程的需求，锂离子蓄电池人工预处理过程的重点集中在分离集流体和活性材料，通常使用物理分离、有机溶剂溶解、高温煅烧和碱液溶解 4 种分离方法。

三、火法冶金回收技术

从焙烧的反应物料角度出发，火法冶金回收常用的技术包括高温裂解法、熔盐焙烧法及还原性物质存在的高温还原焙烧法等；基于焙烧环境气压的不同，可以分为常压冶金回收和真空冶金回收，常压冶金回收在大气中进行，真空冶金回收在低于标准大气压的密闭环境中进行。

四、生物淋滤回收技术

与火法冶金与传统湿法冶金相比，生物淋滤技术具有的主要优势见表6-1。

【知识巩固】

一、单选题

不属于电极材料再生常见方法的是（　　　）。
A. 固相合成法
B. 水热合成法
C. 溶胶凝胶法
D. 高温还原焙烧法

二、判断题

1. 草酸可以和过渡性金属离子生成草酸盐沉淀，与锂生成的草酸锂可以溶于水，通过此方法可以实现锂和过渡性金属的选择性分离。（　　　）
2. 在浮选中，打开空气阀，让气泡浮在塑料上，塑料被分离。（　　　）

三、问答题

1. 动力蓄电池火法冶金、湿法冶金、生物淋滤，分别有哪些特点？
2. 动力蓄电池预处理方法包括哪些？分别有什么作用？

参考文献

［1］蔡泽光，刘猛洪，张文光，等. 新能源汽车电池及管理系统检修 ［M］. 北京：机械工业出版社，2021.

［2］魏莹，龙华，张瑞云. 动力电池管理与维护技术 ［M］. 镇江：江苏大学出版社，2018.

［3］谭婷，李建平. 新能源汽车电池及管理系统检修 ［M］. 北京：机械工业出版社，2019.

［4］李丽. 动力电池梯次利用与回收技术 ［M］. 北京：科学出版社，2020.

新能源汽车电池及管理系统检修任务工单

姓　名＿＿＿＿＿＿＿＿＿＿＿＿＿

班　级＿＿＿＿＿＿＿＿＿＿＿＿＿

学　号＿＿＿＿＿＿＿＿＿＿＿＿＿

机械工业出版社

目 录

任务工单一 动力蓄电池分解和拆装

任务名称	动力蓄电池分解和拆装	学时	4学时	班级	
学生姓名		学生学号		任务成绩	
实训设备、工具及仪器	熔丝盒、密封条、绝缘材料、可移动总成升降台、动力蓄电池组、充电器、起重工具、隔离带、黄色警示锥桶	实训场地	理实一体化教室	日期	
任务描述	必须满足一些组织前提条件才允许对动力蓄电池组进行有针对性的修理工作。这些前提条件既涉及经销商,也涉及维修人员。拆卸动力蓄电池组前,技术人员应查看汽车厂家维修信息里有关该部件的拆卸和更换内容。有些维修信息数据库单独列出了拆卸与更换程序中的具体部件注意事项。技术人员还应当查看已发布的车辆技术服务公告,并查看是否有相关的最新问题影响拆卸与更换程序				

一、资讯

1. 动力蓄电池包一般由_____、_____、_____、_____和_____等组成。

2. 动力蓄电池系统主要用于_____和_____由外置充电装置和制动能量回收装置提供的电能,并通过高压配电模块连接动力蓄电池组件,为_____、_____、_____、_____等用电设备提供电能。

3. 串联电池组和并联电池组分别用在什么场合?

4. 蓄电池管理系统的作用是什么?

二、计划与决策

请根据故障现象和任务要求,确定所需要的检测仪器、工具,并对小组成员进行合理分工,制订详细的诊断和修复计划。

1. 实训设备、工具及仪器

2. 小组成员分工

3. 工作计划

三、任务实施

1. 检查现场环境，设置隔离，设立警示标识

检查现场操作环境，周边不得有易燃物品及与工作无关的金属物品，并在维修车辆周围设置隔离，无关人员不得进入现场。与工作无关的工具不得带入工作场地，必须使用的金属工具，手持部分要进行绝缘处理。在地面或车辆附近明显位置放置"高压危险"警示牌。

2. 检查辅助绝缘用具

1）绝缘手套。选择正确电压等级的绝缘手套（绝缘等级为 1000V/300A 以上）。观察绝缘手套的表面是否平滑，应无针孔、裂纹、砂眼、杂质等各种明显的缺陷和明显的波纹；观察绝缘手套是否出现粘连的现象；检查绝缘手套有无漏气现象。

2）绝缘帽。选择正确电压等级的绝缘帽，观察绝缘表面有无破损，监督人员和操作人员应戴好绝缘帽。

3）绝缘鞋。选择正确电压等级的绝缘鞋。检查绝缘鞋的表面及鞋底有无破损。监督人员和操作人员应穿好绝缘鞋。

4）护目镜。选择正确电压等级的护目镜。观察护目镜面有无破损、刮花。护目镜的宽窄和大小要适合使用者的脸型。监督人员和操作人员应戴好护目镜。

5）绝缘垫。检查绝缘垫表面有无裂痕、砂眼、老化等现象，放置绝缘垫并用绝缘电阻表检测绝缘性能，绝缘值大于 $500M\Omega$。

3. 检查仪器仪表（放电工装、万用表、绝缘电阻表）

1）检查万用表。万用表线束和表面应无破损，然后进行校零。

2）检查绝缘电阻表。

4. 关闭电源开关，将钥匙放在安全处

5. 断开辅助蓄电池负极线

断开辅助蓄电池负极线，负极电缆接头用绝缘胶布包好。辅助蓄电池负极桩头用盖子盖好或用绝缘胶布包好。

6. 断开维修开关并妥善保管

断开维修开关并妥善保管。放置车辆 5~10min，对新能源汽车的高压电容器进行放电。一般来说，新能源汽车设置有维修开关，断开维修开关才可对新能源汽车进行维修。断开维修开关时，需要穿戴好绝缘防护用品，并用盖子将接口封好或用绝缘胶布将维修开关接口封好。

7. 断开动力蓄电池高、低压线束

穿戴好绝缘防护用品，先断开动力蓄电池低压线束，再断开高压线束（母线）。例如，对于北汽新能源汽车 EV200 来说，断开低压线束后，可以分 3 步将高压线束断开。第 1 步将蓝色的卡子向车辆前方扳动；第 2 步将棕色套子向前部扳动；第 3 步将棕色卡子向内用力按住，然后将线束向车辆前方拔出。

8. 验电、放电

断开动力蓄电池母线后，需要对动力蓄电池的母线进行验电。如果母线有残余电荷，需用放电设备进行放电，以确保动力蓄电池母线无电。

9. 准备车辆

1）技术人员在准备车辆时通常应做好以下工作：

① 确保拉紧车辆的驻车制动器手柄。

② 关闭车辆的驱动系统（READY/OFF）。

③ 断开车辆的辅助蓄电池连接。

④ 留出足够的时间让变频器电容充分放电。

⑤ 拆下车辆的维修开关。

2）许多混合动力汽车和纯电动汽车须在车辆辅助蓄电池断开连接之前和/或之后采取特殊的防护措施。这些防护措施包括但不限于：

① 关闭车辆的驱动系统后（READY/OFF），须等待维修手册中规定的时间，才可断开辅助蓄电池连接。

② 断开辅助蓄电池连接后，须等待规定的时间，才能进行车辆作业。

③ 某些客车或货车的舱门须保持打开，才能将车辆的辅助蓄电池重新连接上，而且舱门不能用机械钥匙打开。在这种情况下，技术人员必须让舱门保持打开状态，并采取措施以确保舱门不会无意中被其他人关上。

④ 有些汽车制造商要求锂离子蓄电池包在拆卸之前必须放电到规定的荷电量（SOC）以下。有些制造商要求技术人员在动力蓄电池包拆卸之前必须检查其温度传感器的温度显示，确保动力蓄电池包温度降至规定温度以下。

10. 检查准备

① 绝缘手套破裂：

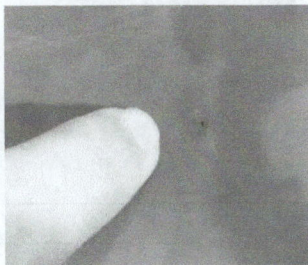

故障现象：＿＿＿＿＿＿＿＿＿＿＿＿＿＿＿＿＿＿＿＿＿＿＿＿＿＿＿＿＿＿＿＿＿＿＿＿＿＿

故障维护：＿＿＿＿＿＿＿＿＿＿＿＿＿＿＿＿＿＿＿＿＿＿＿＿＿＿＿＿＿＿＿＿＿＿＿＿＿＿

② 绝缘帽损坏：

故障现象：_____

_____

故障维护：_____

_____

③ 绝缘垫表面有裂痕：

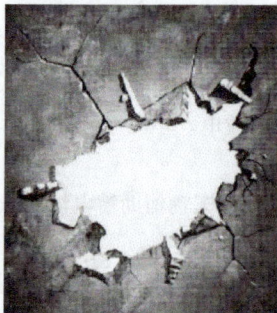

故障现象：_____

_____

故障维护：_____

_____

④ 断开维修开关：

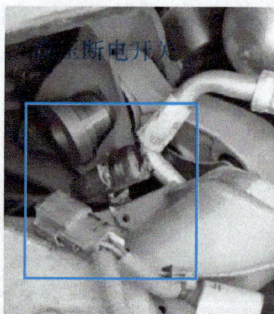

故障现象：_____

_____

故障维护：_____

_____

11. 故障排查方法

进行动力蓄电池系统诊断时，应利用故障诊断仪读取动力蓄电池包的数据，并配合接线板进行实测，通过最终数据判断是动力蓄电池故障，还是电源管理控制器、高压配电箱或其他组件故障。如果单体动力蓄电池电压值异常，单体电压过高会导致无法充电，单体电压过低会导致断电保护。在充电过程中，单体最高电压应低于 3.8V；在行车过程中，单体电压低于 2.2V 会断电保护，低于 2.4V 时系统报警。如果单体动力蓄电池温度异常，温度过高会导致无法充电（高于 65℃时会进行充电保护）。

（1）外观及漏电检测　进行动力蓄电池包外观是否损坏、漏液，以及动力蓄电池包对外绝缘电阻的检测。动力蓄电池包对外绝缘电阻的要求如下：

　　1）绝缘电阻值的要求。在动力蓄电池的整个使用寿命内，根据标准计算方法计算得到绝缘电阻值，必须大于 $100\Omega/V$。

　　2）测试前要求。在整个测试过程中，动力蓄电池的开路电压等于或高于其标称电压值，动力蓄电池两极应与动力装置断开。

　　3）测量工具。能够测量直流电压的电压表，其内阻应大于 $10M\Omega$。

故障诊断与排除：
_____
_____
_____

　　（2）蓄电池管理器故障症状与可能原因

　　1）故障症状：纯电动汽车的蓄电池管理器发生故障时，会导致高压系统内接触器不能工作，使车辆失去动力而不能行驶，同时位于仪表盘的动力系统故障指示灯亮。

　　2）故障可能原因：造成蓄电池管理器故障的主要原因是电源供电异常、搭铁不良或控制器自身损坏。

故障诊断与排除：_____
_____
_____

　　（3）高压配电箱故障症状与可能原因

　　1）故障症状：

　　① 高压配电箱内接触器或继电器存在故障时，会导致高压系统内接触器不能工作，使车辆失去动力。

　　② 位于仪表盘的动力系统故障指示灯亮。

　　2）故障可能原因：接触器自身线圈损坏或者控制电路接触不良。

排除方法：检修电路，更换高压配电箱。

故障诊断与排除：
_____
_____
_____
_____

四、检查

　　1. 检查是否能正确检测动力蓄电池故障并检修，如不能，请说明原因。
_____
_____
_____

　　2. 检查是否能够通过工具排查动力蓄电池内部故障，检测操作是否正确。
_____
_____
_____

五、评估

项目	评价指标	自评	互评
专业技能	能够维护动力蓄电池	□合格　□不合格	□合格　□不合格
	能够进行动力蓄电池故障排查	□合格　□不合格	□合格　□不合格
	掌握蓄电池管理器常见故障诊断	□合格　□不合格	□合格　□不合格
工作态度	能够严于律己执行标准作业	□合格　□不合格	□合格　□不合格
	能够主动分析推理	□合格　□不合格	□合格　□不合格
	具备安全操作意识	□合格　□不合格	□合格　□不合格
个人反思		完成任务的质量、时间是否达到最佳程度，针对不足之处提出个人改进建议	
教师评价	教师签字　　　　　年　月　日	成绩	
		□合格　　□不合格	

任务工单二　电源电气系统检修

任务名称	电源电气系统检修	学时	4 学时	班级	
学生姓名		学生学号		任务成绩	
实训设备、工具及仪器	数据解析终端、螺钉旋具套装、防静电设施	实训场地	理实一体化教室	日期	
任务描述	电源电气系统主要包括低压线束和高压线束，高压线束可以根据不同的电压等级配置于电动汽车内部及外部线束连接。主要应用配电盒内部线束信号分配，高效、优质地传输电能，屏蔽外界信号干扰等。高压线束是新能源汽车高压系统的神经网络，非常重要				

一、资讯

1. 动力蓄电池电源系统由_____、_____、_____和_____等组成。

2. 低压蓄电池系统由_____、_____、_____、_____、_____组成。

3. 屏蔽高压线可减少_____、_____对整车系统的影响。

4. 根据高压线束的特性，以高压电器为中心对高压线束进行划分，可分为_____、_____、_____等。

5. 绝缘电阻是指_____的____。绝缘电阻值为两个测试点之间及其周边连接在一起的各项关联网络形成的_____。检测绝缘电阻是为了_____。

6. 在 ISO 国际标准《ISO 6469-3：2001 电动汽车安全技术规范第 3 部分：人员电气伤害防护》中，规定电动汽车上的高压部件应具有_____。

7. 纵观各种高压用电器和高压元件的结构，高电压给人身带来伤害的可能性主要有两种：_____、_____。

二、计划与决策

请根据故障现象和任务要求，确定所需要的检测仪器、工具，并对小组成员进行合理分工，制订详细的诊断和修复计划。

1. 实训设备、工具及仪器

2. 小组成员分工

3. 工作计划

三、任务实施

1. 高压线束的检查

① 波纹管损坏：

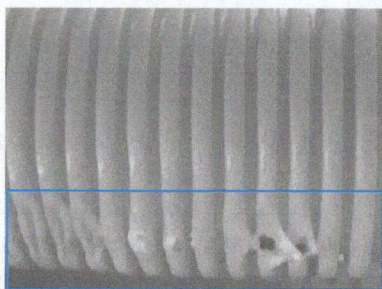

故障现象：_____

_____

故障维护：_____

_____

② 电缆过度折痕：

故障现象：_____

_____

故障维护：_____

_____

③ 电缆磨损、割破：

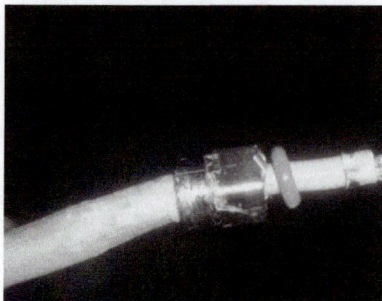

故障现象：_____

_____

故障维护：_____

④ 插接件损坏：

故障现象：_____

故障维护：_____

⑤ 插接件积尘：

故障现象：_____

故障维护：_____

⑥ 热缩管/胶布松脱：

故障现象：_____

_____

故障维护：_____

_____

2. 绝缘故障排查方法

如果电动汽车发生了绝缘故障，具体排查方法如下：

蓄电池管理系统报出绝缘故障，若报文显示为动力蓄电池内部绝缘故障，则_____。若不是，则_____，因为蓄电池管理系统不能指出具体是哪个零部件的故障。

若怀疑是驱动电机总成绝缘故障，用_____分别测量_____，是否存在短路或者阻抗过低的情况。观察万用表欧姆档阻抗是否大于 30MΩ 或者无穷大，如果是，则_____，观察万用表 1000V 档位对应的测量值是否大于 2MΩ。如果是，则电驱绝缘正常，如果否，则是_____。

其他高压部件的排查方法与驱动电机总成的类似。

3. 高压互锁常见故障及排除

① 线束错误导致开路

故障诊断与排除：_____

_____

_____

② 互锁开关失效导致开路

故障诊断与排除：_____

_____

_____

③ 端子退针导致开路

故障诊断与排除：_____

_____

_____

④ 对地/电源短路

故障诊断与排除：_____

_____

_____

⑤ 动力蓄电池内部故障

故障诊断与排除：_____

_____

_____

四、检查

1. 检查是否能正确进行高压线束故障诊断与检修，如不能，请说明原因。

_____

2. 检查是否能够通过 PWM 波形排查高压互锁故障，检测操作是否正确。

_____

五、评估

项目	评价指标	自评	互评
专业技能	能够维护高压线束	□合格　□不合格	□合格　□不合格
	能够进行高压绝缘故障排查	□合格　□不合格	□合格　□不合格
	掌握高压互锁常见故障诊断	□合格　□不合格	□合格　□不合格
工作态度	能够严于律己执行标准作业	□合格　□不合格	□合格　□不合格
	能够主动分析推理	□合格　□不合格	□合格　□不合格
	具备安全操作意识	□合格　□不合格	□合格　□不合格
个人反思		完成任务的质量、时间是否达到最佳程度，针对不足之处提出个人改进建议	
教师评价	教师签字　　　　　年　月　日	成绩	
		□合格　　　　□不合格	

任务工单三　比亚迪秦 Pro EV 蓄电池管理系统故障诊断与检修

任务名称	比亚迪秦 Pro EV 蓄电池管理系统故障诊断与检修	学时	4 学时	班级	
学生姓名		学生学号		任务成绩	
实训设备、工具及仪器	数据解析终端、螺钉旋具套装、防静电设施	实训场地	理实一体化教室	日期	
任务描述	蓄电池管理系统是电动汽车动力蓄电池系统的重要组成部分。蓄电池管理系统是对动力蓄电池进行监控和管理的系统，通过对电压、电流、温度以及 SOC 等参数采集和计算，进而控制动力蓄电池的充、放电过程，实现对动力蓄电池的保护，提升动力蓄电池综合性能的管理，是连接车载动力蓄电池和电动汽车的重要纽带				

一、资讯

1. 蓄电池管理系统硬件包括_____、_____、_____、_____、_____、_____、_____、_____和_____等。

2. 蓄电池管理系统软件架构主要包括_____、_____、_____、_____和_____等。

3. 蓄电池管理系统一般包括_____、_____、_____和_____ 4 个子系统。

4. 蓄电池管理系统：

_____。

5. 状态估算：

_____。

6. 热量管理：

_____。

二、计划与决策

请根据故障现象和任务要求，确定所需要的检测仪器、工具，并对小组成员进行合理分工，制订详细的诊断和修复计划。

1. 实训设备、工具及仪器

2. 小组成员分工

3. 工作计划

三、任务实施

比亚迪秦 Pro EV 蓄电池管理系统故障诊断与检修

（1）蓄电池管理器插口定义

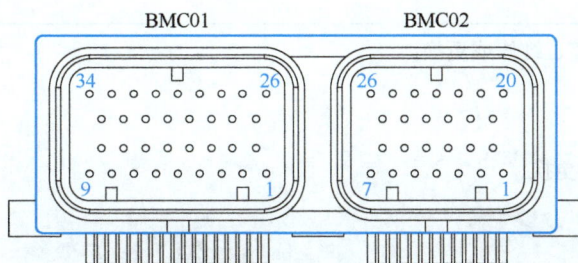

端子号	端口名称	端口定义	线束接法	信号类型	稳态工作电流/A	冲击电流和堵转电流/A
BMC01-01						
BMC01-09						
BMC01-26						
BMC01-34						
BMC02-01						
BMC02-07						
BMC02-20						
BMC02-26						

（2）终端诊断

1）断开蓄电池管理器插接器。

2）_____。

3）接回蓄电池管理器插接器。

4）_____。

（3）诊断流程

1）把车开到维修间。

2）检查辅助蓄电池电压及整车低压线束供电是否正常（标准电压值：12～14V）。

3）_____。

4）_____。

5）针对故障进行调整、维修或更换。

6）确认测试。

7）结束。

（4）蓄电池管理器的更换

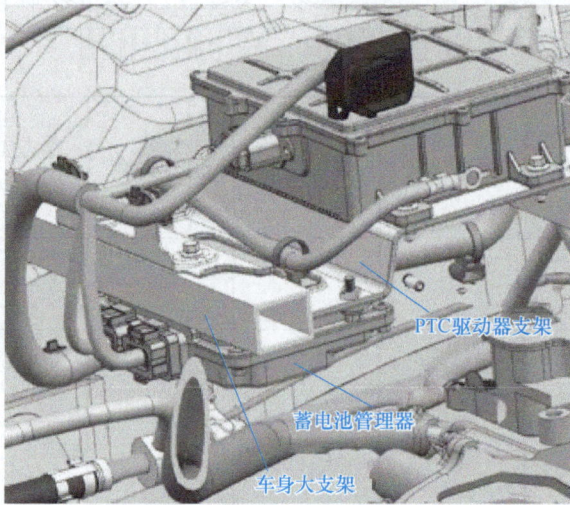

PTC驱动器支架

蓄电池管理器

车身大支架

1）将车辆退电至 OFF 档，等待 5min。

2）打开前机舱盖。

3）_____。

4）_____。

5）更换蓄电池管理器，插上动力蓄电池采样线和整车低压线束的插接件，确认。

6）_____。

7）整车上电再次确认问题是否解决，解决结束。

四、检查

1. 检查是否能正确了解每个端子的定义，如不能，请说明原因。

_____

2. 检查是否能够完成蓄电池管理器的更换，检测操作是否正确。

_____

五、评估

项目	评价指标	自评	互评
专业技能	能够了解每个端子的含义	□合格　□不合格	□合格　□不合格
	知道诊断流程	□合格　□不合格	□合格　□不合格
	能够完成蓄电池管理器的更换	□合格　□不合格	□合格　□不合格
工作态度	能够严于律己执行标准作业	□合格　□不合格	□合格　□不合格
	能够主动分析推理	□合格　□不合格	□合格　□不合格
	具备安全操作意识	□合格　□不合格	□合格　□不合格
个人反思		完成任务的质量、时间是否达到最佳程度，针对不足之处提出个人改进建议	
教师评价	教师签字 　　　　年　　月　　日	成绩 □合格　　□不合格	

任务工单四　吉利帝豪 EV450 蓄电池管理系统故障诊断与检修

任务名称	吉利帝豪 EV450 蓄电池管理系统故障诊断与检修	学时	4 学时	班级	
学生姓名		学生学号		任务成绩	
实训设备、工具及仪器	数据解析终端、螺钉旋具套装、防静电设施	实训场地	理实一体化教室	日期	
任务描述	蓄电池管理系统最基本的核心任务是对动力蓄电池的状态进行估计判断，包括预测锂离子蓄电池 SOC、SOH、SOP，从而有效地保护动力蓄电池安全和延长锂离子蓄电池的使用寿命				

一、资讯

1. 常用的动力蓄电池单体电压检测方法有＿＿＿＿＿＿＿、＿＿＿＿＿＿＿、＿＿＿＿＿＿＿、＿＿＿＿＿＿＿和＿＿＿＿＿＿＿。

2. 电流的采样是＿＿＿＿＿＿的主要依据，因此对其采样的精度，抗干扰能力，零飘、温飘和线性度误差的要求都很高。

3. 常用的电流检测方式有＿＿＿＿＿＿、＿＿＿＿＿＿、＿＿＿＿＿＿和＿＿＿＿＿＿ 4 种。

4. 常用动力蓄电池温度采集方法有＿＿＿＿＿＿、＿＿＿＿＿＿、＿＿＿＿＿＿和＿＿＿＿＿＿。

5. SOC 指示动力蓄电池的＿＿＿＿＿＿，即充电率，通常是依据动力蓄电池组＿＿＿＿＿＿、＿＿＿＿＿＿和＿＿＿＿＿＿ 3 个数据来进行计算。SOC 以百分比数字表示，SOC 为 0 时表示动力蓄电池包被＿＿＿＿＿＿，SOC 为 100% 则表示动力蓄电池包处于电量＿＿＿＿＿＿。

6. 漏电故障的一个常见诊断故障码是＿＿＿＿＿＿＿＿＿＿＿。

二、计划与决策

请根据故障现象和任务要求，确定所需要的检测仪器、工具，并对小组成员进行合理分工，制订详细的诊断和修复计划。

1. 实训设备、工具及仪器

2. 小组成员分工

3. 工作计划

三、任务实施

吉利帝豪 EV450 蓄电池管理系统故障诊断与检修

1. 蓄电池管理器电源故障

故障码	说明
U3006-16	
U3006-17	
U3006-18	

CA69蓄电池管理系统模块　　　　　　　　　CA69蓄电池管理系统模块

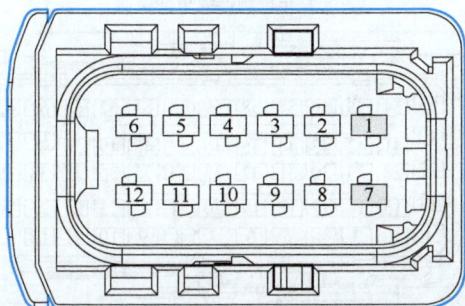

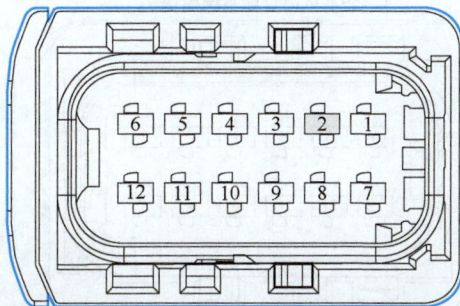

步骤 1. 用诊断仪访问蓄电池管理系统模块（检查是否输出了 DTC。是，则根据输出的 DTC 维修电路；否，则进行第 2 步）。

步骤 2. 检测辅助蓄电池（测量辅助蓄电池电压。电压标准值：11～14V，确认电压是否符合标准值。是，则进行第 3 步；否，则给辅助蓄电池充电或检查充电系统）。

步骤 3. 检查蓄电池管理系统模块熔丝 EF01 和 IF18（检查熔丝 EF01 和 IF18 是否熔断。是，则进行第 4 步；否，则进行第 5 步）。

步骤 4. _____。

步骤 5. _____。

步骤 6. _____。

步骤 7. 更换蓄电池管理系统模块（更换蓄电池管理系统模块。操作起动开关使电源模式至 ON 状态，确认功能是否正常）。

2. 蓄电池管理系统通信故障

故障码	说明
U3472-87	
U0064-88	
U111487	
U111587	
U011087	
U2472-81	
U2475-81	
P15D967	

CA69蓄电池管理系统模块　　　　　　　　　CA66整车控制器线束插接器

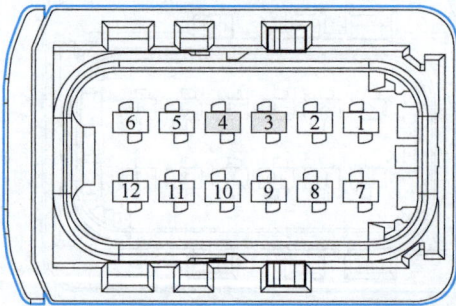

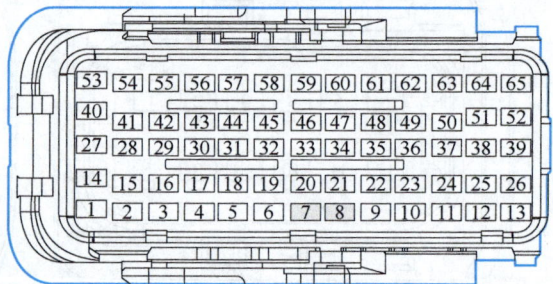

步骤1. 用诊断仪访问蓄电池管理系统模块（检查是否输出了DTC。是，则根据输出的DTC维修电路；否，则进行第2步）。

步骤2. 检测辅助蓄电池（测量辅助蓄电池电压。电压标准值：11~14V，确认电压是否符合标准值。是，则进行第3步；否，则给辅助蓄电池充电或检查充电系统）。

步骤3. 检查蓄电池管理系统模块熔丝EF01和IF18（检查熔丝EF01和IF18是否熔断。是，则进行第4步；否，则进行第5步）。

步骤4. _____。

步骤5. _____。

步骤6. _____。

步骤7. _____。

步骤8. 更换蓄电池管理系统模块（更换蓄电池管理系统模块。操作起动开关使电源模式至ON状态，确认功能是否正常）。

四、检查

1. 检查是否能够正确了解每个故障码的含义，如不能，请说明原因。

2. 检查是否能够正确进行动力蓄电池通信故障检修，检测操作是否正确。

五、评估

项目	评价指标	自评	互评
专业技能	能够了解电源故障码含义	□合格　□不合格	□合格　□不合格
	能够了解通信故障码含义	□合格　□不合格	□合格　□不合格
	能够完成吉利帝豪 EV450 蓄电池管理系统故障诊断与检修	□合格　□不合格	□合格　□不合格
工作态度	能够严于律己执行标准作业	□合格　□不合格	□合格　□不合格
	能够主动分析推理	□合格　□不合格	□合格　□不合格
	具备安全操作意识	□合格　□不合格	□合格　□不合格
个人反思		完成任务的质量、时间是否达到最佳程度，针对不足之处提出个人改进建议	
教师评价	教师签字　　　　　年　月　日	成绩　□合格　　□不合格	

任务工单五　吉利帝豪 EV450 CAN 总线的故障诊断与排查

任务名称	吉利帝豪 EV450 CAN 总线的故障诊断与排查	学时	4 学时	班级	
学生姓名		学生学号		任务成绩	
实训设备、工具及仪器	数据解析终端、螺钉旋具套装、防静电设施	实训场地	理实一体化教室	日期	
任务描述	数据通信是蓄电池管理系统的重要组成部分之一，主要涉及蓄电池管理系统内部主控板与检测板之间的通信，蓄电池管理系统与车载主控制器、非车载充电机等设备间的通信等。在有参数设定功能的蓄电池管理系统中，还有蓄电池管理系统主控板与上位机的通信				

一、资讯

1. 数据通信是蓄电池管理系统的重要组成部分之一，主要涉及＿＿＿＿＿＿＿之间的通信，＿＿＿＿＿＿、＿＿＿＿＿＿等设备间的通信等。

2. 根据需要，数据交换可采用不同的通信接口，主要类型有＿＿＿＿＿、＿＿＿＿＿、＿＿＿＿＿、＿＿＿＿＿。

3. 单体蓄电池采用＿＿＿＿＿＿＿通信接口。蓄电池管理系统中一般采用＿＿＿＿＿＿＿，其内部各模块之间使用一个内部 CAN 网络，与外部整车 CAN 通信网络采用另外一个 CAN 总线通信接口接入。

4. 在蓄电池管理系统中，CAN 通信的实现是由＿＿＿＿＿＿和＿＿＿＿＿＿组成的通信模块完成的。

5. CAN 总线将所有节点通过＿＿＿＿＿＿和＿＿＿＿＿＿连接在一起，实现信息通道共享。

6. 吉利帝豪 EV450 在电路中用到了两种 CAN 总线，分别为＿＿＿＿＿＿和＿＿＿＿＿＿。

7. CAN 分为哪几路？分别有什么作用？

＿＿

＿＿

＿＿

＿＿

＿＿

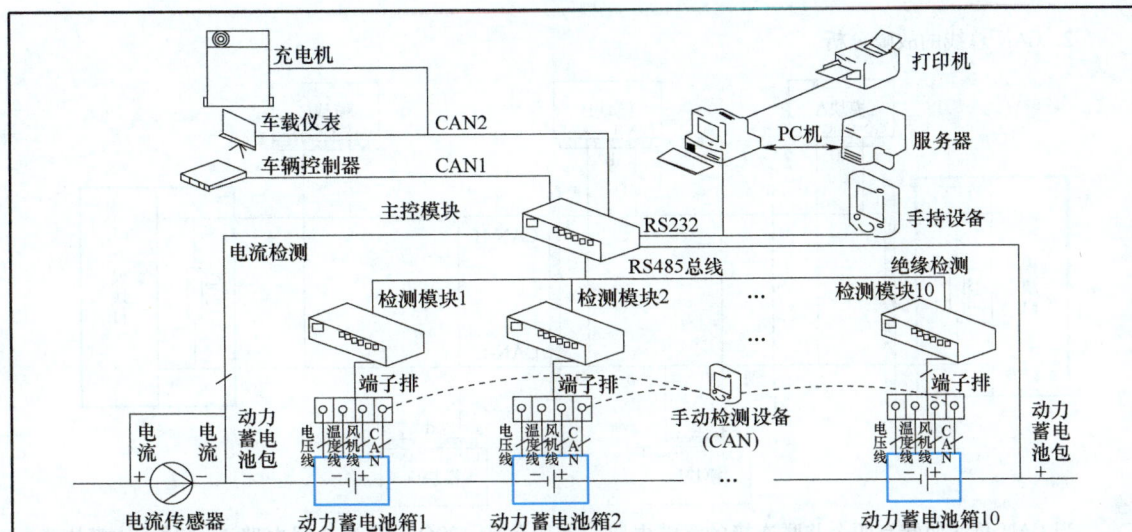

二、计划与决策

请根据故障现象和任务要求，确定所需要的检测仪器、工具，并对小组成员进行合理分工，制订详细的诊断和修复计划。

1. 实训设备、工具及仪器

_____

_____

2. 小组成员分工

_____

_____

3. 工作计划

_____

_____

_____

三、任务实施

吉利帝豪 EV450 CAN 总线的故障诊断及排查方法如下：

1. CAN 总线的常见故障

CAN 总线系统一般由 _____、_____、_____ 及 _____ 组成，除了数据总线外，其他各元件都置于各控制单元的内部。

CAN 总线 CAN-H 或 CAN-L _____、_____、_____、_____。

某个模块的 CAN-H 或 CAN-L _____、_____、_____。

2. CAN 总线的故障分析

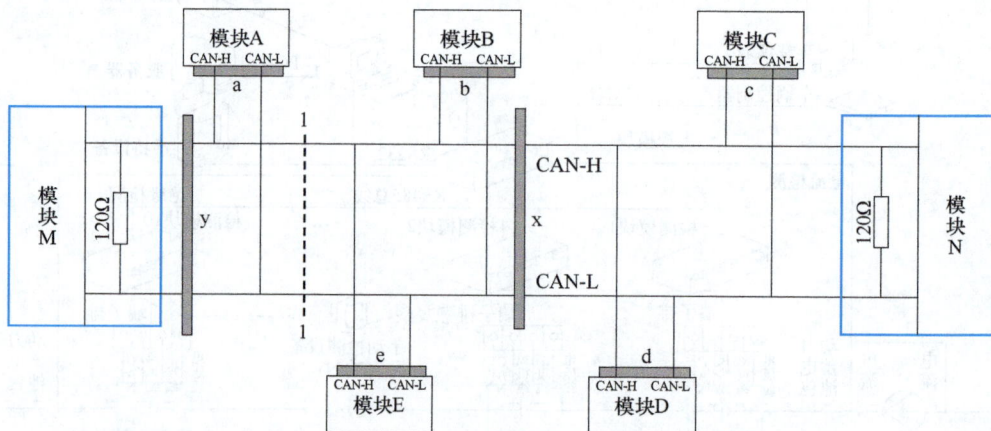

当 CAN 总线两端有两个并联连接的终端电阻，其阻值为 120Ω。CAN 总线电路正常时，从模块 A、B、C、D、E 分别测得的 CAN-H 和 CAN-L 之间的电阻值为_____，从模块 M、N 分别测得的 CAN-H 和 CAN-L 之间的电阻值为_____。

当模块 A 的 CAN-H 或 CAN-L 电路断路时，在诊断接口处测得的 CAN-H 与 CAN-L 之间的电阻值为_____。在插接器 a 处测得的 CAN-H 与 CAN-L 之间的电阻值为_____。同理，支线模块 B、C、D、E 的 CAN-H 或 CAN-L 电路断路时，诊断接口处测得的 CAN-H 与 CAN-L 之间的电阻值为_____，与此对应在插接器 b、c、d、e 处测得的 CAN-H 与 CAN-L 之间的电阻值为_____。

当模块 A 的 CAN-H 或 CAN-L 对正极或对负极短路时，其对诊断接口处测得的 CAN-H 与 CAN-L 之间的电阻值影响不大，很难判断_____，可先通过测量模块 CAN-H 或 CAN-L 的电压来判断模块是否_____。对负极短路时，CAN-H 和 CAN-L 电压都接近于_____，对正极短路时，CAN-H 和 CAN-L 电压都接近于_____。再通过测得插接器 a 处 CAN-H 或 CAN-L 对蓄电池负极或正极的电阻值（_____）判断 CAN-H 或 CAN-L 的其中一个对正极或对负极短路。

模块 B、C、D、E 等通过相同方式得出故障结论。当 CAN 总线的 CAN-H 与 CAN-L 或模块 A、B、C、D、E 的 CAN-H 与 CAN-L 互相短路时，相当于在并联电路中加一根 0Ω 的导线，此时诊断接口处测得的 CAN-H 与 CAN-L 之间的电阻_____。当总线 CAN-H 或 CAN-L 对正极或负极短路时，其对诊断接口处测得的 CAN-H 与 CAN-L 之间的电阻值影响不大，很难判断是否故障，_____，再测量插接器 x 处或插接器 y 处 CAN-H 或 CAN-L 对蓄电池正极或负极的电阻值（故障时电阻值<1Ω），_____。

当 CAN 总线 CAN-H 或 CAN-L 在 1-1 处断路时，诊断接口处测得的 CAN-H 与 CAN-L 之间的电阻值为_____，在 x 处测得上游电阻为_____，下游电阻为_____（以插接器 x 为中心线，左侧为上游，右侧为下游），在插接器 y 处测得上游电阻为_____。

当 CAN 总线或某个模块的 CAN-H 或 CAN-L 虚接时，可以用_____进行测量。在测量 CAN-H 或 CAN-L 其中一个时，试灯会出现_____。

3. EV450 的 CAN 总线故障诊断案例

故障现象：仪表盘上动力蓄电池管理系统故障指示灯、动力系统故障指示灯、充电系统故障指示灯、系统故障指示灯、电子驻车故障指示灯、系统故障指示灯、传动系统故障指示灯、侧滑故障指示灯亮起。

道通 MS908E 的故障诊断仪显示的故障码：

故障码	模块	含义
U010008	ABS/ESP	
U044286	EPB	
U011087	T-BOX	
U011287	OBC	

故障分析如下：

故障诊断仪里面有模块丢失。正常使用时，此故障诊断仪模块有 17 个，现在有 14 个，经查询丢失的模块有 PEU 模块、整车控制器模块、蓄电池管理系统模块。因此，可能是_____。因为读取的故障码大多数为整车控制器模块引发的故障，所以故障可以暂时认为：

1）_____。

2）整车控制器模块与 PCAN 总线的电路故障。如果 1）与 2）电路正常，故障可能是_____。

3）_____。

4）PEU 模块与 PCAN 总线的电路故障。如果 3）与 4）电路正常，可能是蓄电池管理系统模块与 VCAN 总线的连接线束故障、蓄电池管理系统模块与 PCAN 总线的电路故障。

故障测试步骤如下：

1）测量 BV11 的端子 20 至 BV11 的端子 21 之间的电阻，其值为_____，说明_____。

2）测量 CA66 的端子 22 至 CA66 端子 23 之间的电阻，其值为_____，说明_____。

3）测量 CA66 的端子 7 至 CA66 的端子 8 之间的电阻异常，其值为_____，说明_____。

4）拔掉 CA66 插接器和 CA04 插接器，测量 CA66 的端子 8 至 CA04 的端子 26 之间的电阻异常，其值为∞（正常值<1Ω）。

故障确认：判断此故障是_____。

四、检查

1. 检查是否能够正确了解每个故障码的含义，如不能，请说明原因。

_____

2. 检查是否能够正确了解吉利帝豪 EV450 CAN 总线的故障诊断及排查方法，检测操作是否正确。

_____

五、评估

项目	评价指标	自评	互评
专业技能	能够了解 EV450 的 CAN 总线故障码含义	□合格 □不合格	□合格 □不合格
	能够了解 CAN 总线的故障分析	□合格 □不合格	□合格 □不合格
	能够完成 EV450 的 CAN 总线故障诊断案例分析	□合格 □不合格	□合格 □不合格
工作态度	能够严于律己执行标准作业	□合格 □不合格	□合格 □不合格
	能够主动分析推理	□合格 □不合格	□合格 □不合格
	具备安全操作意识	□合格 □不合格	□合格 □不合格
个人反思		完成任务的质量、时间是否达到最佳程度，针对不足之处提出个人改进建议	
教师评价	教师签字　　　　　　年　月　日	成绩 □合格　□不合格	

任务工单六　比亚迪秦 Pro EV 蓄电池热管理系统检修

任务名称	比亚迪秦 Pro EV 蓄电池热管理系统检修	学时	4 学时	班级	
学生姓名		学生学号		任务成绩	
实训设备、工具及仪器	数据解析终端、万用表、螺钉旋具套装、防静电设施	实训场地	理实一体化教室	日期	
任务描述	蓄电池热管理系统主要是对动力蓄电池温度进行准确测量和监控，在动力蓄电池温度过高时进行散热，保证动力蓄电池包内部温度分布均匀；并且在低温环境下能进行加热，使之达到正常的工作环境温度。需了解其工作原理，并结合实际操作完成部分热管理系统故障检修任务				

一、资讯

1. 热失控触发条件有_____、_____、_____、_____、_____和_____等。
2. 引发热失控主要有_____、_____和_____方式。
3. 蓄电池系统热管理就是通过_____或_____方式对动力蓄电池系统进行温度控制。
4. 蓄电池热管理系统的两个重要指标：_____、_____。
5. 蓄电池热管理系统的冷却方式主要可分为_____、_____、_____和_____ 4 类。
6. 蓄电池热管理系统可实现_____、_____和_____ 3 种运行状态。

二、计划与决策

请根据故障现象和任务要求，确定所需要的检测仪器、工具，并对小组成员进行合理分工，制订详细的诊断和修复计划。

1. 实训设备、工具及仪器

2. 小组成员分工

3. 工作计划

三、任务实施

1. 冷却液温度传感器故障检修

冷却液温度传感器故障码及含义

故障码	含义
B132012	
B132013	

冷却液温度传感器故障诊断步骤如下：

步骤1：_____。

若一切正常，则更换同样规格的冷却液温度传感器；若故障仍然存在，则进行步骤2继续检查。

步骤2：_____。

1）断开动力蓄电池冷却系统 ECU 插接器_____。

2）用万用表测量插接器 B31 的端子_____与 B27 的端子_____和 B27 的端子3与车身地两者之间的电阻值（标准电阻值：小于 1Ω）。

3）确认测量值是否符合标准。

若测量值与标准值不相符，则需修理或更换线束；若符合，则更换动力蓄电池冷却控制器。

2. 动力蓄电池冷却电动水泵故障检修

动力蓄电池冷却电动水泵故障诊断步骤如下：

步骤1：_____。

1）_____。

2）检查鼓风机继电器。

3）检查端子。

端子的标准值见下表。

端子的标准值

端子	正常情况
1—蓄电池正极 2—蓄电池负极	
不接蓄电池	

若检查结果异常，则需更换鼓风机继电器；若检查结果正常，则进行步骤2继续检查。

步骤2：检查线束是否有异常。

1）断开动力蓄电池冷却系统 ECU 插接器_____。

2）用万用表测量插接器 B31 的端子____与车身地和 A60 的端子____与车身地两端的电压，测量 A60 的端子3与车身地两端的电阻值（电压标准值：11~14V；电阻标准值：小于 1Ω）。

若测量值与标准值不相符，则需修理或更换线束；若符合，则进行步骤3继续检查。

步骤3：检查电动水泵。

1）_____。

2）使用 VDS1000 或故障诊断仪主动测试吸合电动水泵继电器，水泵能运转。

若异常，_____；若正常，_____。

3. 动力蓄电池冷却电子膨胀阀故障检修

动力蓄电池冷却电子膨胀阀故障诊断步骤如下：

检查线束是否有异常。

1）断开动力蓄电池冷却 ECU 插接器____、电子膨胀阀插接器____。

2）用万用表测量线束端的电压或电阻值。

端子之间的标准电压和电阻值

端子	标准值
G34-3 与车身地	
B34-5—B30-1	
B34-2—B30-3	
B34-4—B30-2	
B34-1—B30-10	
B28-2—B30-13	

若所测数值与标准值不符，_____；若数值相符，_____。

4. 动力蓄电池冷却电磁阀故障检修

动力蓄电池冷却电磁阀故障诊断步骤如下：

检查线束是否有异常。

1）断开动力蓄电池冷却 ECU 插接器 B30、电子膨胀阀插接器 B34。

2）用万用表测量动力蓄电池冷却电磁阀插接器 B29 的端子 1 与车身地和 B29 的端子 2 与 B30 的端子 23 之间的电阻值（标准电阻值：小于 1Ω）。

若所测数值与标准值不符，_____；若数值相符，_____。

四、检查

1. 是否能正确进行检查冷却液温度传感器检修，如不能，请说明原因。

_____

2. 是否能正确进行检查动力蓄电池冷却电动水泵检修，如不能，请说明原因。

_____

3. 是否能正确进行检查动力蓄电池冷却电子膨胀阀检修，如不能，请说明原因。

_____

4. 是否能正确进行检查动力蓄电池冷却电磁阀检修，如不能，请说明原因。

_____

五、评估

项目	评价指标	自评	互评
专业技能	能够进行冷却液温度传感器检查	□合格　□不合格	□合格　□不合格
	能够进行动力蓄电池冷却电动水泵检查	□合格　□不合格	□合格　□不合格
	能够进行动力蓄电池冷却电子膨胀阀检查	□合格　□不合格	□合格　□不合格
	能够进行动力蓄电池冷却电磁阀检查	□合格　□不合格	□合格　□不合格
工作态度	能够严于律己执行标准作业	□合格　□不合格	□合格　□不合格
	能够主动分析推理	□合格　□不合格	□合格　□不合格
	具备安全操作意识	□合格　□不合格	□合格　□不合格
个人反思		完成任务的质量、时间是否达到最佳程度，针对不足之处提出个人改进建议	
教师评价	教师签字　　　　　　　年　月　日	成绩	
		□合格　　　□不合格	

任务工单七　吉利帝豪 EV450 蓄电池热管理系统检修

任务名称	吉利帝豪 EV450 蓄电池热管理系统检修	学时	4 学时	班级	
学生姓名		学生学号		任务成绩	
实训设备、工具及仪器	数据解析终端、万用表、螺钉旋具套装、防静电设施	实训场地	理实一体化教室	日期	
任务描述	热管理系统主要是对动力蓄电池温度进行准确测量和监控，在动力蓄电池温度过高时进行散热，保证动力蓄电池包内部温度分布均匀，并且在低温环境下能进行加热，使之达到正常的工作环境温度。需了解其工作原理，并结合实际操作完成部分热管理系统故障检修任务				

一、资讯

1. 车辆在交流充电、直流充电、智能充电、行车过程中（包括车速为 0），都可以启动热管理对动力蓄电池_____或_____。

2. 进行动力蓄电池冷却、加热时，蓄电池管理系统根据蓄电池单体最高、最低温度发送热管理控制信号，包括_____、_____和_____ 3 种模式。

3. 动力蓄电池进行快充及慢充时，整车控制器直接_____。

4. 在行车状态下，整车控制器接收到蓄电池管理系统发送的加热需求后，需要根据当前_____、_____和_____等条件进行再次逻辑判断，从而发送不同热管理请求至_____。

5. 车辆处于 ON 档非充电状态下时，当动力蓄电池单体温度超过上限值_____，车辆不进行动力蓄电池冷却。

6. 动力蓄电池温度监测由蓄电池管理系统完成，蓄电池管理系统根据_____判定动力蓄电池是否启动冷却，并发送冷却请求给整车控制器，整车控制器转发蓄电池管理系统上述信号至 AC 控制器。

7. 一般情况下，压缩机和动力蓄电池水泵、PTC 加热水泵由 AC 控制器控制，冷却风扇、电驱水泵由整车控制器控制。但是，当空调面板给整车控制器发送压缩机开机请求和功率请求时，风扇做____运转。当空调面板给整车控制器发送风扇高速请求时，整车控制器控制风扇____运转。

二、计划与决策

请根据故障现象和任务要求，确定所需要的检测仪器、工具，并对小组成员进行合理分工，制订详细的诊断和修复计划。

1. 实训设备、工具及仪器

2. 小组成员分工

3. 工作计划

三、任务实施

冷却风扇低速档转速不运转故障诊断步骤如下：

步骤 1：_____。

若_____，则_____，_____；若未发现_____，则进行步骤 2 继续检查。

步骤 2：检查冷却风扇低速继电器。

1）操作起动开关，使电源模式至 OFF 状态。

2）拔下冷却风扇的_____，用相同型号的继电器取代冷却风扇的_____。

3）确认故障是否排除。

若故障排除，则更换相同规格的继电器；若故障未排除，则进行步骤 3 继续检查。

步骤 3：检查整车控制器电源、接地之间的电压。

1）操作起动开关，使电源模式至 OFF 状态。

2）断开整车控制器线束插接器_____。

3）操作起动开关，使电源模式至 ON 状态。

4）用万用表测量整车控制器线束插接器 CA55 的端子 69 和 79 之间的电压（标准电压值：11～14V）。

5）用万用表测量整车控制器线束插接器 CA55 的端子 71 和 80 之间的电压（标准电压值：11～14V）。

6）确认测量值是否符合标准。

若测量值与标准值不相符，则_____；若符合，则进行步骤 4 继续检查。

步骤 4：检查散热器风扇接地电路。

1）操作起动开关，使电源模式至 OFF 状态。

2）断开主散热器风扇线束插接器_____。

3）用万用表测量主散热器风扇线束插接器 CA35 的端子 3 和车身可靠接地之间的电阻（标准电阻值：小于 1Ω）。

4）确认测量值是否符合标准。

若测量值与标准值不相符，则需修理或更换线束；若符合，则进行步骤 5 继续检查。

步骤 5：检查散热器风扇电源、接地之间的电压。

1）操作起动开关，使电源模式至 OFF 状态。

2）断开主散热器风扇线束插接器 CA35。

3）操作起动开关，使电源模式至 ON 状态。

4）_____（或用引线将整车控制器线束插接器 CA55 的端子 49 与车身可靠接地连接）。

5）同时，用万用表测量主散热器风扇线束插接器 CA35 的端子 1 和 3 之间的电压值（标准电压值：11~14V）。

6）确认测量值是否符合标准的电压值。

若测量值与标准值相符，则需_____；若不符合，则进行步骤 6 继续检查。

步骤 6：检查散热低速继电器与散热器风扇之间的电阻值。

1）操作起动开关，使电源模式至 OFF 状态。

2）断开主散热器风扇线束插接器 CA35。

3）_____。

4）用万用表测量主散热器风扇线束插接器 CA35 的端子 1 和散热低速继电器 ER12 的端子 30（线束端）之间的电阻值（标准电阻值：小于 1Ω）。

5）确认测量值是否符合标准。

若测量值与标准值不相符，则需修理或更换线束；若符合，则进行步骤 7 继续检查。

步骤 7：检查散热低速继电器与整车控制器之间的电路。

1）操作起动开关，使电源模式至 OFF 状态。

2）断开整车控制器线束插接器 CA61。

3）拆卸散热低速继电器 ER12。

4）用万用表测量整车控制器线束插接器 CA61 的端子 50 和散热低速继电器 ER12 的端子 85（线束端）之间的电阻值（标准电阻值：小于 1Ω）。

5）确认测量值是否符合标准。

若测量值与标准值不相符，则需修理或更换线束；若符合，则进行步骤 8 继续检查。

步骤 8：_____。

1）操作起动开关，使电源模式至 OFF 状态。

2）断开辅助蓄电池负极电缆连接。

3）更换整车控制器。

4）确认故障排除。

四、检查

1. 检查是否能正确使用仪器读取、测试，如不能，请说明原因。

_____

_____

2. 对照过程记录，检查检测流程是否规范。

_____

_____

3. 检查冷却风扇低速档不运转故障检测过程中故障原因分析是否正确。

_____

_____

五、评估

项目	评价指标	自评	互评
专业技能	能够正确地进行检测操作	□合格　□不合格	□合格　□不合格
	能够正确地分析故障原因	□合格　□不合格	□合格　□不合格
工作态度	能够严于律己执行标准作业	□合格　□不合格	□合格　□不合格
	能够主动分析推理	□合格　□不合格	□合格　□不合格
	具备安全操作意识	□合格　□不合格	□合格　□不合格
个人反思		完成任务的质量、时间是否达到最佳程度，针对不足之处提出个人改进建议	
教师评价	教师签字　　　　　　年　　月　　日	成绩　　□合格　　　□不合格	

任务工单八　典型电动汽车充电系统检修

任务名称	典型电动汽车充电系统检修	学时	4学时	班级	
学生姓名		学生学号		任务成绩	
实训设备、工具及仪器	故障诊断仪，万用表、绝缘电阻表、螺钉旋具套装	实训场地	理实一体化教室	日期	
任务描述	充电系统是电动汽车主要的能源供给系统，电动汽车充电系统主要由充电桩、充电线束、车载充电机、高压控制盒、动力蓄电池、DC/DC变换器、蓄电池以及各种高压线束和低压线束等组成。需了解其工作原理，并结合实际操作完成部分充电系统故障检修任务				

一、资讯

1. 电动汽车充电系统主要由 _____、_____、_____、_____、_____、_____、_____ 以及 _____ 等组成。

2. 常规充电采用 _____ 的方式对电动汽车进行充电，只需要将车载充电机插头插到电源插座上即可进行充电，此方法需要的充电功率较小，可以由 _____ 规格的标准电网电源供电。

3. 充电系统低压部分主要是用于 _____ 及 _____。

4. 车载充电机工作状态及指令均由蓄电池管理系统进行控制。快充和慢充的充电流程均为：采用 _____ 充电方法，在不同温度范围内，以 _____ 至动力蓄电池包总电压达到或最高单体电压达到此温度下规定的电压值，以 _____ 至电流小于0.8A后，停止充电。

5. 快充充电条件：

1）充电线连接确认信号正常。

2）蓄电池管理系统供电电源正常（12V）。

3）充电唤醒信号输出正常（12V）。

4）充电桩、整车控制器、蓄电池管理系统之间通信正常。

5）蓄电池单体温度超过____，低于____。

6）蓄电池单体最高电压与最低电压差小于____。

7）蓄电池单体最高温度与最低温度差小于____。

8）绝缘性能大于____。

9）实际蓄电池单体最高电压不大于额定单体电压____。

10）高、低压电路连接正常（远程控制开关关闭状态）。

6. 慢充充电条件：

1）充电线连接确认信号正常。

2）充电机供电电源正常（含220V和12V）及充电机工作正常。

3）充电唤醒信号输出正常（12V）。

4）充电机、整车控制器、蓄电池管理系统之间通信正常。

5）蓄电池单体温度超过____，低于____。

6）蓄电池单体最高电压与最低电压差小于____。

7）蓄电池单体最高温度与最低温度差小于____。

8）绝缘性能大于____。

9）实际蓄电池单体最高电压不大于额定单体电压____。

10）高、低压电路连接正常（远程控制开关关闭状态）。

二、计划与决策

请根据故障现象和任务要求，确定所需要的检测仪器、工具，并对小组成员进行合理分工，制订详细的诊断和修复计划。

1. 实训设备、工具及仪器

2. 小组成员分工

3. 工作计划

三、任务实施

1. 比亚迪 Pro EV 不能交流充电故障检修

步骤1：检查_____、_____（如未对接良好，检查对接后进行步骤2继续检查）。

步骤2：检测是否可以 OK 档行驶（如不能行驶，检测_____，然后进行步骤3继续检查）。

步骤3：OK 档时是否可以充电（如不能充电，检测_____，然后进行步骤4继续检查）。

步骤4：_____。

2. 比亚迪 Pro EV DC 降压故障检修

步骤1：_____：

1）整车上 ON 档。

2）用 VDS 2000 读取_____。

若_____与正常值（250～420V）不符，则是_____出现故障；反之则动力蓄电池正常，则进行步骤2继续检查。

步骤2：检测_____。

1）整车上 OK 档。

2）用 VDS 2000 读取_____是否正常。

若_____与正常值（250~420V）不符，则需更换充配电总成；反之，继续检查动力蓄电池包与高压电路。

3. 吉利帝豪 EV450 车载充电机通信故障

吉利帝豪 EV450 车载充电机通信故障诊断步骤如下：

步骤 1：使用故障诊断仪读取故障码。

1）操作起动开关使电源模式至 ON 状态。

2）连接故障诊断仪，读取故障码。

3）确认系统是否存在其他故障码。

若有其他故障码，则_____；若无其他故障码显示，则进行步骤 2 继续检查。

步骤 2：检查车载充电机熔丝_____是否熔断（熔丝额定容量：10A）。

步骤 3：检查车载充电机_____、_____之间的电压。若用万用表测得的电压与标准不符，则_____；若符合标准，则进行步骤 4 继续检查。

步骤 4：检查_____的通信电路。若用万用表测得的电阻值与标准不符合，则_____；若符合标准，则进行步骤 5 继续检查。

步骤 5：进行 P-CAN 网络完整性检查。若不符合标准，优先排除_____；若符合标准，则进行步骤 6。

步骤 6：更换_____。

4. 吉利帝豪 EV450 高压系统漏电故障检修

步骤 1：检查_____；若测得的绝缘电阻值与标准不符，则进行步骤 2 继续检查；若符合，则进行步骤 3 继续检查。

步骤 2：依次检查_____、_____、_____、_____对地电阻值；确认测量值是否符合标准，若不符合，则修理或更换故障部件；若符合，则进行步骤 3 继续检查。

步骤 3：检查分线盒负极高压线束；若测得的绝缘电阻值与标准不符，则进行步骤 5 继续检查；若符合，则进行步骤 4 继续检查。

步骤 4：依次检查_____、_____、_____、_____、_____对地电阻值。确认测量值是否符合标准，若不符合，则修理或更换故障部件；若符合，则进行步骤 5 继续检查。

步骤 5：检查动力蓄电池_____线束；若测得的绝缘电阻值与标准不符合，则进行步骤 6 继续检查；若符合，则进行步骤 7 检查。

步骤 6：_____。

步骤 7：更换动力蓄电池。

四、检查

1. 检查是否能正确进行交流充电故障检查，如不能，请说明原因。

_____

2. 检查是否能正确进行 DC 降压故障检查，如不能，请说明原因。

_____

3. 检查是否能正确进行车载充电机通信故障检查，如不能，请说明原因。

_____

4. 检查是否能正确进行高压系统漏电故障检查，如不能，请说明原因。

_____

五、评估

项目	评价指标	自评	互评
专业技能	能够正确进行交流充电故障检测	□合格　□不合格	□合格　□不合格
	能够正确进行 DC 降压故障检测	□合格　□不合格	□合格　□不合格
	能够正确进行车载充电机通信故障检测	□合格　□不合格	□合格　□不合格
	能够正确进行高压系统漏电故障检测	□合格　□不合格	□合格　□不合格
工作态度	具备专业思维模式	□合格　□不合格	□合格　□不合格
	具备职业安全责任意识	□合格　□不合格	□合格　□不合格
	能够回顾反思、总结提炼	□合格　□不合格	□合格　□不合格
个人反思		完成任务的质量、时间是否达到最佳程度，针对不足之处提出个人改进建议	
教师评价	教师签字 年　月　日	成绩 □合格　　□不合格	

任务工单九　动力蓄电池回收处理

任务名称	动力蓄电池回收处理	学时	4 学时	班级	
学生姓名		学生学号		任务成绩	
实训设备、工具及仪器	动力蓄电池拆解工具、碱浸容器、煅烧炉、酸浸容器、溶胶凝胶	实训场地	理实一体化教室	日期	
任务描述	将废旧 18650 蓄电池和软包蓄电池浸泡在饱和 Na_2SO_4 溶液中放电，然后在通风橱中人工拆除塑料和外壳。将正极片浸入 2mol/L 的 NaOH 溶液中 2h 后，将活性正极材料与铝箔分离。过滤后，将残余物在 80℃ 真空干燥箱中干燥 24h，并在马弗炉中 700℃ 下煅烧 5h，去除导电剂乙炔黑、黏结剂和其他有机杂质				

一、资讯

（一）名词解释

1. 梯次利用

2. 动力蓄电池梯次利用

3. 动力蓄电池回收

（二）单选题

1. 动力蓄电池梯次利用技术主要涉及 4 个方面，说法正确的（　　）个。

1）能否用。不是所有的退役动力蓄电池都可以进行梯次利用，在进行梯次利用前，要评估退役动力蓄电池的安全性和剩余残值是否满足应用场景对动力蓄电池性能的要求。

2）怎么用。不同的退役动力蓄电池具有不同的状态，其使用的边界条件也不相同，研究并确定不同状态退役动力蓄电池在梯次利用过程中怎么使用，既要确保动力蓄电池使用过程中的安全性，又要充分发挥动力蓄电池的剩余性能。

3）值得用。梯次利用本身就是对动力蓄电池剩余残值的利用，因此要评估梯次利用过程中的成本与收益，评估动力蓄电池梯次利用的经济性。

4）停止用。在梯次利用过程中，动力蓄电池的性能会不断衰退，需根据退役动力蓄电池的性能衰退规律对其在使用过程中的状态进行预判，确定动力蓄电池性能何时不能满足应用场景的要求，此时应停止退役动力蓄电池的使用。

A. 1　　　　　　　　　　　B. 2
C. 3　　　　　　　　　　　D. 4

2. 不属于电极材料再生常见方法的是（　　　）。

A. 固相合成法　　　　　　　B. 水热合成法
C. 溶胶凝胶法　　　　　　　D. 高温还原焙烧法

（三）填空题

1. 发达国家和地区锂离子蓄电池回收模式如下图，a 是 _____　b 是 _____。

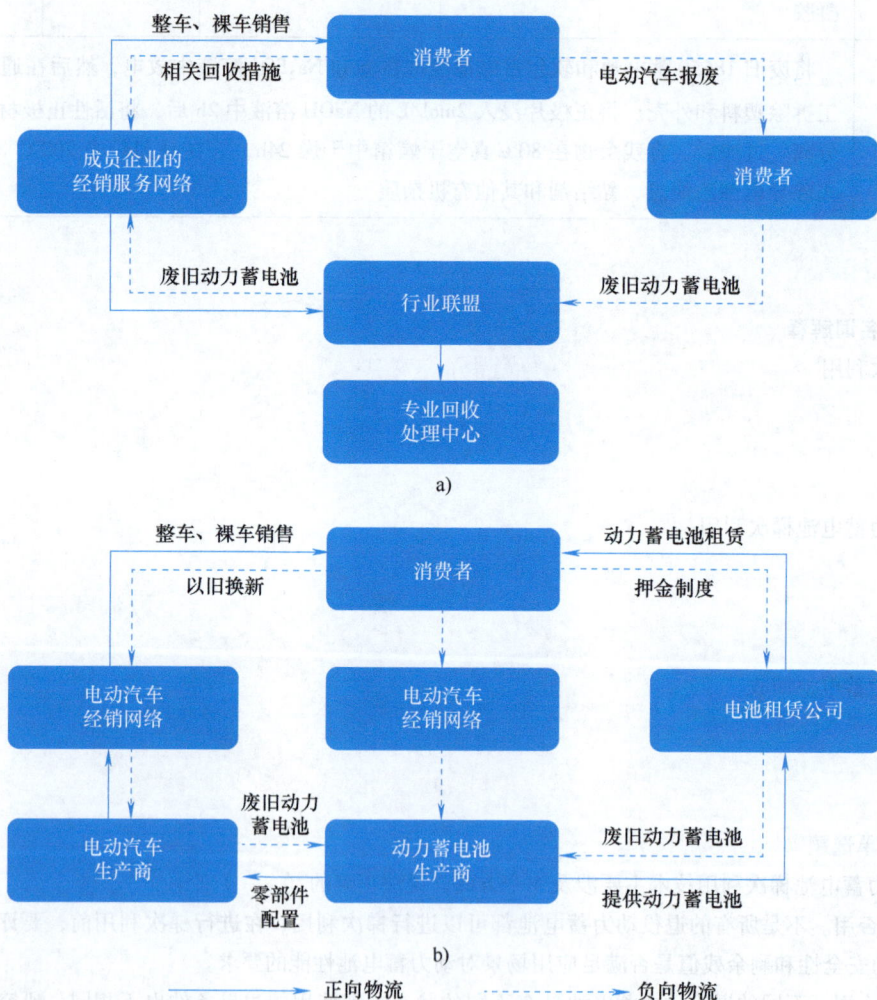

a)

b)

正向物流 ————　负向物流 --------→

2. 梯次利用是指 _____。

3. 完成下列流程的填空。

废旧磷酸铁锂离子蓄电池

↓

[ ]

↓

[ ]

环境：无水密封

↓

蓄电池单体

↓

洗涤 → 有机物

↓

干燥

↓

拆解和分离

↓

粉碎

↓

[ ]

回收正极材料混合物

↓

再生

回收正极材料混合物

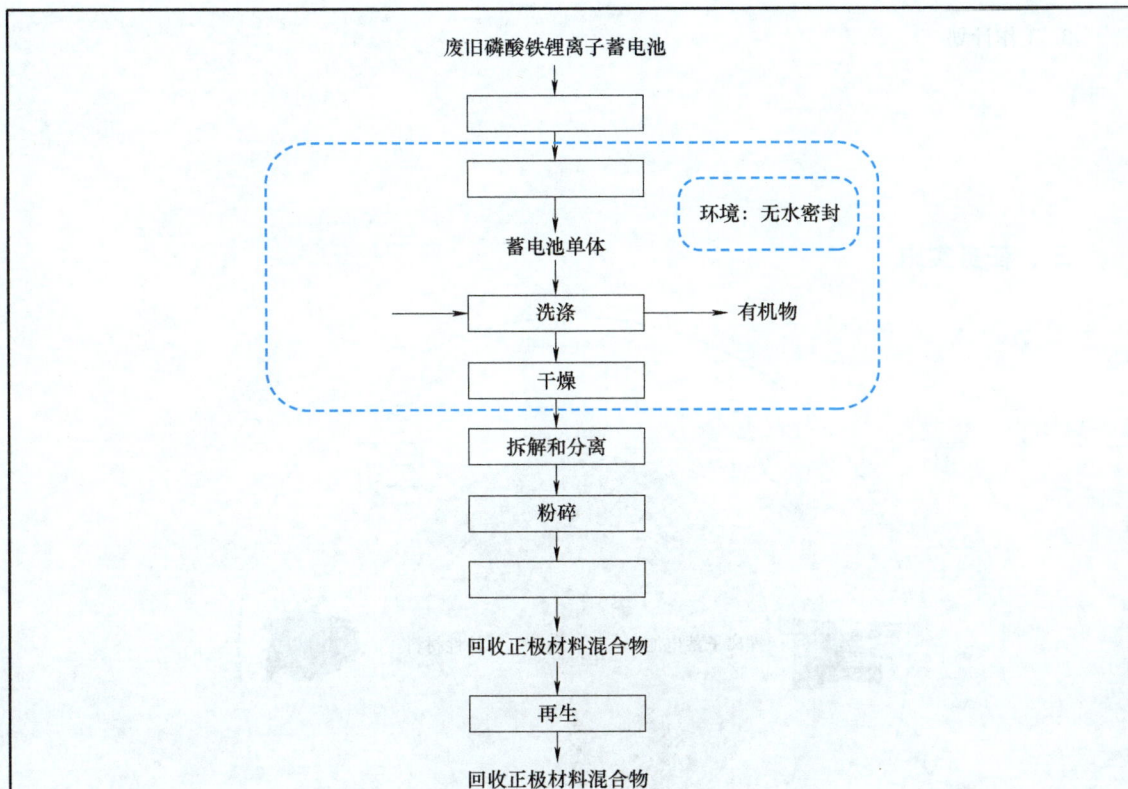

4. 黄钠铁矾法去除溶液中的铁的反应式：

_____

5. 什么是浮选和磁选：

_____

6. 在高温碳还原过程中，发生的化学反应式：

_____

二、计划与决策

请根据动力蓄电池处理回收流程和任务要求，确定所需要的检测仪器、工具，并对小组成员进行合理分工，制订详细的诊断和修复计划。

1. 实训设备、工具及仪器

2. 小组成员分工

3. 工作计划

三、任务实施

① 动力蓄电池拆解：

拆解流程：＿＿＿＿＿＿＿＿＿＿＿＿＿＿＿＿＿＿＿＿＿＿＿＿＿＿＿＿＿

＿＿＿＿＿＿＿＿＿＿＿＿＿＿＿＿＿＿＿＿＿＿＿＿＿＿＿＿＿＿＿＿＿＿＿

注意事项：＿＿＿＿＿＿＿＿＿＿＿＿＿＿＿＿＿＿＿＿＿＿＿＿＿＿＿＿＿

② 碱浸：

实验流程：＿＿＿＿＿＿＿＿＿＿＿＿＿＿＿＿＿＿＿＿＿＿＿＿＿＿＿＿＿

＿＿＿＿＿＿＿＿＿＿＿＿＿＿＿＿＿＿＿＿＿＿＿＿＿＿＿＿＿＿＿＿＿＿＿

注意事项：＿＿＿＿＿＿＿＿＿＿＿＿＿＿＿＿＿＿＿＿＿＿＿＿＿＿＿＿＿

③ 煅烧：

实验流程：＿＿＿＿＿＿＿＿＿＿＿＿＿＿＿＿＿＿＿＿＿＿＿＿＿＿＿＿＿

＿＿＿＿＿＿＿＿＿＿＿＿＿＿＿＿＿＿＿＿＿＿＿＿＿＿＿＿＿＿＿＿＿＿＿

注意事项：＿＿＿＿＿＿＿＿＿＿＿＿＿＿＿＿＿＿＿＿＿＿＿＿＿＿＿＿＿

④ 酸浸：

实验流程： _____

_____

注意事项： _____

_____

四、实验收尾

检查：

_____

_____

仪器收纳：

_____

_____

_____

五、实验总结与心得体会

_____

_____

_____

_____

六、评估

项目	评价指标	自评	互评
专业技能	能够进行动力蓄电池拆解	□合格　□不合格	□合格　□不合格
	能够进行动力蓄电池碱浸	□合格　□不合格	□合格　□不合格
	能够进行高温煅烧	□合格　□不合格	□合格　□不合格
	能够进行活性材料酸浸	□合格　□不合格	□合格　□不合格
	能够进行溶胶凝胶	□合格　□不合格	□合格　□不合格
工作态度	能够严于律己执行标准作业	□合格　□不合格	□合格　□不合格
	能够主动分析推理	□合格　□不合格	□合格　□不合格
	具备安全操作意识	□合格　□不合格	□合格　□不合格
个人反思		完成任务的质量、时间是否达到最佳程度，针对不足之处提出个人改进建议	
教师评价	教师签字　　　　年　月　日	成绩	
		□合格　　　□不合格	